高等职业教育汽车类专业活页式新形态创新教材

新能源汽车混合动力系统检修

主　编　曹登华　丁　芳
副主编　刘　备　周伟伟
参　编　丁团伟　李伟艳　吴佳俊

机械工业出版社
CHINA MACHINE PRESS

本书以典型工作任务为载体，采用模块-任务体例进行编写，内容主要包括混合动力汽车认识与使用、发动机及控制系统检修、动力电池及控制系统检修、混合动力驱动桥及控制系统检修和插电式混合动力系统检修共五个模块。各模块又按总成结构原理与检修和控制系统原理与检修等分为3或4个任务，每个任务按照案例导入、学习目标和任务流程进行任务总体介绍，每个任务下有2或3个子任务，学习者通过阅读相关材料，完成工作表，掌握操作要点，提升思政素质和信息素养；书中还插入一些二维码，供学生扫码观看相关视频、动画等资源，提高学习效果。

本书除可供开设有汽车维修、新能源汽车技术类专业的职业院校使用外，可供开展汽车维修、新能源汽车技术类培训的机构使用，还可供广大从事汽车维修和新能源汽车技术相关工作的人员使用。

图书在版编目（CIP）数据

新能源汽车混合动力系统检修 /曹登华，丁芳主编. —北京：机械工业出版社，2024.5（2025.5重印）
高等职业教育汽车类专业活页式新形态创新教材
ISBN 978-7-111-75751-1

Ⅰ.①新… Ⅱ.①曹…②丁… Ⅲ.①新能源-汽车-动力系统-检修-高等职业教育-教材 Ⅳ.①U469.7

中国国家版本馆CIP数据核字（2024）第092125号

机械工业出版社（北京市百万庄大街22号　邮政编码100037）
策划编辑：母云红　　　　　责任编辑：母云红
责任校对：贾海霞　李小宝　　封面设计：张　静
责任印制：郜　敏
中煤（北京）印务有限公司印刷
2025年5月第1版第3次印刷
184mm×260mm・18.5印张・442千字
标准书号：ISBN 978-7-111-75751-1
定价：69.90元

电话服务　　　　　　　　　　网络服务
客服电话：010-88361066　　　机　工　官　网：www.cmpbook.com
　　　　　010-88379833　　　机　工　官　博：weibo.com/cmp1952
　　　　　010-68326294　　　金　　书　　网：www.golden-book.com
封底无防伪标均为盗版　　机工教育服务网：www.cmpedu.com

前言 | PREFACE

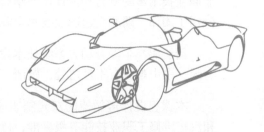

混合动力电动汽车作为新能源汽车的一大类，相对于燃油汽车和纯电动汽车，具有市区行驶节能减排、长途行驶无里程焦虑和充电问题二者兼具的优点，受到市场认可，保有量、市场占有率和年销量增长率逐渐增加。中国汽车工业协会数据显示，2023年插电式混合动力电动汽车产销量分别为287.7万辆和280.4万辆，同比分别增长81.2%和84.7%，远超纯电动汽车22.6%和24.6%的增长率，发展势头强劲。但它与传统燃油汽车和纯电动汽车在结构原理与检修方面有所区别，若将它编入燃油汽车检修教材或电动汽车检修教材，教材的篇幅会很大，因此，单独编写一本讲解新能源混合动力电动汽车方面的教材是很有必要的。

目前，混合动力电动汽车根据是否使用外接电能作为动力，可分为普通混合动力电动汽车（HEV）和插电式混合动力电动汽车（PHEV）两类。在《节能与新能源汽车技术路线图2.0》中，将HEV列为节能汽车范畴，车辆牌照为蓝色，而将PHEV和纯电动汽车等列为新能源汽车，车辆牌照为绿色。因此，本书与市面上的混合动力电动汽车维修类书籍不同的是，增加了对外接充电系统检修的介绍。

汽车作为一个整体，包括底盘、动力系统、电气和车身，其中底盘又包括传动系统、行驶系统、转向系统和制动系统等内容，汽车电气和车身也分别包括很多内容，所以将混合动力电动汽车检修的全部内容放在一本书中进行讲解，要么内容太多，要么挂一漏万，讲解不完整、不系统，这样就会与书名不符。其实各种新能源汽车主要区别还是在动力系统，底盘、电气和车身变化不大，混合动力电动汽车完全可以与纯电动汽车、燃料电池汽车等共用新能源汽车底盘、电气等书籍，因此，本书除能力模块一对新能源汽车整体结构做了讲解外，后四个能力模块只讲解混合动力电动汽车的动力系统部分。

目前市面上混合动力系统类型很多，丰田混合动力系统（THS）发展较早，经过多次迭代已发展到第五代（THS-Ⅴ），技术比较成熟，市场占有率很高。本书主要以丰田混合动力技术为例进行讲解。

本书适应职业教育人才培养的模块化教学、任务驱动教学、线上线下混合式教学的基本规律和教学方法，采用模块-任务体例进行编写，除能力模块一外，后四个能力模块之间相对独立，没有前置后续关系，教学顺序安排更灵活，方便多个班级的教师分工协作进行模块化教学组织；配备任务工单、拓展阅读材料，提供省级在线精品课程视频、文档和练习等资源，方便学生泛在学习。本书配套丰富的数字资源，扫描书中二维码即可免费观看学习。

本书由湖北交通职业技术学院曹登华和安徽机电职业技术学院丁芳担任主编，湖北交通职业技术学院刘备和淄博职业学院周伟伟担任副主编；武汉中南丰田汽车销售服务有限公司丁团伟、湖北交通职业技术学院李伟艳和吴佳俊参与编写。

新能源汽车混合动力系统技术发展迅速，由于资料信息掌握不够及时，加上编者水平有限，书中难免有不足之处，敬请广大读者批评指正。

本课程设计遵循德国双元制职业教育理论，参考1+X汽车运用与维修职业技能等级和汽车维修工职业技能等级标准，以服务客户为理念，按照汽车售后服务企业服务和机电维修岗位实际工作任务和流程设计。

《新能源汽车混合动力系统检修》学习任务图表

模块名称	任务名称	难度描述
能力模块一　混合动力汽车认识与使用	任务1：混合动力汽车定义与分类	1+X 初级
	任务2：混合动力汽车主要部件认知	1+X 初级
	任务3：混合动力汽车的使用	1+X 初级
	任务4：混合动力汽车维修作业与安全防护	1+X 中级
能力模块二　发动机及控制系统检修	任务1：发动机的认知	1+X 初级
	任务2：发动机机械系统检修	1+X 中级
	任务3：发动机电控系统检修	1+X 高级
能力模块三　动力电池及控制系统检修	任务1：动力电池认知	1+X 初级
	任务2：HV蓄电池接线盒总成及动力电池的更换	1+X 中级
	任务3：动力电池控制系统检修	1+X 高级
能力模块四　混合动力驱动桥及控制系统检修	任务1：混合动力驱动桥的认知	1+X 初级
	任务2：混合动力驱动桥分解与检测	1+X 中级
	任务3：混合动力驱动桥控制系统认知	1+X 中级
	任务4：混合动力驱动桥控制系统检修	1+X 高级
能力模块五　插电式混合动力系统检修	任务1：插电式混合动力汽车认知	1+X 初级
	任务2：车载充电机的更换	1+X 初级
	任务3：充电桩及充电插头检测	1+X 初级
	任务4：插电式混合动力汽车检修	1+X 高级

课程资源总码

高压维修操作

二维码索引

页码	二维码名称	页码	二维码名称
IV	课程资源总码	079	节气门位置传感器检修
IV	高压维修操作	079	空气流量传感器检测
002	什么是混合动力汽车、混合动力汽车的类型（共2个视频）	079	凸轮轴位置传感器检修
006	串联式混合动力电动汽车的结构原理	079	点火线圈的检测
008	并联式混合动力电动汽车的结构原理	079	进气压力传感器的检修
010	混联式混合动力电动汽车的结构原理	116	高压维修操作
013	混合动力电动汽车几种驱动类型的特点	116	动力电池的认知、动力电池的结构（共2个视频）
017	混合动力汽车的结构认识、混合动力系统的组成、混合动力系统工作过程（共3个视频）	118	镍氢电池的工作原理、镍氢电池的结构、镍氢电池的主要特征（共3个视频）
017	混合动力电动汽车基础知识、混合动力电动汽车组成结构（共2个视频）	119	锂离子电池的分类、锂离子电池的结构、三元锂电池的特点与应用（共3个视频）
017	混合动力电动汽车关键技术	121	SOC估计常用的算法、SOC估算精度的影响因素、精确估算SOC的作用（共3个视频）
024	混合动力汽车的使用、混合动力汽车常见保养项目（共2个视频）	131	动力电池的拆装、系统主继电器SMR控制（共2个视频）
024	电子资源：用户手册pdf	148	动力电池拆装前的准备工作
024	混合动力汽车的使用	149	动力电池的拆装、丰田普锐斯动力电池电芯的拆卸、丰田普锐斯动力电池电芯的安装（共3个视频）
039	高压安全防护、工具的使用、检测仪器的使用、高压维修操作（共4个视频）	149	动力电池控制系统认知、动力电池控制系统功能、动力电池故障自诊断、动力电池控制系统传感器、故障诊断：动力电池绝缘不良（共5个视频）
039	高压维修操作		
039	工具的使用		
057	阿特金森循环、发动机总体结构（共2个视频）	149	混合动力汽车电源系统的维护（比亚迪秦）（共2个视频）
068	配气机构拆装、曲柄连杆机构拆装（共2个视频）		
079	发动机电控系统的组成、燃油供给系统结构及控制原理、发动机进排气系统、点火系统结构及控制原理、润滑与冷却系统（共5个视频）	149	混合动力汽车动力电池系统性能检测（比亚迪秦）、动力电池温度检测（比亚迪秦）（共2个视频）

（续）

页码	二维码名称	页码	二维码名称
159	混合动力控制系统结构、混合动力控制系统识图、混合动力系统总线、总线故障诊断流程、混合动力控制系统故障自诊断、故障诊断：车辆无法上电故障排除、驱动桥结构与工作原理、驱动电机的原理、驱动桥的拆装（共9个视频）	201	驱动电机与控制器冷却系统、驱动电机与控制器冷却系统类型、驱动电机与控制器冷却系统的结构组成（共3个视频）
159	新能源汽车驱动电机系统、驱动电机的分类、电动汽车对驱动电机性能的基本要求、电动汽车驱动电机技术趋势和挑战（共4个视频）	229	驱动电机控制系统检修、电子换档系统、车上操作电子变速杆、驻车锁止控制系统、换档控制执行器拆装（共5个视频）
		243	车载充电系统认识
		245	电动汽车充电设备的类型、电动汽车充电方法、电动汽车充电方式（共3个视频）
168	HEV旋转变压器信号丢失故障的诊断、HEV旋转变压器信号丢失故障的检修（共2个视频）	251	电动汽车充电机类型、电动汽车充电机的技术要求、电动汽车光伏充电站（共3个视频）
169	开关磁阻电动机、开关磁阻电动机的结构、开关磁阻电动机的工作原理（共3个视频）	253	插电式充电控制系统、插电式充电控制系统主要部件、车载充电机的拆装（共3个视频）
181	驱动桥的拆解、驱动电机的检修（共2个视频）	272	纯电动汽车充电系统常见的故障现象、充电指示灯常亮故障的诊断、充电指示灯常亮故障的维修及检验（共3个视频）
201	电机控制系统组成原理、驱动桥冷却系统、逆变器与整流器、变换器及MG ECU、驱动电机控制系统的拆装（共5个视频）	272	HEV充电系统常见的故障、充电中途停止故障的诊断、充电中途停止故障的检修（共3个视频）

活页式教材使用注意事项

 根据需要,从教材中选择需要夹入活页夹的页面。

 小心地沿页面根部的虚线将页面撕下。为了保证沿虚线撕开,可以先沿虚线折叠一下。注意:一次不要同时撕太多页。

选购孔距为80mm的双孔活页文件夹,文件夹要求选择竖版,不小于B5幅面即可。将撕下的活页式教材装订到活页夹中。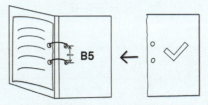

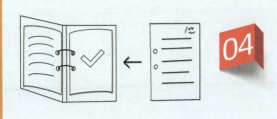 也可将课堂笔记和随堂测验等学习资料,经过标准的孔距为80mm的双孔打孔器打孔后,和教材装订在同一个文件夹中,以方便学习。

温馨提示:在第一次取出教材正文页面之前,可以先尝试撕下本页,作为练习

目录 | CONTENTS

前言

二维码索引

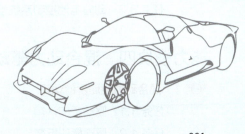

能力模块一　混合动力汽车认识与使用　…001

任务1　混合动力汽车定义与分类　…001

任务2　混合动力汽车主要部件认知　…017

任务3　混合动力汽车的使用　…024

任务4　混合动力汽车维修作业与安全防护　…039

能力模块二　发动机及控制系统检修　…056

任务1　发动机的认知　…056

　　任务1.1　发动机的类型　…057

　　任务1.2　混合动力汽车发动机的主要特征　…062

任务2　发动机机械系统检修　…067

　　任务2.1　发动机拆装作业　…068

　　任务2.2　发动机零部件的检测　…072

任务3　发动机电控系统检修　…078

　　任务3.1　发动机电控系统的认知　…079

　　任务3.2　发动机电控系统的检修　…087

能力模块三　动力电池及控制系统检修　…115

任务1　动力电池认知　…115

　　任务1.1　动力电池的基础认知　…116

　　任务1.2　切断维修开关　…125

　　任务1.3　确认高压电容器放电完成　…127

任务2　HV蓄电池接线盒总成及动力电池的更换　…130

　　任务2.1　HV蓄电池接线盒总成与动力电池控制系统认知　…131

　　任务2.2　HV蓄电池接线盒总成的检查与更换　…139

　　任务2.3　动力电池的更换　…143

任务 3　动力电池控制系统检修 ... 148
　　任务 3.1　动力电池控制系统传感器的认知　... 149
　　任务 3.2　动力电池控制系统检测　... 153

能力模块四　混合动力驱动桥及控制系统检修 ... 158

任务 1　混合动力驱动桥的认知 ... 158
　　任务 1.1　驱动桥的认知　... 159
　　任务 1.2　驱动桥的拆装　... 171

任务 2　混合动力驱动桥分解与检测 ... 181
　　任务 2.1　使用列线图对驱动桥不同工况进行分析　... 182
　　任务 2.2　分析解析器和电机温度传感器　... 189
　　任务 2.3　混合动力驱动桥的分解与组装　... 192

任务 3　混合动力驱动桥控制系统认知 ... 201
　　任务 3.1　逆变器总成的认识　... 202
　　任务 3.2　逆变器冷却系统的检修　... 217
　　任务 3.3　逆变器总成的更换　... 220

任务 4　混合动力驱动桥控制系统检修 ... 229
　　任务 4.1　混合动力驱动桥控制系统控制逻辑的认知　... 230
　　任务 4.2　混合动力驱动桥控制系统传感器的检测　... 234

能力模块五　插电式混合动力系统检修 ... 242

任务 1　插电式混合动力汽车认知 ... 242

任务 2　车载充电机的更换 ... 252
　　任务 2.1　车载充电机的认知　... 253
　　任务 2.2　车载充电机的拆装　... 258

任务 3　充电桩及充电插头检测 ... 265
　　任务 3.1　充电桩的认知　... 265
　　任务 3.2　充电桩及充电插头的检测　... 269

任务 4　插电式混合动力汽车检修 ... 277

参考文献 ... 284

能力模块一
混合动力汽车认识与使用

任务1 混合动力汽车定义与分类

一、任务信息

任务1 混合动力汽车定义与分类			
任务难度	初级		
学时	2学时	班级	
成绩		日期	
姓名		教师签名	
案例导入	作为汽车专业的学生,在面对新的汽车类型时,我们该如何去学习其相关的知识并且如何了解其定义、分类和特点呢?		
学习目标	知识	1.掌握混合动力汽车的定义 2.掌握混合动力电动汽车的特点、类型 3.熟悉串联式混合动力汽车、并联式混合动力汽车、混联式混合动力汽车的基本结构和特点	
	技能	1.能够在网上检索相关资料和文献 2.能够辨别常见混合动力汽车的类型	
	素养	1.能够展示操作成果 2.能够与团队成员协作完成任务	

二、任务流程

(一)任务准备

准备手机或者计算机(电脑),在网上查找相关的术语以及资料,完成下列作业。

（二）任务实施

分小组，按照老师布置的任务，完成工作表。

什么是混合动力汽车、混合动力汽车的类型（共2个视频）

工作表

查阅资料，完成下面任务。

1. 什么是混合动力汽车？
_____
_____
_____

2. 混合动力汽车的混合度是什么意思？
_____
_____
_____

3. 按照动力传输路线分类，混合动力汽车分为哪三类？
_____
_____
_____

4. 填写三种混合动力系统的性能比较。

项目	类型		
	串联	并联	混联
动力总成			
发动机的选择范围			
发动机功率			
发动机排放			
驱动模式			
传动效率			
制动能量回收			
整车总布置			
适用车型			
成本			
代表车型			

5. 绘制下面混合动力汽车起步时的动力传递路线图。

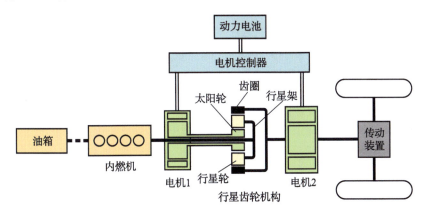

参考信息

众所周知，纯电动汽车是解决能源危机的最佳途径，但是由于纯电动汽车续驶里程和充电速度、充电桩基础设施等难题，混合动力汽车凭借其特有的优势和成熟的技术脱颖而出，成为目前阶段最具有节能潜力和市场前景的车型之一。

混合动力汽车是将内燃机、电机和动力电池进行优化组合，并由微处理器优化控制，可取得明显的节能、减排成效。混合动力汽车对动力电池容量的要求，仅是纯电动汽车的 1/10 左右，成本较低，技术上比较成熟。因此，近年来，世界各大汽车公司纷纷研发并投产了多款混合动力汽车。其中，以 1997 年投产的丰田公司的普锐斯（Prius）最为著名，如图 1-1-1 所示。此外，日产、三菱、本田等日本汽车公司，也投产了各种类型的混合动力汽车。

图 1-1-1　普锐斯混合动力汽车

目前，从混合动力汽车技术和投产的车型数量来看，日本均处于世界领先地位。近些年，美国的通用、福特等公司，也先后向市场推出了混合动力汽车，但市场销售业绩远不如日本企业。

1. 混合动力汽车的定义

（1）定义

混合动力汽车（Hybrid Vehicle）是指车辆驱动系统由两个或多个能同时运转的单个驱动系统联合组成的车辆，车辆的行驶功率依据实际的车辆行驶状态由单个驱动系统单独或共同提供。通常所说的混合动力汽车，一般是指油电混合动力汽车（Hybrid Electric Vehicle, HEV），即采用传统的内燃机（柴油机或汽油机）和电机作为动力源，如图 1-1-2 所示。也有的混合动力汽车的发动机经过改造使用其他替代燃料，如压缩天然气、丙烷和乙醇燃料等。

发动机　　　　　　　　　　　电机

图 1-1-2　发动机与电动机

（2）优点

混合动力电动汽车可以采用更小排量的发动机，通过电机的特点对汽车的功率进行调节，发动机可以经常工作在高效低排放区。因此，与普通内燃机汽车相比，提高了能量转化效率，降低了燃油消耗和排放。而与纯电动汽车相比，混合动力电动汽车可以利用现有的加油设施，因此具有与传统内燃机汽车相同的续驶里程，便于克服目前纯电动汽车一次充电续驶里程短的缺陷。混合动力汽车可以通过较少的油耗获得更高的驾驶体验，同时不受充电的约束，使用起来和传统燃油车一样方便，如图 1-1-3 所示。

图 1-1-3　丰田插电式混合动力汽车驱动系统

2. 混合动力汽车的分类

（1）按照混合度分类

混合度（Hybridization R）是指一个混合动力汽车中电系统功率 P_{elec} 占总功率 P_{total} 的百分比。

$$R = \frac{P_{elec}}{P_{total}} \times 100\%$$

式中，R 是混合度；P_{elec} 是电系统功率；P_{total} 是总功率。

根据混合度的大小可将混合动力汽车（HEV）分为全混合动力、轻混合动力及微混合动力三类。

1）全混合动力。混合度大约在 35% 以上的 HEV 被称为全混合动力。相对于微混系统与轻混系统而言，全混合动力系统最显著的差别就是：搭载全混合动力系统的汽车能够实现电动机独立驱动车辆行驶的目的，从而在一些堵车、倒车、急速、蠕行、低速、车辆起动等低功耗需求情况下，整车可采用纯电动模式进行工作。当然这也对全混合动力汽车的电动机功率与储能设备容量提出了高于前两种混合动力系统的要求，它通常采用镍氢电池或锂离子电池；当然，除了拥有前两种混合动力系统的功能外，它对制动能量回收的能力也大大加强了。这类混合动力汽车基本上能够达到对燃油经济性 30% 以上的提升效果。

丰田汽车公司的大多数混合动力汽车基本上都属于全混合动力汽车，如丰田的普锐斯、凯美瑞混动版和卡罗拉/雷凌双擎，以及雷克萨斯的 CT200h、RX350h 等诸多车型，如图 1-1-4 所示。

2）轻混合动力。混合度大约在 10%~35% 之间的 HEV 被称为轻混合动力。相对于微混合动力系统，轻混合动力系统中的电机功率与储能设备容量都有所增大，通常采用镍氢电池等高效能电池，从而降低了车辆总动力对发动机独立工作的需要程度，其混合动力系统不仅能够工作于整车起动状态，在车辆需要再加速与提高极速时还能够帮助发动机协同工作，并且可以实现更大程度的制动能量回收。轻混合动力系统对整车燃油经济性帮助的理论数值为 14% 左右。本田公司的混动版思域就属于这个类型的轻混合动力汽车，如图 1-1-5 所示。

图 1-1-4　全混代表车型

图 1-1-5　轻混代表车型

3）微混合动力。在该类 HEV 的混合动力系统中，电机的功率很小，储能设备的容量也很小，通常采用铅酸电池。其主要的动能来源还是依靠发动机，电机基本只在起动状态下工作，即作为发动机的起动机，当整车发动时协助发动机点火；当车辆遭遇红灯或长时间蠕行时，作为发动机自动起停装置工作；在车辆制动状态下，实现少量的能量回收（因其动力电池容量小）。因此，这类混合动力系统也被称为起停混合动力系统，理论上能达到对燃油经济性 8% 左右的提升。东风日产 2015 款楼兰 2.5S/CHEV 就属于典型的微混合动力汽车，如图 1-1-6 所示。

图 1-1-6　微混代表车型

（2）按照动力传输路线分类

1）串联式混合动力汽车。串联式混合动力汽车如图 1-1-7 所示，其动力系统由发动机、发电机、电机控制器、电机和动力电池等组成。

串联式混合动力汽车以电机作为驱动装置，发动机作为辅助动力装置，以提高续驶里程。发动机只作为动力源驱动发电机发电，电能通过控制器输送到动力电池或电机，由电机通过变速机构驱动汽车。小负荷时，由动力电池为电机供电并驱动车轮；大负荷时，由发动机带动发电机发电以驱动电机。在这种联接方式中，动力电池就像水库，它的调节对象不是水量，而是电量，如图 1-1-8 所示。

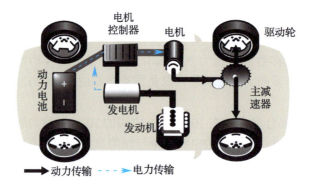

串联式混合动力电动汽车的结构原理

图 1-1-7　串联式混合动力汽车动力系统组成

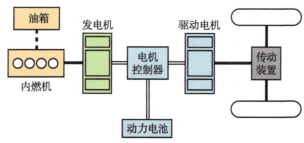

图 1-1-8　串联式混合动力汽车工作原理

动力电池用于平衡发电机产生的能量与电机需要的能量,从而保证车辆正常工作。当车辆处于起动、加速、爬坡工况时,发动机、电机组和动力电池组共同向电机提供电能;当车辆处于低速、滑行、怠速工况时,则由动力电池给电机供电;当动力电池缺电时,则由发动机 - 发电机向动力电池充电。串联式结构适用于城市内频繁起步和低速运行工况,它可以将发动机调整在最佳工况点附近稳定运转,通过调整动力电池和电机的输出功率来达到调整车速的目的。这使发动机避免了怠速和低速运转工况,从而提高了发动机的效率,减少了废气排放。它的缺点是能量转换步骤较多,机械传动效率较低。

串联式混合动力系统主要应用于城市公交车,节油率可以达到 20% 左右。该系统可以实现的工作模式见表 1-1-1。

表 1-1-1　串联式混合动力系统工作模式

序号	工作模式	说明
1	纯电驱动模式	发动机关闭,车辆驱动能量完全来自动力电池,该模式主要用于车辆低速行驶和倒车工况
2	纯发动机驱动模式	车辆驱动能量来自发动机,经发电机、电机控制器、电机进行能量转换后驱动车辆,动力电池既不提供能量也不接收能量,该模式主要用于车辆中速和高速行驶工况
3	混合驱动模式	车辆驱动能量同时来自发动机和动力电池,发电机产生的电能和动力电池提供的电能由电机控制器耦合,共同输送给电机,该模式主要用于车辆加速和爬坡行驶工况
4	发动机驱动和动力电池充电模式	来自发动机的机械能由发电机转化成电能后,由电机控制器分配能量,一部分输送给电机用于驱动车辆,另一部分给动力电池充电,该模式主要用于车辆低负荷行驶且动力电池荷电状态(SOC)较低的工况

（续）

序号	工作模式	说明
5	再生制动模式	发动机关闭，电机以发电机形式工作，把来自车轮的动能转化为电能，通过电机控制器给动力电池充电，该模式主要用于车辆制动和下坡工况
6	动力电池充电模式	电机不接收能量，由发电机把来自发动机的机械能转化为电能，通过电机控制器给动力电池充电，该模式主要用于车辆静止且动力电池 SOC 较低的工况

下面对串联式混合动力汽车在不同工况下的能量流动路线进行具体分析。

①在市区行驶时，如果动力电池完全充满，则选用纯电动驱动方式，如图 1-1-9 所示。

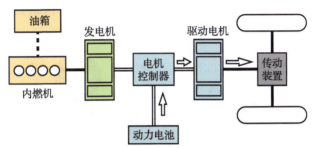

图 1-1-9　串联式混合动力汽车纯电动驱动方式

②当动力电池电量较低时，发动机起动，并将其设置在最大功率工作点上。发动机驱动发电机为动力电池充电，如图 1-1-10 所示。

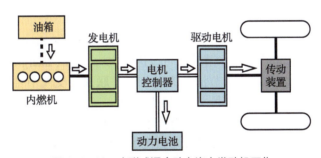

图 1-1-10　串联式混合动力汽车发动机工作

③当汽车发动机提供的最大功率低于汽车所需要的功率时，动力电池将提供这部分差额功率，如图 1-1-11 所示。

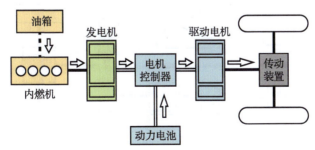

图 1-1-11　串联式混合动力汽车发动机和动力电池工作

④在制动或减速时，电机起到发电机的作用，使部分动能转化为电能存储在动力电池里，如图 1-1-12 所示。

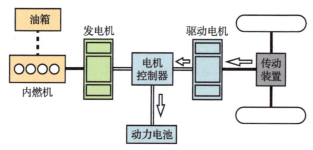

图 1-1-12　串联式混合动力汽车能量回收

2）并联式混合动力汽车。并联式混合动力汽车如图 1-1-13 所示，其动力系统由发动机、变速器、电机、电机控制器和动力电池等组成。

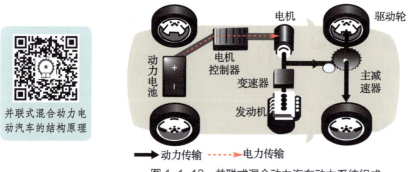

图 1-1-13　并联式混合动力汽车动力系统组成

并联式混合动力系统在各种车型上都有应用，其中 BSG（Belt-driven Starter/Generator，带传动起动/发电一体化电机）技术节油率可以达到 5%，ISG（Intergrated Starter/Generator，集成起动/发电一体化电机）技术节油率为 15%，并联式公交车节油率为 25%~30%。在串联式中提到的各种工作模式在并联式中都可以实现。

它采用发动机和电机两套驱动系统，有发动机单独驱动、电机单独驱动或发动机和电机联合驱动三种工作模式。与串联式混合动力汽车相比，并联式混合动力汽车的优点是可分别使用电机和发动机，且发动机和电机的最大功率较小；其缺点是由于发动机与推进系统以共轴连接，因此需要离合器，这使得结构复杂且控制难度大，如图 1-1-14 所示。本田的雅阁和思域采用的就是并联式联结方式。

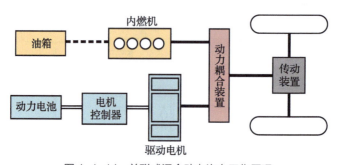

图 1-1-14　并联式混合动力汽车工作原理

并联结构的特征是以机械形式进行耦合,发动机通过变速装置和驱动桥直接相连,电机可兼作电动机和发电机以平衡发动机所受的载荷,使其在高效率区工作。

下面对并联式混合动力汽车在不同工况下的能量流动路线进行具体分析。

① 在起步、上坡或加速阶段,发动机运转,且只为耦合装置提供一部分功率。离合器闭合,将转矩输入变速器,同时动力电池释放电能,经逆变器将直流电转换为交流电,给电机供电,电机也将转矩输入变速器。这样,发动机和电机共同驱动车辆加速行驶,如图1-1-15所示。

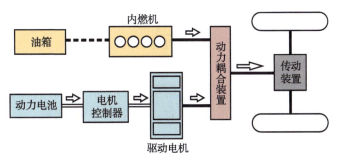

图1-1-15　并联式混合动力汽车起步、上坡或加速

② 车辆制动、减速、停车时,驱动轴传来的惯性转矩,经变速器带动电机运转,电机转换为发电机工作模式。电机所发出的交流电经逆变器转换为直流电,对动力电池进行充电,如图1-1-16所示。

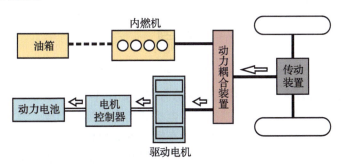

图1-1-16　并联式混合动力汽车制动、减速、停车

③ 动力电池电量较低时,发动机起动,并将其设置在最大功率工作点上。发动机输出的功率与汽车所需功率的差值通过电机转化为动力电池的电能,如图1-1-17所示。

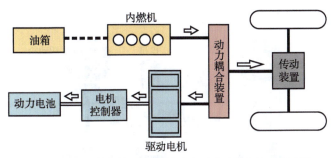

图1-1-17　并联式混合动力汽车行驶中动力电池电量不足

④ 市区行驶时,如果动力电池完全充满,则选用纯电动驱动方式,离合器分离,动

力电池组释放电能,经逆变器将直流电转换为交流电,给电机供电。电机将转矩输入变速器、驱动桥,从而驱动车辆行驶,如图1-1-18所示。

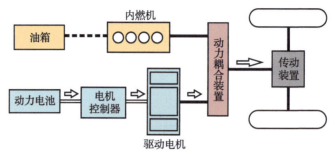

图1-1-18 并联式混合动力汽车纯电动

⑤高速巡航时,车辆由发动机驱动,此时与传统燃油汽车相同。当车辆采用发动机单独驱动模式运行时,发动机运转,离合器闭合,将转矩输入变速器、驱动桥,从而驱动车辆行驶,如图1-1-19所示。

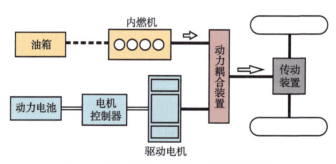

图1-1-19 并联式混合动力汽车高速巡航

3)混联式混合动力汽车。混联式混合动力汽车如图1-1-20所示,其动力系统由发动机、动力分配机构、发电机、电机控制器、电机和动力电池等组成。发动机的动力经过动力分配机构后分成两部分,一部分直接驱动车辆,形成机械传输通道;另一部分带动发电机发电,所产生的电能通过电机控制器提供给电机驱动车辆,形成电力传输通道。通过调整发电机转速,可以控制机械传输通道和电力传输通道的动力分配比例。这个系统具有双重特征:一是电力传输通道和动力电池之间以电方式实现动力耦合,动力的流向为串联;二是机械传输通道和电机之间以机械方式实现动力耦合,动力的流向为并联。因此,该系统被称为混联式混合动力系统。

混联式混合动力电动汽车的结构原理

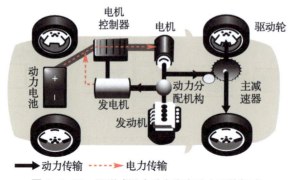

图1-1-20 混联式混合动力汽车动力系统组成

混联式混合动力系统兼有串联式和并联式的优点，使两者的优势都能够得到发挥，应用前景广阔，在NEDC（欧洲油耗及排放评定标准）循环工况下，节油率可达40%以上。

混联式混合动力汽车在结构上综合了串联式混合动力汽车和并联式混合动力汽车的特点，偏向于并联结构，但又具有一些串联结构的特点。与串联式混合动力汽车相比，它增加了机械动力传输路线；与并联式混合动力汽车相比，它增加了电能的传输路线，如图1-1-21所示。

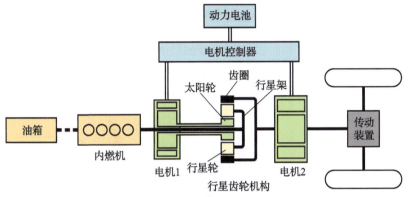

图 1-1-21　混联式混合动力汽车工作原理

下面对装有行星齿轮机构的混联式混合动力汽车在不同工况下的能量流动路线进行具体分析。

①正常行驶、堵车或等信号灯起步时，使用纯电动驱动方式，如图1-1-22所示。

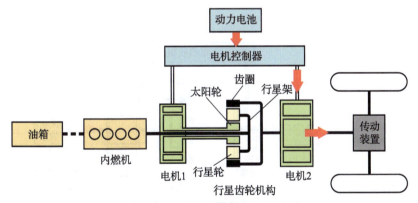

图 1-1-22　混联式混合动力汽车起步

②正常行驶时，车辆由发动机提供动力，发动机、发电机（电机1）、电动机（电机2）都参与工作。发动机提供动力驱动车轮；发动机驱动发电机发电给电动机使用，电动机驱动车轮；如果产生的电量比较多则存入动力电池。传动系统能量流动路线如图1-1-23所示。

③上坡或加速阶段，发动机、电机、动力电池共同参与工作，提供最大动力。其传动系统能量流动路线如图1-1-24所示。

④制动或减速时，电机2起到发电机的作用，将部分动能转化为电能存储到动力电池里，其能量流动路线如图1-1-25所示。

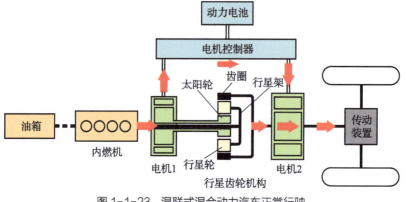

图 1-1-23 混联式混合动力汽车正常行驶

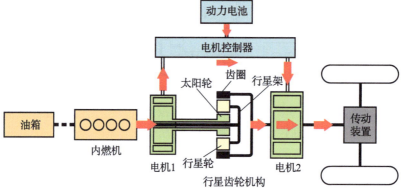

图 1-1-24 混联式混合动力汽车上坡或加速

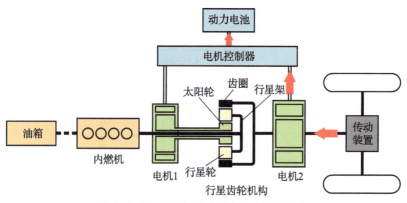

图 1-1-25 混联式混合动力汽车能量回收

⑤EV 模式下，则选用纯电动驱动方式，如图 1-1-26 所示。

⑥动力电池电量较低时，发动机起动，提高发动机功率，发动机输出的功率与汽车所需功率的差值由发电机转化为电能储存在动力电池里，同时根据实际情况驱动车轮。其能量流动路线如图 1-1-27 所示。

丰田普锐斯所采用的混联式混合动力系统将发动机、发电机和电机通过一个行星齿轮机构连接起来，充分利用了串联和并联两种联接方式的优点。

4）三种混合动力系统的比较。以上三种混合动力系统在结构和性能方面的比较如下。

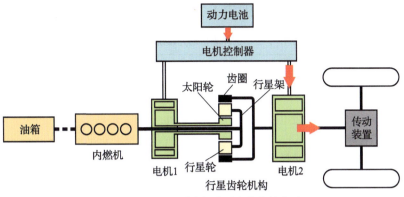

图 1-1-26　混联式混合动力汽车纯电动

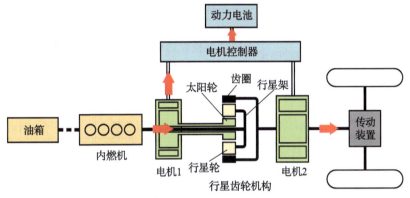

图 1-1-27　混联式混合动力汽车行驶中电量不足

① 三种混合动力系统的结构比较如图 1-1-28 所示。

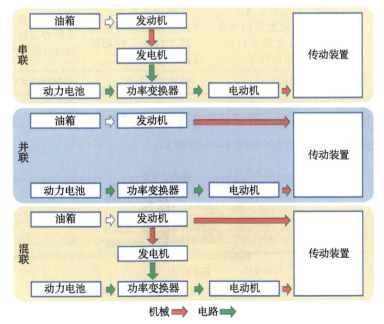

机械　电路

图 1-1-28　三种混合动力系统的结构比较

混合动力电动汽车几种驱动类型的特点

②三种混合动力系统的性能比较见表1-1-2。

表1-1-2 三种混合动力系统的性能比较

项目	类型		
	串联	并联	混联
动力总成	发动机、发电机、电机	发动机、电机	发动机、电机/发电机、电机
发动机的选择范围	发动机可选择多种形式	发动机一般为传统内燃机	发动机可选择多种形式
发动机功率	发动机功率较大	发动机功率较小	发动机功率较小
发动机排放	发动机工作稳定，排气净化效果较好	发动机工况变化大，排气净化效果较差	发动机排放介于串联与并联之间
驱动模式	只有电机驱动模式	发动机驱动模式、电机驱动模式、发动机－电机混合驱动模式	发动机驱动模式、电机驱动模式、发动机－电机混合驱动模式、电机－电机混合驱动模式
传动效率	传动效率较低	传动效率较高	传动效率较高
制动能量回收	能够回收制动能量	能够回收制动能量	能够回收制动能量
整车总布置	三个动力总成之间没有机械连接装置，结构布置的自由度较大，但三个动力总成的质量、尺寸较大，在小型车上不好布置，一般在大型车上采用	发动机驱动系统采用机械传动系统，发动机与电机之间以不同的机械装置连接，结构复杂，使布置受到一定限制	三个动力总成之间采用机械连接装置，且三个动力总成的质量、尺寸较小，能够在小型车上布置，但结构最复杂，要求布置更加紧凑
适用车型	适用于大型客车或货车，适合在路况较复杂的城市道路和普通公路上行驶，性能接近纯电动汽车	适用于小型车，适合在城市道路和高速公路上行驶，性能接近普通内燃机汽车	适用于各类型汽车，适合在各种道路上行驶，性能更加接近普通内燃机汽车
成本	制造成本较高	制造成本较低	制造成本较高

（3）按照与发动机混合的可再充电能量储存系统不同划分

1）动力电池式混合动力汽车如图1-1-29所示。

图1-1-29 动力电池式混合动力汽车

2）超级电容器式混合动力汽车如图1-1-30所示。

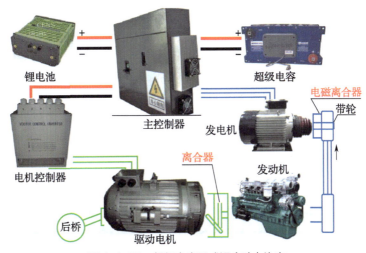

图 1-1-30　超级电容器式混合动力汽车

3）机电飞轮式混合动力汽车如图 1-1-31 所示。

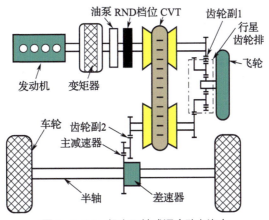

图 1-1-31　机电飞轮式混合动力汽车

知识拓展

2014年6月13日，习近平总书记主持召开中央财经领导小组会议强调，能源安全是关系国家经济社会发展的全局性、战略性问题，对国家繁荣发展、人民生活改善、社会长治久安至关重要。面对能源供需格局新变化、国际能源发展新趋势，保障国家能源安全，必须推动能源生产和消费革命。推动能源生产和消费革命是长期战略，必须从当前做起，加快实施重点任务和重大举措。

他就推动能源生产和消费革命提出5点要求。第一，推动能源消费革命，抑制不合理能源消费。坚决控制能源消费总量，有效落实节能优先方针，把节能贯穿于经济社会发展全过程和各领域，坚定调整产业结构，高度重视城镇化节能，树立勤俭节约的消费观，加快形成能源节约型社会。第二，推动能源供给革命，建立多元供应体系。立足国内多元供应保安全，大力推进煤炭清洁高效利用，着力发展非煤能源，形成煤、油、气、核、新能源、可再生能源多轮驱动的能源供应体系，同步加强能源输配网络和储备设施建设。第三，推动能源技术革命，带动产业升级。立足我国国情，紧跟国际能源技术革命新趋势，以绿色低碳为方向，分类推动技术创新、产业创新、商业模式创新，并同其他领域高新技术紧密结合，把能源技术及其关联产业培育成带动我国产业升级的新增长点。第四，推动能源体制革命，打通能源发展快车道。坚定不移推进改革，还原能源商品属性，构建有效竞争的市场结构和市场体系，形成主要由市场决定能源价格的机制，转变政府对能源的监管方式，建立健全能源法治体系。第五，全方位加强国际合作，实现开放条件下能源安全。在主要立足国内的前提条件下，在能源生产和消费革命所涉及的各个方面加强国际合作，有效利用国际资源。

——来源：人民网

任务拓展

查找资料，分析插电式混合动力汽车的特点，并与本文中介绍的三种混动系统进行对比。

任务2　混合动力汽车主要部件认知

一、任务信息

任务2　混合动力汽车主要部件认知		
任务难度	初级	
学时	2学时	班级
成绩		日期
姓名		教师签名
案例导入	作为汽车专业的学生，在面对一台陌生的混合动力汽车时，我们该怎样对混合动力汽车的结构和功能进行了解呢？	
学习目标	知识	1. 了解混合动力汽车的组成 2. 掌握混合动力汽车主要部件安装位置、作用以及特点
	技能	1. 能够熟练车辆技术资料 2. 能够在车上找到混合动力汽车主要部件的位置
	素养	1. 能够与团队成员协作完成任务并展示学习成果 2. 树立"有理想、有本领、有担当"的崇高理想信念 3. 能够树立安全及5S的工作理念

二、任务流程

（一）任务准备

如果需要对一台陌生的混合动力汽车进行认知，我们需要做哪些准备工作？需要准备哪些资料？请查看下列二维码资源进行学习。

（二）任务实施

根据能力素质培养要求，在实车上通过实训和技能训练完成以下工作任务。

混合动力汽车的结构认识、混合动力系统的组成、混合动力系统工作过程（共3个视频）

混合动力电动汽车基础知识、混合动力电动汽车组成结构（共2个视频）

混合动力电动汽车关键技术

工作表

查询资料，在车上找到混合动力汽车的主要部件。

1.查询资料,了解混合动力汽车的组成。
_____
_____

2.掌握混合动力汽车主要部件安装位置、作用以及特点。
_____
_____

3.完成下图填空,在车上找到相应的部件,并将每个部件的作用和特点在小组内进行汇报。

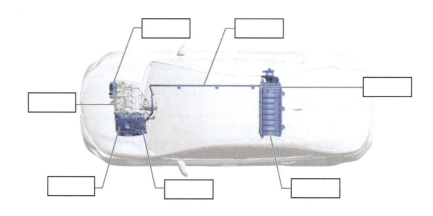

参考信息

1. 混合动力汽车的基本组成

混合动力汽车销量的提升为提供汽车服务的从业人员带来了挑战,因为油电混合动力汽车的结构组成与传统燃油汽车不尽相同。混合动力汽车由动力系统、底盘系统、电气系统和车身组成,区别最大的是动力系统,本节重点讲解混合动力系统构造以及混合动力系统的维修。图1-2-1所示为混合动力汽车的基本组成。

(1)动力系统

与传统燃油汽车的动力系统功能相同,混合动力汽车的动力系统为车辆提供动力。它主要由发动机、动力电池、驱动电机等部件组成,如图1-2-2所示。混合动力汽车和纯电动汽车、传统燃油汽车动力源对比见表1-2-1。

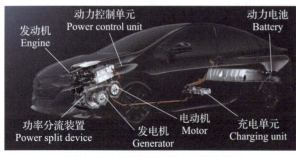

图1-2-1 混合动力汽车的基本组成

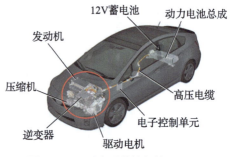

图1-2-2 动力系统的部件

表 1-2-1　混合动力汽车和纯电动汽车、传统燃油汽车动力源对比

序号	类别	能源	能源储存装置	动力源
1	传统燃油汽车	汽油、柴油、天然气	油箱、储气罐	发动机
2	混合动力汽车	燃油、电	油箱、动力电池	发动机、驱动电机
3	纯电动汽车	电	动力电池	驱动电机

（2）底盘系统

底盘系统是车辆行驶性、制动性以及舒适性的保障。混合动力汽车和传统燃油汽车一样，也具备驱动传动桥、制动系统、转向系统、悬架系统等部分（图1-2-3）。但是传统燃油汽车的制动系统一般是使用真空助力装置，而混合动力汽车由于发动机不会一直运转，所以一般采用电动助力装置，也有单独装置电动真空泵的车辆。

其他底盘部分，例如防抱死制动系统、驱动防滑系统、汽车电子稳定性控制系统、电控悬架系统、电子控制动力转向系统、电控四轮驱动等都与传统汽车一样。

（3）电气系统

电气系统由空调系统、灯光舒适系统、车载网络等组成，与传统汽车相比，除空调系统不同外，其他的基本相同（图1-2-4）。

混合动力汽车发动机不会一直运转，因此空调制冷系统中使用空调压缩机就不能使用传统压缩机。它使用的是电动压缩机，其中的冷冻油也不一样，维修人员在维修时务必要注意；暖风系统中使用的热量来源也不是发动机的冷却液，而是使用的PTC（正温度系数）加热丝。

图 1-2-3　底盘系统

图 1-2-4　全车线束

（4）车身

车身指的是车辆用来载人装货的部分，也指车辆整体（图1-2-5）。有的车辆的车身既是驾驶员的工作场所，又是容纳乘客和货物的场所。车身包括车窗、车门、乘员舱、发动机舱和行李舱等。车身的造型有厢型、鱼型、船型、流线型及楔型等几种，结构形式分单厢、两厢和三厢等类型。车身造型结构是车辆的形体语言，其设计好坏将直接影响到车辆的性能。

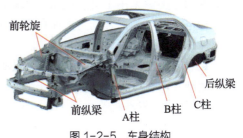

图 1-2-5　车身结构

2. 混合动力汽车主要部件认识

混合动力汽车的主要部件包括动力电池、电机、逆变器总成、发动机、高压线缆、维修开关和压缩机等,如图 1-2-6 所示。

(1) 动力电池

混合动力汽车具有两个蓄电池系统:一个是 12V 直流蓄电池系统,它主要是为车上常规的用电器提供电压;另一个是电压更高的直流蓄电池系统(动力电池),它经过 DC/AC 逆变器将直流电转换后给电机提供交流电能,同时它还将存储电机发电所产生并经 DC/DC 变换器转换后的直流电。高压直流蓄电池系统储电量和电压随着混合动力系统的要求而变化。混合动力汽车的高压直流蓄电池从 36V 至 600V 以上不等,所有混合动力设计采用串联连接的蓄电池都是为获取所需的直流电源电压。

1) 作用:为车辆行驶提供能源、储备电能。
2) 位置:行李舱、后排座椅底下、底盘上(图 1-2-7)。
3) 常见类型:锂离子蓄电池、镍氢(Ni-MH)蓄电池。
4) 电压:丰田普锐斯 THS-Ⅱ 为 201.6V,丰田卡罗拉双擎为 201.61V,丰田卡罗拉双擎 E+ 为 296V。

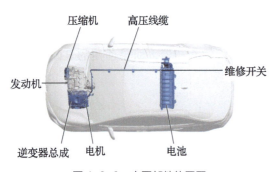

图 1-2-6 主要部件位置图

图 1-2-7 动力电池位置

(2) 电机

混合动力汽车的电机作为辅助动力来降低燃料的消耗并实现低污染,或在纯电动驱动模式时实现"零污染"。混合动力汽车上电机的工作条件及其工作模式和传统电机相比有着很大的区别,这些区别使工业电机不适于汽车使用。混合动力汽车可以采用直流电机、交流感应电机、永磁电机以及开关磁阻电机等。随着混合动力汽车的发展,直流电机已经很少使用,多数采用了感应电机和永磁电机,开关磁阻电机的应用也得到重视,还可以采用特种电动机作为混合动力汽车的驱动电机。应用不同的电机就可以组成不同的混合动力汽车(图 1-2-8)。

1) 作用:作为电动机为车轮提供驱动力,车辆减速时作为发电机能量回收,作为电动机起动发动机(丰田混合动力车辆),作为发电机进行发电。
2) 位置:发动机舱(图 1-2-9)。
3) 常见类型:交流永久磁铁电机等。

(3) 逆变器总成

在混合动力汽车上普遍采用以计算机为核心的现代计算机技术及自动控制技术,各

图 1-2-8 交流永久磁铁电机

图 1-2-9 电机在车上位置

种智能控制系统包括自适应控制技术、模糊控制技术、专家控制系统、神经网络控制系统等，它们逐步应用到混合动力汽车上，使混合动力汽车更加安全、节能、环保和舒适。混合动力汽车控制系统的功能包括：使混合动力汽车的动力性能可以达到或接近现代内燃机汽车的水平，逐步实现混合动力汽车的实用化；最大限度地发挥电机驱动的辅助作用，使混合动力汽车的燃油消耗量尽可能降低，实现发动机的节能化（目前混合动力汽车油耗已经达到 3L/100km 左右的水平）；在环保方面，实现"超低污染"的排放标准；在混合动力汽车上实现对发动机驱动系统以及对电机驱动系统的双重控制，对其进行最有效的组合，实现最佳匹配与高效利用，能够回收再生制动能量，延长车辆的续驶里程，改进混合动力汽车的环保性能；在操纵装置和操纵方法上继承或沿用内燃机汽车主要的操纵装置和操纵方法，适应驾驶员的操作习惯，使操作简单化和规范化；在整车控制系统中，采用全自动、机电一体化控制系统，达到安全、可靠、节能、环保及控制灵活的目的。

1）作用：直流转成交流，交流整流成直流，低压转变成高压，高压转变成低压（图 1-2-10）。

2）位置：发动机舱（图 1-2-11）。

3）特点：高压。

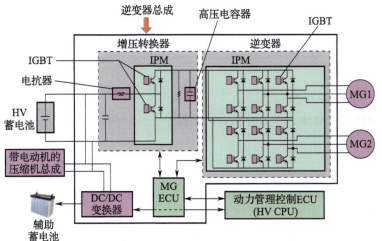

图 1-2-10 逆变器原理

图 1-2-11 逆变器总成位置

（4）发动机

内燃机是现今汽车应用的最主要的动力装置。在可预见的将来，它仍将是主要的汽车动力装置之一。在混合动力汽车中，内燃机也是主要动力的第一选择。然而，混合动力汽车的工作和传统汽车有所不同，其发动机需较长时间以高功率运转，而不需频繁变换功率输出。到目前为止，专为混合动力汽车设计的发动机系统还没有得到充分的开发。混合动力汽车可以广泛地采用四冲程内燃机（包括汽油机和柴油机）、二冲程内燃机（包括汽油机和柴油机）、转子发动机、燃气轮机和斯特林发动机等。通常转子发动机和燃气轮机的燃烧效率比较高，排放也比较洁净。采用不同的发动机即可组成不同的混合动力汽车。

1）作用：为车轮提供动力，为发电机提供动力。

2）位置：发动机舱。

3）特点：发动机的运行不直接受加速踏板控制，而是受动力管理 ECU 控制，因此发动机的燃油供给就更加精确，燃油经济性更高。发动机的外形如图 1-2-12 所示。

（5）高压线缆

混合动力汽车上的高压线缆如图 1-2-13 所示。

1）作用：传输高压电。

2）位置：底盘。

3）颜色：橙色。

图 1-2-12　发动机外形

图 1-2-13　高压线缆

（6）维修开关

混合动力汽车上的维修开关如图 1-2-14 所示。

1）作用：检修开关，串联动力电池，作为电路保护装置。

2）位置：动力电池上。

3）颜色：橙色。

（7）压缩机

混合动力汽车上使用的电动压缩机如图 1-2-15 所示。

1）作用：压缩制冷剂，供空调制冷系统使用。

2）位置：发动机舱。

3）特点：电动压缩机在工作时使用的制冷剂是 R-134a，压缩机内部工作时有高压电，因此使用的冷冻机油需要是绝缘机油。

任务 2　混合动力汽车主要部件认知

图 1-2-14　维修开关

图 1-2-15　压缩机

知识拓展

青年兴则国家兴，青年强则国家强。习近平总书记指出："青年一代有理想、有本领、有担当，国家就有前途，民族就有希望。"在中华民族伟大复兴的关键时期，广大青年要树立坚定的理想信念，勇担时代重任，练就过硬本领，奏响更为激昂的青春乐章。

习近平总书记指出："新时代中国青年要练就过硬本领。"任何人都不可能轻轻松松地成才，要干成一番事业，必须积极主动学习新知识新思想，不断提升专业素养、丰富专业知识、提高专业能力、增强专业本领。青年是人生成长的重要时期，也是苦练本领、增长才干的黄金时期。

——摘自《人民日报》2022 年 4 月 28 日刊载文章
《做有理想有本领有担当的新时代中国青年》，作者：杨波

任务拓展

查找资料，了解德系、美系以及中国自主品牌混合动力汽车动力电池的类型及参数。

能力模块一　混合动力汽车认识与使用

任务3　混合动力汽车的使用

一、任务信息

任务 3　混合动力汽车的使用		
任务难度	初级	
学时	2 学时	班级
成绩		日期
姓名		教师签名
案例导入	假如你是一名丰田 4S 店的维修技师，客户购买了新车后，销售顾问让你给客户介绍车辆使用以及维护的一些基本常识，你该如何开展介绍？	
学习目标	知识	1. 掌握混合动力汽车的使用方法 2. 了解混合动力汽车维护的项目
	技能	1. 能够熟练使用车辆用户手册 2. 能够正确使用混合动力汽车 3. 能够制订混合动力汽车维护的计划
	素养	1. 能够展示操作成果 2. 能够与团队成员协作完成任务 3. 能够树立安全及 5S 的工作理念

二、任务流程

（一）任务准备

如果需要快速了解一台混合动力汽车，并制订养护计划，我们需要做哪些准备工作？需要准备哪些资料？

（二）任务实施

根据能力素质培养要求，在实车上通过实训和技能训练完成以下工作任务。

混合动力汽车的使用、混合动力汽车常见保养项目（共 2 个视频）

电子资源：用户手册 pdf

混合动力汽车的使用

工作表

查询车辆用户手册，完成下面的问题。

1. 混合动力汽车与传统燃油汽车以及纯电动汽车起动和停止时有什么异同点?

2. 查询用户手册,卡罗拉双擎轿车系统电压最高是多少?

3. 混合动力汽车如果蓄电池没电了,能不能将变速器挂 P 位?

4. 混合动力系统冷却液更换周期是多久?

5. 混合动力汽车的发动机机油的更换周期是多久?有哪些型号?

6. 请查询卡罗拉双擎轿车的用户手册,完成下表。

项目	参数
发动机型号	
发动机类型	
发动机缸径和行程	
发动机排量	
发动机机油量	
电机类型	
电机最大输出功率	
电机额定转矩	
动力电池类型	
动力电池容量	
动力电池总电压	

7. 一台行驶里程为 54678km 的卡罗拉双擎轿车,车辆上次保养时的行驶里程是 49078km,距离上次保养已经过去一年,如果你是一名 4S 店的服务顾问,请制订出保养计划和保养的项目,并对制订的计划进行说明。

参考信息

新能源汽车是采用新型车载动力装置，综合车辆的动力控制和驱动方面的先进技术，形成的技术原理先进、具有新技术和新结构的汽车。在能源紧缺、环境污染越来越严重的形势下，新能源汽车已成为汽车产业未来发展的趋势。

新能源汽车作为替代传统内燃机汽车的代表，其内部的结构与传统汽车有很大的不同，因此其相关的维修与保养也自然与传统汽车有许多不同之处。本任务以丰田卡罗拉双擎为例，如图 1-3-1 所示，从用户角度来学习如何使用并维护混合动力汽车。对于其他车型，可采用相同的学习方法。同学们在学习、使用以及驾驶车辆时务必遵守《中华人民共和国道路交通安全法》。

图 1-3-1　混合动力卡罗拉

1. 混合动力汽车的特征

通过用户手册可以快速了解一辆车的特点以及如何使用这辆车。图 1-3-2 所示为丰田卡罗拉双擎轿车的用户手册，该手册可以帮助车主快速掌握车辆的各种实用功能，也可以帮助我们更快地学习、了解车辆的特点及功能。

该用户手册适用于所有该型车辆，并对包括选装件在内的所有设备进行了说明，因此，可能会介绍一些车主手中车辆上未安装的设备。用户手册提供的所有规格截至手册付印时均为最新资料，由于丰田公司会对产品进行不断的改进，因此手册中所含内容会随时更新。

（1）丰田卡罗拉双擎混合动力系统特征

丰田卡罗拉双擎为混合动力车辆，其动力系统位置如图 1-3-3 所示。其特点不同于常规车辆，请务必熟悉本车特点，并谨慎操作。

混合动力系统可根据行驶条件结合使用汽油发动机和电机（牵引电机），从而提高燃油效率并减少废气排放。

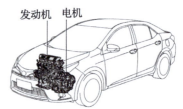

图 1-3-2　丰田卡罗拉双擎用户手册封面　　图 1-3-3　动力系统位置

1）车辆停止时和车辆起步过程中：车辆停止时，汽油发动机停止；起步过程中，电机（牵引电机）驱动车辆；低速行驶或下缓坡时，发动机停止，而电机（牵引电机）工作；选择 N 位时，不会对动力电池（牵引用蓄电池）充电。

需要注意的是，在动力电池（牵引用蓄电池）需要充电或发动机暖机等情况下，汽油发动机不会自动停止。

2）正常行驶过程中：主要使用汽油发动机，必要时电机（牵引电机）为动力电池（牵引用蓄电池）充电。

3）急加速时：猛踩加速踏板时，动力电池（牵引用蓄电池）的动力通过电机（牵引电机）与汽油发动机的动力相结合。

4）制动（再生制动）时：车轮带动电机（牵引电机），并且为动力电池（牵引用蓄电池）充电。

5）再生制动：在下列情况下，动能转化为电能并在为动力电池（牵引用蓄电池）充电的同时获得减速力：

①变速杆置于 D 位或 S 位的情况下驾驶时，松开加速踏板。

②变速杆置于 D 位或 S 位的情况下驾驶时，踩下制动踏板。

6）EV 指示灯：仅使用电机（牵引电机）驱动车辆或汽油发动机停止时，多信息显示屏上将显示 EV 指示灯，如图 1-3-4 所示。

7）汽油发动机可能无法停止的情况：汽油发动机可以自动起动和停止，但是在下列情况下，汽油发动机可能无法自动停止：

图 1-3-4　EV 指示灯

①汽油发动机暖机过程中。

②动力电池（牵引用蓄电池）充电过程中。

③动力电池（牵引用蓄电池）温度高或低时。

④加热器打开时。

8）给动力电池（牵引用蓄电池）充电：动力电池（牵引用蓄电池）由汽油发动机充电，因此不需要外部电源。但是，如果车辆长期停放，则动力电池（牵引用蓄电池）将缓慢放电。因此，请务必每隔几个月驾驶车辆至少 30min 或 16km。如果动力电池（牵引用蓄电池）电量完全耗尽且不能起动混合动力系统，请联系丰田经销店。

9）混合动力车辆特有的声音和振动：即使"READY"指示灯点亮时车辆能够移动，也可能没有发动机声音或振动。为安全起见，施加驻车制动并确保驻车时将档位换至 P 位。混合动力系统工作时可能出现以下声音或振动，但这并非故障：

①可能会听到发动机舱内电机的工作声音。

②混合动力系统起动或停止时，可能会听到后排座椅后面的动力电池（牵引用蓄电池）的工作声音。

③混合动力系统起动或停止时，后排座椅后面的动力电池（牵引用蓄电池）会发出继电器工作声音，如急促或轻柔的叮当声。

④汽油发动机起动或停止时，低速行驶时或急速期间，可能会听到变速器的工作声音。

⑤急加速时可能会听到发动机的工作声音。

⑥踩下制动踏板或松开加速踏板时，可能会听到由于再生制动而产生的声音。

⑦汽油发动机起动或停止时，可能会感到振动。

⑧可能会听到后排左侧座椅下部侧边的进气通风口处冷却风扇的工作声音。

（2）混合动力系统注意事项

操作混合动力系统时应小心，因为其本身为高压系统（最高约650V），而且混合动力系统工作时其内部零件会很烫，请遵守车辆警告标签上的警告。混合动力系统部件如图1-3-5所示。

1）动力电池（牵引用蓄电池）进气通风口。后排左侧座椅下部侧边有进气通风口，如图1-3-6所示，用于冷却动力电池。如果通风口堵塞，则动力电池可能过热，导致其输出功率降低。

检查动力电池进气通风口，确保任何物体（如座椅护面、塑料盖或行李）不会阻塞进气通风口；否则动力电池可能过热并损坏。

应使用真空吸尘器等定期清理进气通风口，以防动力电池过热。

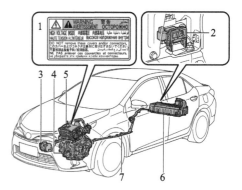

图 1-3-5 混合动力系统部件
1—警告标签 2—维修塞
3—空调压缩机 4—电机（牵引电机）
5—带DC/DC变换器的动力控制单元
6—动力电池（牵引用蓄电池）
7—高压电缆（橙色）

请勿使水或异物进入进气通风口，否则可能造成短路并损坏动力电池。

请勿在车内装载大量的水，例如冷水桶。如果水溅到动力电池上，则可能导致损坏，请及时联系丰田经销店检查车辆。

2）紧急切断系统。碰撞传感器检测到一定程度的撞击时，紧急切断系统切断高压电流并关闭燃油泵，以将触电和燃油泄漏的风险降至最低。如果紧急切断系统激活，则车辆将不能重新起动。要重新起动混合动力系统，请联系丰田经销店。

3）混合动力系统警告信息。混合动力系统出现故障或用户操作不当时，自动显示信息于多功能显示屏上（图1-3-7）。如果多功能显示屏上显示警告信息，请阅读信息并遵循其指示。

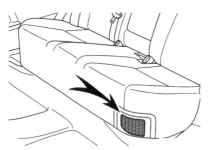 

图 1-3-6 动力电池冷却通风口　　图 1-3-7 多功能显示屏

4）警告灯点亮、显示警告信息或12V蓄电池断开。此时混合动力系统可能无法起动。在此情况下，请尝试再次起动该系统。如果"READY"指示灯不亮，请联系丰田经销店。

5）燃油耗尽。车辆燃油耗尽且混合动力系统不能起动时，给车辆加注至少能使燃油低油位警告灯熄灭的燃油量。如果仅有少量燃油，则混合动力系统可能无法起动。

6）电磁波。由于混合动力车辆的高压零件和电缆采用了电磁屏蔽装置，因此其发射的电磁波量与常规汽油动力车辆或家用电器几乎相同，可能会对一些第三方无线电零件造成声音干扰。

7）动力电池（牵引用蓄电池）寿命。动力电池的使用寿命有限，具体的使用寿命根据驾驶方式和驾驶条件会有所不同。

8）高压注意事项。本车配备有高压直流和交流系统以及 12V 电压系统。高压直流和交流非常危险，可能会造成严重灼伤和电击，从而导致严重伤害甚至死亡。切勿触摸、拆解、拆卸或更换高压零件、电缆或其插接器。混合动力系统使用高压，因此起动后系统可能会很烫。应小心高压和高温，并始终遵守车辆警告标签上的警告。切勿试图打开行李舱内的维修开关检修孔，维修开关仅在维修车辆和进行与高压相关的操作时使用，如图 1-3-8 所示。

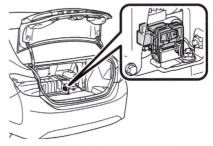

图 1-3-8　维修开关位置

9）交通事故注意事项。为降低严重伤害甚至死亡的风险，请遵守下列注意事项：

①将车辆停在安全地点以防发生其他事故，施加驻车制动，将档位换至 P 位并关闭混合动力系统。

②请勿触摸高压零件、电缆和插接器。

③如果车内或车外有电线露出，则可能发生电击，切勿触摸裸露的电线。

④如果有液体泄漏，请勿触摸，这可能是从动力电池泄漏出来的强碱性电解液。如果皮肤或眼睛接触到电解液，应立即用大量的水冲洗，如有条件也可使用硼酸溶液，然后立即就医。

⑤如果混合动力车辆内起火，应尽快离开车辆。切勿使用对电路起火不起作用的灭火器，即使使用少量的水也可能很危险。

⑥如需拖拽，应在前轮离地的情况下拖拽车辆。如果拖拽时使连接电机（牵引电机）的车轮着地，则电机可能会继续发电，这可能引起火灾。

⑦仔细检查车辆下方地面，如果发现有液体泄漏到地面上，则可能是燃油系统损坏，应尽快离开车辆。

10）动力电池（牵引用蓄电池）的处置。切勿出售、转让或改装动力电池，应由丰田经销店负责回收从报废车辆上拆下的动力电池，以防发生事故。请勿自行处理动力电池。

如果未妥善回收动力电池，则可能发生以下危害：

①非法报废或弃置动力电池，对环境造成危害，或有人可能因触摸高压零件而遭受电击。

②动力电池专用于混合动力车辆。如果在本车外使用动力电池或以任何方式对其进行改装，则可能发生电击、发热、冒烟、爆炸和电解液泄漏等事故。出售或转让车辆时，由于购买者不了解这些危险，因此发生事故的可能性极高。

③如果报废车辆时未拆下动力电池，则触碰高压零件、电缆及其插接器时，会有受到严重电击的危险。如果必须报废车辆，须由丰田经销店或合格的维修店处理动力电池。如果动力电池处理不当，则可能造成电击，从而导致严重伤害甚至死亡。

2. 混合动力汽车的使用

（1）混动车辆的起动与停机

在混合动力汽车的仪表上有一个很重要的指示灯——READY 灯，如图 1-3-9 所示。

READY 灯点亮后说明车辆上电成功，车辆处于起动状态，可以进行驾驶。传统汽车是通过发动机转速表和发动机声音辨别车辆是否进入可以驾驶状态。

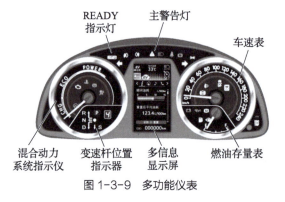

图 1-3-9 多功能仪表

使用车钥匙进行以下操作，可起动混合动力系统或切换电源开关。

1）起动混合动力系统。

①检查并确认已设定驻车制动。

②检查并确认已选择 P 位。

③用力踩下制动踏板。多信息显示屏上将显示 和信息，如果未显示，则无法起动混合动力系统。

选择 N 位时，无法起动混合动力系统。

④按下电源开关。如果"READY"指示灯点亮，则混合动力系统将正常工作。持续踩下制动踏板直至"READY"指示灯点亮。可从任何电源开关模式下起动混合动力系统。

⑤检查并确认"READY"指示灯点亮，如图 1-3-10 所示。"READY"指示灯熄灭时，车辆不移动。

图 1-3-10 "READY"指示灯

2）停止混合动力系统。

①完全停止车辆。

②设定驻车制动。

③按下 P 位开关。检查并确认仪表盘上的档位指示灯显示"P"，如图 1-3-11 所示。

④按下电源开关。

⑤松开制动踏板，检查并确认多信息显示屏上的 电源打开 消失。

3）切换电源开关模式。在松开制动踏板的情况下，按下电源开关可切换模式，每按下一次此开关，模式切换一次。

①关闭模式。可以使用危险告警灯。

② ACCESSORY 模式。可以使用部分电器部件（如音响系统）；多信息显示屏上将显示。

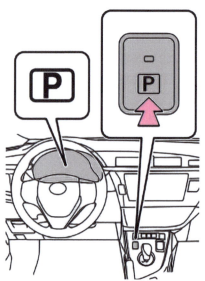

图 1-3-11 按下 P 位开关

③ ON 模式。如图 1-3-12 所示，此时可以使用所

有电器部件，多信息显示屏上将显示。

4）电源自动关闭功能。档位在 P 位时，如果车辆处于 ACCESSORY 模式 20min 以上或处于 ON 模式（混合动力系统未运转）1h 以上，则电源开关将自动关闭。但是，该功能不能完全防止 12V 蓄电池电量耗尽。混合动力系统未运转时，请勿使电源开关长时间处于 ACCESSORY 或 ON 模式。

5）环境温度较低时（例如在冬季驾驶条件下）。起动混合动力系统时，"READY"指示灯的闪烁时间可能较长，该指示灯稳定点亮之前使车辆保持静止，该指示灯稳定表示车辆能移动。

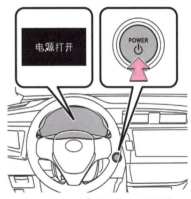

图 1-3-12　切换电源开关模式

6）紧急情况下停止混合动力系统。如果在驾驶过程中发生紧急情况而需要停止混合动力系统，则按住电源开关 2s 以上或连续短按 3 次或更多次。

除非紧急情况，请勿在驾驶过程中触按电源开关。驾驶过程中关闭混合动力系统不会丧失转向和制动控制，但会丧失对转向的动力辅助，这将使转向变得比较困难，因此应在确保安全的情况下，尽快将车辆停在路边。

（2）EV 驱动模式行驶

在 EV 驱动模式下，如图 1-3-13 所示，由动力电池（牵引用蓄电池）供电且仅使用电机（牵引电机）驱动车辆。清晨和深夜在住宅区或室内停车场等场所驾驶时，该模式可减小噪声和尾气排放。

1）打开/关闭 EV 驱动模式。打开 EV 驱动模式时，EV 驱动模式指示灯将点亮；处于 EV 驱动模式时按下开关将使车辆恢复正常行驶（使用汽油发动机和电机）。

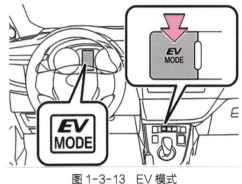

图 1-3-13　EV 模式

2）无法打开 EV 驱动模式的情况。在下列情况下，可能无法打开 EV 驱动模式。如果无法打开，则蜂鸣器将鸣响且多信息显示屏上将显示信息。

①混合动力系统温度高时：车辆停放在阳光下、在坡道上行驶或高速行驶等情况下。
②混合动力系统温度低时：车辆长时间停放在温度低于 0℃ 的环境下。
③汽油发动机暖机时。
④动力电池（牵引用蓄电池）电量低时："能量监控屏"画面上显示蓄电池剩余电量低。
⑤车速很高时。
⑥用力踩下加速踏板或车辆在坡道上行驶等时。
⑦使用风窗玻璃除雾器时。

3）汽油发动机冷机时切换至 EV 驱动模式。如果在汽油发动机冷机时起动混合动力系统，则汽油发动机会自动起动以暖机，在此情况下将无法切换至 EV 驱动模式。混合动力系统起动且"READY"指示灯点亮后，应在汽油发动机起动前按下 EV 驱动模式开关，以切换至 EV 驱动模式。

4）自动取消 EV 驱动模式。在 EV 驱动模式下行驶时，汽油发动机可能在下列情况下自动重新起动。EV 驱动模式取消时，蜂鸣器鸣响，EV 驱动模式指示灯闪烁后熄灭。

①动力电池（牵引用蓄电池）电量低时："能量监控屏"画面上显示剩余蓄电池电量低。

②车速很高时。

③用力踩下加速踏板或车辆在坡道上行驶等时：系统可以提前告知驾驶员 EV 驱动模式将自动取消，多信息显示屏上将出现预先通告画面。

5）EV 驱动模式下的可行驶距离。EV 驱动模式的可行驶距离范围是几百米至约 1km。但是，根据车辆状况，某些情况下可能无法使用 EV 驱动模式。可行驶距离取决于动力电池的电量和行驶条件。

6）在 EV 驱动模式下切换行驶模式。EV 驱动模式可与环保驾驶模式和动力模式结合使用。但是，与动力模式结合使用时，EV 驱动模式可能会自动取消。

7）燃油经济性。混合动力系统的设计可以实现在正常行驶过程中（使用汽油发动机和电机）达到最佳的燃油经济性。过度以 EV 驱动模式行驶可能会降低燃油经济性。

（3）换档行驶

通过电子换档系统，选择适合驾驶条件的档位，如图 1-3-14 所示。

1）操作变速杆。轻轻操作变速杆并确保换档操作正确，如图 1-3-15 所示。

①每次换档操作后都要松开变速杆，以使其返回 ● 位置。

②换至 D 位或 R 位时，沿换档定位板移动变速杆。

③要换至 N 位，将变速杆滑至左侧并保持，档位将切换至 N 位。

④要换至 S 位，沿换档定位板向后拉动变速杆。变速杆置于 D 位时，仅可换至 S 位。

⑤从 P 位换至 N 位、D 位或 R 位，以及从 D 位换至 R 位或从 R 位换至 D 位时，确保踩下制动踏板且车辆静止。

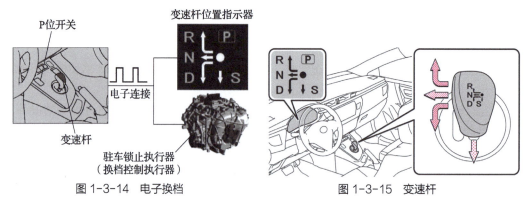

图 1-3-14 电子换档　　　　　图 1-3-15 变速杆

⑥选择档位时，通过检查仪表盘上的档位指示灯，确保已换至所需档位。

⑦变速杆置于 D 或 S 以外的档位时，指向 S 的箭头将从档位指示灯处消失。

2）换至 P 位。可通过使用 P 位开关将档位切换至 P。

①完全停止车辆并保持踩下制动踏板，然后按下 P 位开关。

②档位切换至 P 时，开关指示灯点亮。

③检查并确认档位指示灯上的 P 位指示灯点亮。

3）从 P 位换至其他档位。用力踩下制动踏板的同时，操作变速杆。如果在未踩下制动踏板的情况下操作变速杆，则蜂鸣器将鸣响且禁止换档操作。切换档位时，确保利用档位指示灯检查并确认是否获得所需档位。不能将档位从 P 位直接换至 S 位。

4）选择行驶模式。可选择下列模式以适应驾驶条件，如图 1-3-16 所示。

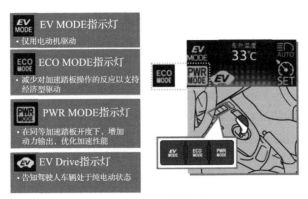

图 1-3-16　行驶模式

①环保驾驶模式。途中需要频繁加速和制动时，使用环保驾驶模式有助于降低燃油消耗，同时可最大程度地减少空调系统的操作。再次按下"ECO MODE"开关可取消环保驾驶模式。按下"ECO MODE"开关前，即使电源开关关闭，环保驾驶模式也不会取消。

②动力模式。按下"PWR MODE"开关可将行驶模式切换至动力模式，如图 1-3-17 所示，适用于山地行驶或超车等追求高水准的响应速度和快感的情况。再次按下"PWR MODE"开关可取消动力模式；关闭电源开关将取消动力模式；按下"ECO MODE"开关可将行驶模式切换至环保驾驶模式。

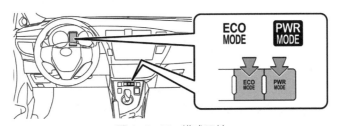

图 1-3-17　模式开关

5）在 S 位选择档域。将变速杆换至 S 位并操作换档拨片装置，如图 1-3-18 所示。每操作换档拨片装置一次，就会切换一个档域，所选档域（1~6）将显示在档域指示灯上。如果拉住"+"换档拨片装置，将增至最大可选档域。

图 1-3-18　换档拨片

6）其他换档注意事项。档位选择的注意事项包括：电源开关关闭时，无法切换档位；电源开关处于 ON 模式且"READY"指示灯熄灭时，仅可切换至 N 位，即使变速杆切换至 D 或 R 位并保持在该位置，也将切换至 N 位；"READY"指示灯点亮时，可从 P 位换至 D 位、N 位或 R 位；"READY"指示灯闪烁时，即使操作变速杆，也无法从 P 位换至其他档位；等待直至"READY"指示灯由闪烁变为持续亮，然后再次操作变速杆；仅可将档位从 D 位直接切换至 S 位。

此外，如果在下列任一情况下，试图通过移动变速杆或按下 P 位开关来切换档位，则蜂鸣器将鸣响且换档操作将禁止，或档位将自动切换至 N 位。发生此情况时，请选择合适的档位。

①禁止换档操作的情况：在未踩下制动踏板的情况下，试图通过移动变速杆从 P 位换至其他档位时；试图通过移动变速杆将档位从 P 或 N 位切换至 S 位时。

②自动切换至 N 位的情况：车辆行驶期间按下 P 位开关时（极低速行驶时可能切换至 P 位）；车辆向前移动时，试图通过移动变速杆选择 R 位时（低速行驶时可能切换至 R 位）；车辆向后移动时，试图通过移动变速杆选择 D 位时（低速行驶时可能切换至 D 档）；试图通过移动变速杆将档位从 R 位切换至 S 位时。

③P 位自动选择功能：如果档位不能换出 P 位，可能是 12V 蓄电池电量耗尽。在此情况下，检查 12V 蓄电池。

④在巡航控制（若装备）激活的情况下驾驶时：即使要通过将档位从 D 位切换至 S 位、将档域更改为 5 或 4 位等操作来实现发动机制动，但由于巡航控制不会取消，发动机制动也不会激活。

⑤临时顺序换档模式：变速杆置于 D 位的情况下行驶时，操作"–"或"+"换档拨片装置可进入临时顺序换档模式，允许以所选档域驾驶，在此情况下，所选档域将显示在档域指示灯上。

⑥如果满足下列任一条件，临时顺序换档模式将取消：处于单档域时踩住加速踏板一段时间；持续按住"+"换档拨片装置一段时间；车辆停止。

⑦降档限制警告蜂鸣器：为确保安全和行驶性能，降档操作有时会受到限制，在某些情况下，即使操作变速杆也有可能无法降档（蜂鸣器将鸣响两次）。

⑧倒档警告蜂鸣器：换至 R 位时，蜂鸣器将鸣响以提示驾驶员变速杆置于 R 位。

3. 混合动力汽车的维护

许多汽车保养项目并不复杂，只要略懂一点机械常识并备有一些基本工具，都可由用户自行完成。需要注意的是，某些保养项目需要专用工具和专业技术，这些工作最好由合格的技术人员完成。

（1）日常维护

在使用过程中时刻注意车辆性能和声音的变化，以及表示车辆需要维修的直观征兆。以下是一些重要的迹象：

1）发动机缺火、运转不稳或发出砰砰声。

2）动力明显丧失。

3)发动机异响。

4)车辆底部有液体渗漏(但空调系统在使用后滴水属正常现象)。

5)排气声有变化。这表示可能有危险的一氧化碳泄漏,须开窗驾驶并立刻检查排气系统。

6)瘪胎,转弯时轮胎噪声过大,轮胎磨损不均匀。

7)在平坦道路上直线行驶时车辆跑偏。

8)与悬架运动有关的异响。

9)制动失灵,制动踏板绵软、踏板几乎触及地板,制动时车辆跑偏。

10)发动机冷却液温度持续偏高。

如果发现上述任何迹象,车辆可能需要调节或修理。

(2)定期维护

确保驾驶安全性和经济性,日常维护和定期保养非常重要。车主需遵照保养计划,按规定的间隔时间进行定期保养。

定期保养的间隔时间可按里程表读数或时间间隔而定,以先达到者为准,参照用户手册中的保养计划表进行。对于已超过最后间隔时间的保养项目,也应在同样的时间间隔内进行保养。

图 1-3-19~ 图 1-3-21 所示为丰田卡罗拉双擎轿车用户手册中定期保养的相关内容的节选,具体的保养维修项目详见后面各个章节中的知识。

定期保养
请根据如下计划进行保养:
保养计划须知
需根据常规保养计划对您的车辆进行保养(请参见"保养计划")。

如果您主要是在以下一种或多种特殊工作条件下驾驶车辆,则需要更加频繁地执行保养计划中的某些项目,以便使您的车辆保持良好状态(请参见"附加保养计划")。

A. 路况	B. 行驶条件
1. 在颠簸、泥泞或融雪道路上行驶 2. 在多尘道路上行驶(铺砌率低或经常尘土飞扬且空气干燥区域的道路)	1. 重载车辆(例如,使用车顶行李架等) 2. 反复进行 8km 以内的短距离行驶且车外温度保持零度以下(发动机温度将达不到正常温度) 3. 长时间怠速和/或长距离低速行驶,例如警车、出租车或上门送货车 4. 持续高速行驶(最高车速的 80% 或更高)超过 2h

图 1-3-19 用户手册节选 1

保养计划

保养操作：I = 检查
R = 更换、更改或润滑

保养间隔： （里程表读数或月数，以先达到者为准）	里程表读数 ×1000km	1	10	20	30	40	50	60	70	80	月数
发动机基本部件											
1	发动机机油		R	R	R	R	R	R	R	R	12
2	发动机机油滤清器		R	R	R	R	R	R	R	R	12
3	冷却和加热系统①					I				I	24
4	发动机冷却液②					I				I	—
5	动力控制单元冷却液③					I				I	—
6	排气管和装配件			I		I		I		I	12
点火系统											
7	火花塞	每行驶 100000km 更换一次									—
8	12V 蓄电池		I	I	I	I	I	I	I	I	12
燃油和排放控制系统											
9	燃油滤清器④									R	96
10	空气滤清器滤芯			I		R		I		R	I:24 R:48
11	燃油箱盖、燃油管路、接头和燃油蒸汽控制阀①					I				I	24
12	炭罐					I				I	24
底盘和车身											
13	制动踏板和驻车制动器			I	I	I	I	I	I	I	6
14	制动衬块和制动盘			I	I	I	I	I	I	I	6
15	制动液			I	I	I	R	I	I	R	I:6 R:24
16	制动管和软管			I		I		I		I	12
17	方向盘、转向传动机构和转向机壳			I		I		I		I	12
18	驱动轴套			I		I		I		I	24
19	悬架球头和防尘罩			I		I		I		I	12
20	变速器油（包括前差速器）					I				I	24
21	前悬架和后悬架			I		I		I		I	12
22	轮胎和轮胎气压		I	I	I	I	I	I	I	I	6
23	车灯、喇叭、刮水器和喷洗器		I	I	I	I	I	I	I	I	6
24	空调滤清器			R		R		R		R	—
25	空调制冷剂量			I		I		I		I	12

①行驶 80000km 或 48 个月后检查一次，之后每行驶 20000km 或每隔 12 个月检查一次。
②最初行驶 160000km 更换一次，之后每行驶 80000km 更换一次。
③最初行驶 240000km 更换一次，之后每行驶 80000km 更换一次。
④包括煤油箱内的滤清器。

图 1-3-20　用户手册节选 2

附加保养计划

参见下表，了解恶劣行驶条件下需要更加频繁执行的常规保养计划项目（有关内容，请参见"保养计划须知"）。

A-1：在颠簸、泥泞或融雪道路上行驶	
□检查制动衬块和制动盘	每行驶 5000km 或每隔 3 个月
□检查制动管和软管	每行驶 10000km 或每隔 6 个月
□检查悬架球头和防尘罩	每行驶 10000km 或每隔 6 个月
□检查驱动轴套	每行驶 10000km 或每隔 12 个月
□检查方向盘、转向传动机构和转向机壳	每行驶 5000km 或每隔 3 个月
□检查前悬架和后悬架	每行驶 10000km 或每隔 6 个月
□紧固底盘和车身上的螺栓和螺母	每行驶 10000km 或每隔 6 个月
A-2：在多尘道路上行驶（铺砌率低或经常尘土飞扬且空气干燥区域的道路）	
□更换发动机机油	每行驶 5000km 或每隔 6 个月
□更换发动机机油滤清器	每行驶 5000km 或每隔 6 个月
□检查或更换空气滤清器滤芯	I：每行驶 2500km 或每隔 3 个月 R：每行驶 40000km 或每隔 48 个月
□检查制动衬块和制动盘	每行驶 5000km 或每隔 3 个月
□更换空调滤清器	每行驶 15000km
B-1：重载车辆（例如，使用车顶行李架等）	
□更换发动机机油	每行驶 5000km 或每隔 6 个月
□更换发动机机油滤清器	每行驶 5000km 或每隔 6 个月
□检查制动衬块和制动盘	每行驶 5000km 或每隔 3 个月
□检查或更换变速器油（包括前差速器）	I：每行驶 40000km 或每隔 24 个月 R：每行驶 80000km 或每隔 48 个月
□检查前悬架和后悬架	每行驶 10000km 或每隔 6 个月
□紧固底盘和车身上的螺栓和螺母①	每行驶 10000km 或每隔 6 个月
B-2：反复进行 8km 以内的短距离行驶且车外温度保持在 0℃以下（发动机温度将达不到正常温度）	
□更换发动机机油	每行驶 5000km 或每隔 6 个月
□更换发动机机油滤清器	每行驶 5000km 或每隔 6 个月
B-3：长时间怠速和 / 或长距离低速行驶，例如警车、出租车或上门送货车	
□更换发动机机油	每行驶 5000km 或每隔 6 个月
□更换发动机机油滤清器	每行驶 5000km 或每隔 6 个月
□检查制动衬块和制动盘	每行驶 5000km 或每隔 3 个月
B-4：持续高速行驶（最高车速的 80% 或更高）超过 2 小时	
□检查或更换变速器油（包括前差速器）	I：每行驶 40000km 或每隔 24 个月 R：每行驶 80000km 或每隔 48 个月

①包括座椅安装螺栓、前悬架和后悬架横梁固定螺栓。

图 1-3-21　用户手册节选 3

知识拓展

油电混动车为啥逆袭?
——更适合国情,容易被大众接受

过去,大家一说到新能源汽车,想到的更多是纯电动车。混动车虽然也比较节能,但在有些地方并不受"待见",无法在上牌照等方面享受到与纯电动车同等待遇。为啥这次在 2.0 版路线图中,油电混动车突然就逆袭了呢?

过去几年,在新能源政策红利催生下,纯电动汽车成为各大传统车企以及造车新势力争相追逐的"宠儿"。可如今,国家补贴逐渐退出,加上纯电动汽车还存在各种短期内难以解决的棘手问题,比如充电不便等,市场接受起来还有个过程。因此,新能源汽车技术路线被重新审视。

2.0 版路线图指出,2025 年,混动新车要占传统能源乘用车 50% 以上;2035 年要达到 100%。新版路线图对过去的目标作出了修订,不再试图从传统燃油车市场一步跨入纯电动车市场,而是采取了更为折中的办法,让油电混动车和纯电动车齐头并进。

相比而言,混动车不但可以平衡电池价格和里程增加之间的矛盾,还能扩大消费者对汽车电动化的接受程度。对传统车企而言,在现有燃油车基础上推出插电式混动版本是更容易被大众接受的方式,同时也可以满足降低油耗、节能减排的政策要求。

——摘自中国互联网联合辟谣平台 2020 年 10 月 30 日刊载文章《禁售燃油车?以后只能选电动?》,作者:刘瑾

任务拓展

查找资料,查阅德系、美系以及中国自主品牌混合动力汽车的用户手册,了解车辆的用法和维护周期。

任务4　混合动力汽车维修作业与安全防护

一、任务信息

任务4	混合动力汽车维修作业与安全防护			
任务难度	初级			
学时	2学时	班级		
成绩		日期		
姓名		教师签名		
案例导入	假如你是一名丰田4S店的维修技师，在对新能源汽车进行维护和修理时，需要注意什么呢？			
学习目标	知识	1. 了解安全电压的知识 2. 掌握安全防护的操作注意事项 3. 掌握工具的使用		
	技能	1. 能够识别高压警示标识 2. 能够正确做好高压防护 3. 能够正确使用维修工具		
	素养	1. 能够展示操作成果 2. 能够与团队成员协作完成任务 3. 能够树立安全及5S的工作理念		

二、任务流程

（一）任务准备

新能源汽车上存在高压电，电压高达600V甚至更高，在维修作业中如果没有切断高压、带高压电作业，则很有可能发生触电身亡的风险。因此在维修新能源汽车时，维修作业人员一定要严格按照国家相关规范和标准，维修作业中遵循各品牌高压维修作业的规范。

（二）任务实施

根据能力素质培养要求，在实车和台架上通过实训和技能训练完成以下工作任务。

高压安全防护、工具的使用、检测仪器的使用、高压维修操作（共4个视频）

高压维修操作

工具的使用

工作表

查询资料，完成下面问题。

1. 什么是安全电压？
_____
_____

2. 什么是安全电流？
_____
_____

3. 进行维修保养操作时的注意事项有哪些？
_____
_____

4. 常见的维修工具有哪些？
_____
_____

5. 常见的绝缘工具有哪些？
_____
_____

6. 使用绝缘测试仪的步骤有哪些？
_____
_____

7. 触电后应该怎样实施救援？
_____
_____

参考信息

1. 安全生产的基本常识

（1）安全电压

电压按照幅值和对人体的伤害程度被划分为三个等级，即安全电压、低压和高压。

1）安全电压。安全电压是指不致使人直接致死或致残的电压。一般环境条件下允许持续接触的"安全特低电压"是36V。我国规定的为了防止触电事故而由特定电源供电所采用的安全电压系列包括42V、36V、24V、12V、6V五种，见表1-4-1。安全电压应满足以下三个条件：

①标称电压不超过交流50V、直流120V（欧盟安全标准）。

②由安全隔离变压器供电。

③安全电压电路与供电电路及大地隔离。根据电流通过人体路径的不同，人体电阻值介于500~1000Ω之间。在汽车工业中，规定了最大接触电压不超过30V。

表 1-4-1　电压等级

电压等级	应用场所
42V	有触电危险的手持电动工具
36V	比较干燥的一般场所
24V	潮湿、有导电金属粉尘等场所
12V	特别潮湿、金属容器等人体大面积接触带电体的场所
6V	水下作业

2）安全电流。能引起人感觉到的最小电流值称为感知电流，交流大约为1mA，直流大约为5mA。人触电后能自己摆脱的最大电流称为摆脱电流，交流大约为10mA，直流大约为50mA。在较短的时间内危及生命的电流称为致命电流，如100mA的电流通过人体1s，足以使人致命，因此致命电流大约为50mA。在有防止触电保护装置的情况下，人体允许通过的电流一般可按30mA考虑。

3）采用电压进行安全界定。根据欧姆定律（$I=U/R$）可以得知流经人体电流的大小与外加电压和人体电阻有关。人体电阻除人的自身电阻外，还应附加上人体以外的衣服、鞋、袜等电阻。虽然人体电阻一般可达5000Ω，但是影响人体电阻的因素很多，如皮肤潮湿出汗、带有导电性粉尘、加大与带电体的接触面积和压力以及衣服、鞋、袜的潮湿油污等情况，均能使人体电阻降低，所以通常流经人体电流的大小是无法事先计算出来的。因此，为确定安全条件，往往不采用安全电流，而是采用安全电压来进行估算：一般情况下，也就是干燥而触电危险性不大的环境下，安全电压规定为36V；对于潮湿而触电危险性较大的环境（如金属容器、管道内施焊检修），安全电压规定为12V。这样，触电时通过人体的电流可被限制在较小范围内，可在一定的程度上保障人身安全。不同电压通过人体电流见表1-4-2。

表 1-4-2　不同电压通过人体电流

触电压/V	皮肤状况	人体电阻/Ω	通过人体的电流/mA
50	干燥 潮 湿	4000 2000 875	12.5 25.0 57.1
42	干燥 潮 湿	4200 2100 900	10.0 20.0 27.0
36	干燥 潮 湿	4500 2250 950	8.0 16.0 36.0
24	干燥 潮 湿	5000 2250 1000	4.8 9.6 24.0
12	干燥 潮 湿	6000 3000 1200	2.0 4.0 10.0

（续）

触电压 /V	皮肤状况	人体电阻 /Ω	通过人体的电流 /mA
6	干燥	7000	0.9
	潮	3500	1.7
	湿	1300	4.6

目前，我国将电压等级划分为以下几种：

①安全电压通常为 36V 以下，我国规定安全电压为 42V、36V、24V、12V 和 6V。

②低压指对地电压在 1000V 及以下。交流系统中的 220V、三相四线制的 380V/220V、中性点接地系统的均属低压。

③高压指 1000V 以上的电力输变电电压，或 380V 以上的配用电电压。

④超高压为 330~750kV。

⑤特高压为交流 1000kV，直流 ±800kV 以上。

(2) 触电对人体的伤害

触电是人体触及带电体、带电体与人体之间电弧放电时，电流经过人体流入大地或是进入其他导体构成回路的现象。触电事故时常发生，产生的危害也有很多。

1) 电击与电伤。电击是电流通过人体时造成的内部器官在生理上的反应和病变，如破坏人的心脏、神经系统、肺部的正常工作造成的伤害。电击对人体的危害程度，主要取决于通过人体电流的大小和通电时间长短。随着电流的大小不同，人体的反应也不同，如针刺感、击痛感、昏迷、心室颤动、呼吸困难或停止现象。人体触及带电的导线、漏电设备的外壳或其他带电体，以及雷击或电容放电，都可能导致电击。电伤是电流的热效应、化学效应或机械效应对人体造成的局部伤害，包括电弧烧伤、烫伤、电烙印、皮肤金属化、电气机械性伤害、电光眼等不同形式的伤害。

电击和电伤会引起人体的一系列生理反应。电流通过人体，会引起麻感、针刺感、压迫感、打击感、痉挛、疼痛、呼吸困难、血压升高、昏迷、心律不齐、心室颤动等症状。电流对人体的作用主要表现为生物学效应，包括复杂的理化过程。电流的生物学效应表现为使人体产生刺激和兴奋行为，使人体活的组织发生变异，从一种状态变为另外一种状态。电流通过肌肉组织，引起肌肉收缩。电流对肌体除直接起作用外，还可能通过中枢神经系统起作用。由于电流引起细胞运动，产生脉冲形式的神经兴奋波，当这种兴奋波迅速地传到中枢神经系统时，中枢神经系统即发生不同的指令，使人体各部作出相应的反应。因此，当人体触及带电体时，有些没有电流通过的部分也可能受到刺激，发生强烈的反应。而且，当中枢神经得到的兴奋波很强烈时，人体可能出现不适当的反应，重要器官的工作可能受到破坏。在活的肌体上，特别是肌肉和神经系统，有微弱的生物电存在。如果引入局外电源，微弱的生物电的正常工作规律将被破坏，人体也将受到不同程度的伤害。电流通过人体还有热作用。电流经过血管、神经、心脏、大脑等器官，可使其热量增加而导致功能障碍。电流通过人体，还会引起肌体内液体物质发生离解、分解而导致破坏。电流通过人体，还会使肌体各种组织产生蒸汽，乃至发生剥离、断裂等严重破坏。

2) 触电方式。触电方式主要有直接和间接触电，通常跨步电压触电属于间接触电；同时还有其他一些方式的触电，如雷电、感应电等。

①直接触电。直接触电是指人体直接接触正常工作时的带电体而发生的触电，除了

隔离和加强绝缘外，一般来说较难进行其他保护，特别是两相触电更是几乎不可能进行保护。直接接触电击是触及设备和线路正常运行时的带电体发生的电击（如误触接线端子发生的电击），也称为正常状态下的电击。

②间接触电。间接触电是指由于绝缘损坏导致碰壳故障，使本来不带电的物体带电，因人体接触到这些物体而导致的触电。间接触电大都发生在大风刮断架空线或接户线后，搭落在金属物或广播线上，相线和电杆拉线搭连，电动机等用电设备的线圈绝缘损坏而引起外壳带电等情况下。间接接触电击是触及正常状态下不带电，而当设备或线路故障时意外带电的导体发生的电击（如触及漏电设备的外壳发生的电击），也称为故障状态下的电击。

③静电。静电是一种处于静止状态的电荷。在干燥和多风的秋天，在日常生活中，人们常常会碰到这种现象：晚上脱衣服睡觉时，黑暗中常听到"噼啪"的声响，而且伴有蓝光；见面握手时，手指刚一接触到对方，会突然感到指尖针刺般刺痛，令人大惊失色；早上起来梳头时，头发会经常"飘"起来，越理越乱；拉门把手、开水龙头时都会"触电"，时常发出"啪、啪、啪"的声响，这就是发生在人体的静电。

④感应电。感应电为导电设备外部带的一种电。一般研究表明，人体对高压电场下的静电感应电流的反应更加灵敏，0.1~0.2mA的感应电流通过人体时，即使未触及被感应物体，人也会有明显的针刺感。一般来说，感应电对人体没有危害，但对于比较敏感的电子设备影响较大，比如心脏起搏器等，因此装备此类仪器的人一定要注意。

⑤雷电。雷电是伴有闪电和雷鸣的一种雄伟壮观而又有点令人生畏的放电现象。闪电的平均电流是30000A，最大电流可达300000A。闪电的电压很高，为$(1\sim10)\times10^8V$。一个中等强度雷暴的功率可达10MW，相当于一座小型核电站的输出功率。放电过程中，由于闪电通道中温度骤增，使空气体积急剧膨胀，从而产生冲击波，导致强烈的雷鸣；带有电荷的雷云与地面的突起物接近时，它们之间就发生激烈的放电，在雷电放电地点会出现强烈的闪光和爆炸的轰鸣声。这就是人们见到和听到的电闪雷鸣。

⑥剩余电荷。电气设备的相间绝缘和对地绝缘都存在电容效应，电容器具有储存电荷的性能，因此在刚断开电源的停电设备上，都会保留一定量的电荷，称为剩余电荷。如此时有人触及停电设备，就可能遭受剩余电荷电击。另外，如大容量电力设备和电力电缆、并联电容器等在遥测绝缘电阻后或耐压试验后都会有剩余电荷的存在。设备容量越大、电缆线路越长，这种剩余电荷的积累电压越高。因此，在遥测绝缘电阻或耐压试验工作结束后，必须注意充分放电，以防剩余电荷电击。

（3）短路的危害

短路是指电路或电路中的一部分被短接，短路时电源提供的电流将比通路时提供的电流大得多，一般情况下不允许短路，如果短路，严重时会烧坏电源或设备。

1) 常见类型。

①电源短路。电流不经过任何用电器，直接由正极经过导线流回负极，特别容易烧坏电源。根据欧姆定律$I=U/R$知道，由于导线的电阻很小，电源短路时电路上的电流会非常大。这样大的电流，电池或者其他电源都不能承受，会造成电源损坏；更为严重的是，因为电流太大，会使导线的温度升高，严重时有可能造成火灾。

②用电器短路。用电器短路又称部分电路短路，即一根导线接在用电器的两端，容易产生烧毁其他用电器的情况。

2）短路原因。

①元件损坏。短路往往是绝缘损坏或接线不慎所引起的，例如设备绝缘材料老化，设计、制造、安装、维护不良等造成的设备缺陷发展成为短路。

②气象条件影响。这些情况包括雷击过后造成的闪烁放电，风灾引起架空线断线和导线覆冰引起电线杆倒塌等。

③人为因素。例如在雨季，未查明前方水情，冒险涉水，导致电路短路。

3）短路后果。

①产生大电流。短路有时会产生大电流，因此会产生大量的热量，损毁设备，电弧会将许多元件短时间熔化。

②造成低电压。短路会使电气设备无法正常工作，这种危害在医院、矿山中会引起危险。

③其他。干扰抑制与破坏系统的稳定运行，线损、热损、无功功率等增大，影响通信等。

4）防护措施。经常检查电气设备和线路的绝缘情况是一项很重要的安全措施。此外，为了防止短路事故所引起的后果，通常在电路中接入熔断器或空气断路器，以便短路发生时，能迅速将故障电路自动切除。

2. 维修保养操作注意事项

为了让用户、维修和服务站人员以及技术救援和医疗救援人员尽可能远离高压设备可能带来的危险，维修场地和车上设置了很多警示和提示标签，如图1-4-1所示。

警示电压危险　请参见使用说明　警示勿触及导电部件

图1-4-1　警示标识

（1）高压系统部件警示标签

带有D（DANGER）字样的警示标签表示有高压部件或者高压导电部件，如图1-4-2所示。

警示电压危险　警示勿触及导电部件　请参见使用说明

图1-4-2　危险标识

高压部件标签总是以英语和所属国语言的形式贴在高压蓄电池或高压部件的上面，如图 1-4-3 所示。

每个高电压组件的壳体上都带有一个维修标识，如图 1-4-4 所示，售后服务人员或车主可以很直观地看出高电压可能带来的危险。

图 1-4-3 危险说明标签　　　　　　　图 1-4-4 维修标识

（2）车间警示标签和设备

检查高压蓄电池和功率控制电子装置要使用接线盒等检测适配器，如图 1-4-5 所示。

在开始检修混合动力汽车前，必要保证工作地点的安全。因此必须把图 1-4-6 所示高压维修警示牌放在车内容易看到的地方，以提醒人们注意高电压的危险性。相关的说明可通过故障导航来查找。

图 1-4-5 接线盒　　　　图 1-4-6 高压维修警示牌

此外，必须将断电安全警示牌放在车内容易看到的地方，以提醒人们"切勿接通，正在检修"，如图 1-4-7 所示。

如果高压蓄电池的起动能力不足了（组合仪表上有显示），可使用 12V 充电器。

绝缘测量盒通过一个非常小的电流产生一个 500V（最高可达 1000V）的测量电压，供电是通过 USB2.0 插头获得的，借助于某个测量适配器来测量停电（无电压）状态，另外，还可用它来确定绝缘电阻，如图 1-4-8 所示。

车辆工作区安全隔离带如图 1-4-9 所示。

图 1-4-7　断电安全警示牌

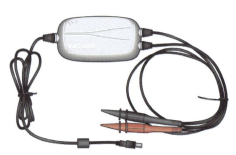

图 1-4-8　绝缘测量盒

图 1-4-9　隔离带

（3）高电压技师

高压电技师必须参加考试并获得资格证书。经销商内部可以执行车辆高电压系统维修工作的机电维修人员在参加了混合动力汽车及其他高电压系统维修的资格培训后可获取相应的从业资格。

（4）检修高压系统注意事项

所有橙色的线束均带高压，可能危及生命，要特别注意（图 1-4-10）。

1）不得将喷水软管和高压清洗装置直接对准高压部件。

2）高压插头上不可使用机油、润滑脂和触点清洗剂等。

3）在高压导电部件附近进行检修工作时，必须先让系统断电。

4）在进行焊接、用切削工具加工以及用尖锐工具进行操作时，必须先让系统断电。

5）所有松开了的高压插头必须严防进水和污物。

图 1-4-10　高压橙色线束

（5）检查混合动力汽车的注意事项

动力电池组的额定电压为 201.6V，发电机和电动机发出或使用的电压为 650V。在电路系统中，高压电路的线束和插接器都为橙色，而且蓄电池等高压零件都贴有"高压"的警示标志，注意不要触碰这些配件。在检修过程中一定要严格按照正确的操作步骤操作。

在检修过程中（如安装或拆卸零部件、对车辆进行检查等）必须注意以下几点：

1）对高压系统进行操作时首先应将车辆电源开关关闭。

2）戴好绝缘手套。戴绝缘手套前一定要先检查手套，不能有破损，哪怕针眼大的破损也不行，不能有裂纹，不能有老化的迹象，也不能是湿的，如图 1-4-11 所示。

3）将辅助蓄电池的负极电缆断开。在此之前应先查看故障码，有必要的话将故障码保存或记录下来，因为与传统内燃机汽车一样，断开蓄电池负极，故障码将被清除。

4）拆下检修塞（维修开关），并将检修塞放在衣袋里妥善保管，这样可以避免其他人员误将检修塞装回原处，造成意外。

5）拆下检修塞后不要操作电源开关，否则可能损坏混合动力系统 ECU。

6）拆下检修塞后将车辆放置 5min 后再进行其他操作，因为至少需要 5min 的时间对变频器内的高压电容器进行放电。

7）在进行高压系统作业时，应在醒目的地方摆放警告标识，以提醒他人注意安全，如图 1-4-12 所示。

图 1-4-11 绝缘手套

图 1-4-12 警示标识

8）不要随身携带任何金属物体或其他导电体，以免不小心掉落引起线路短路。

9）拆下高压配线后应立刻用绝缘胶带将其包好，保证其完全绝缘。

10）一定要按规定转矩将高压端子螺钉拧紧，转矩过大或过小都有可能导致故障。

11）完成对高压系统的操作后，在重新安装检修塞前，应再次确认在工作平台周围没遗留任何零件或工具，并确认高压端子已拧紧，插接器已插好。

（6）高电压系统断电

将高压安全插头的把手垂直向上翻折，如图 1-4-13 所示，这样可使高压安全插头上部相对于下部的熔丝移动。

将整个高压安全插头向后推，如图 1-4-14 所示。进行这步工作时，高电压接触监控电路已断开。

推动高压安全插头时可以看到开口内有一个十字槽螺钉，如图 1-4-15 所示。

图 1-4-13 高压安全插头　　图 1-4-14 向后推高压安全插头　　图 1-4-15 高压安全插头开口内的十字槽螺钉

必须松开该螺钉，但将其留在高电压安全插头内，如图 1-4-16 所示。

通过拉动高压安全插头上的把手将其从蓄电池内整个取出（包括熔丝），如图 1-4-17 所示。这样可以中断蓄电池电解槽的串联连接。

将高压安全插头旋转180°后按相反方式（使把手向下）重新安装，如图1-4-18所示。

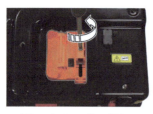
图1-4-16 松开螺钉

图1-4-17 取出高压安全插头

图1-4-18 安装高压安全插头

此时，拉手占用了熔丝的位置。拉手采用塑料材质，具有绝缘特性，这样还可防止导电物体进入熔丝支座内，如图1-4-19所示。

将锁弓穿入高压安全插头上的开口和一个固定环内，如图1-4-20所示，锁好弓形锁，拔出钥匙并在工作期间小心保管。不允许其他任何人接触钥匙，因为可能会使高电压系统重新进入运行状态。

断开维修开关时必须戴上绝缘手套，以防止电击。维修开关位置如图1-4-21所示。

图1-4-19 拉手占用熔丝位置

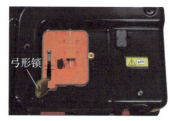
图1-4-20 锁好弓形锁

图1-4-21 维修开关位置

不通过测试仪或诊断系统确定是否断电，而是由高电压组件测量自身电压并通过总线信号向组合仪表发送测量结果。只有当组合仪表从所有相关高电压组件处均接收到断电信号时，才会发出检查控制信息显示断电状态。

为了在保养时防止高电压装置再次合闸接通，可将维修开关用带挂锁的塑料盖给锁住，如图1-4-22所示。

断开维修开关的电路原理如图1-4-23所示。

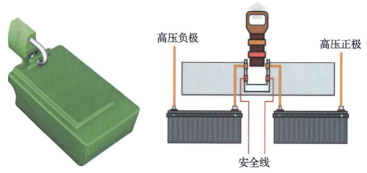

图1-4-22 锁住维修开关　　图1-4-23 断开维修开关电路原理

（7）维修注意事项

维修高压系统前，务必遵守以下安全规程。

1）使用"警告：高压！请勿触碰！"标牌告知其他技师正在检查/维修高压系统，如图 1-4-24 所示。

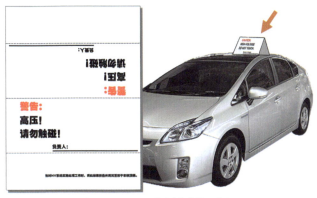

图 1-4-24　防止触碰警示标识

2）将电源模式切换至 OFF 并从上车和起动系统内部检测区域的外侧拔出钥匙。
3）断开辅助蓄电池负极端子电缆。
4）检查绝缘手套，如图 1-4-25 所示。

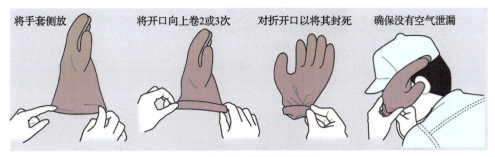

图 1-4-25　绝缘手套检漏

5）拆下维修塞把手，如图 1-4-26 所示。

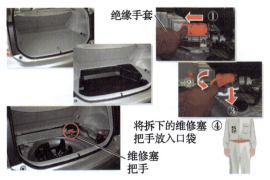

图 1-4-26　拆下维修塞把手

6）拆下维修塞把手后等待 10min（不同车型时间要求不同，具体参见厂家维修手册），以使带变换器的逆变器总成内的高压电容器放电，如图 1-4-27 所示。

图 1-4-27　等待高压放电

7）检查带变换器的逆变器总成内的端子电压（0 V 检查），如图 1-4-28 所示。

图 1-4-28　检查电缆电压

3. 维修工具

（1）通用工具

通用工具即普通的汽车维修工具，如图 1-4-29 所示，主要有各种扳手，如活动扳手、管子扳手、梅花扳手、呆扳手；各种螺钉旋具；各种锉刀，如圆锉、方锉、扁锉、什锦锉；各种钳子，如电工钳、钢丝钳、鲤鱼钳、尖嘴钳等；手锤；钢锯；凿子；各种钻头及尖冲等。

图 1-4-29　通用工具

（2）常用设备

常用的设备主要有万用表、磅秤、电烙铁、喷灯、电焊设备及手电钻等，如图 1-4-30 所示。

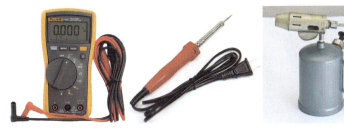

图 1-4-30　常用设备

（3）绝缘工具

与传统普通型工具相比，专用绝缘工具绝缘面积大，除了与零部件接触点没有绝缘外，其他地方均进行了相应绝缘处理。一般绝缘层使用红黄两色进行标识。绝缘防护胶柄等均使用耐高电压、耐燃材料制作，同时具有防滑功能。一些典型绝缘工具如图 1-4-31 所示。

绝缘拆装工具是采用绝缘材料进行加工并适用于电气系统拆装等操作的工具。电动汽车涉及高电压部分零件的拆装必须使用绝缘工具，且绝缘工具必须装有耐电压 1000V 以上的绝缘柄。

绝缘工具的使用方法与普通工具相同，但是有以下特别需要注意的事项：

1）应有专门的工具车和工具室存放，室内应通风良好，清洁、干燥，如图 1-4-32 所示。

2）如发现绝缘工具损伤或受潮，应及时进行检修和干燥处理，试验合格后方可使用。

3）绝缘工具必须按规定定期进行绝缘性能试验，不符合试验要求的，禁止使用。

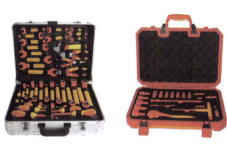

图 1-4-31　绝缘工具　　　　　　　图 1-4-32　绝缘工具车

（4）防护用具

维修作业中，无论是设备安装、运行操作还是检修工作，为了保障工作人员的人身安全以及顺利地完成工作任务，必须使用相应的安全防护用具。虽然目前的新能源汽车都很完善地设计有防止意外触电的功能，但事故车辆以及高压动力电池组总成还是会存在高压，因此新能源汽车维修人员必须做好防止被高压电击伤的安全防护。如图 1-4-33 所示，主要安全防护工具有绝缘手套、绝缘鞋、绝缘帽、防护眼镜、绝缘衣、绝缘裤、静电工作台、绝缘垫、干粉灭火器、二氧化碳灭火器、泡沫灭火器等。

其中，绝缘手套使用橡胶、乳胶、塑料等材料制成，具有防电、防水等功能。高压绝缘手套用于高电压下作业，适用 500V~36kV 的工作电压范围。在使用绝缘手套前请按照图 1-4-25 所示步骤确认绝缘手套无裂纹、磨损以及其他损伤。

图 1-4-33 绝缘防护用具

不能采用向绝缘手套吹气的方法检查手套是否磨损和泄漏，这样会导致水汽进入绝缘手套，如图 1-4-34 所示。

(5) 绝缘测试工具

1) 绝缘检测的目的和意义。电动汽车的运行工况非常复杂，在运行过程中难免会出现部件和导线之间的摩擦、碰撞、挤压等，导致高压电路与车辆之间的绝缘性能下降。电源正负极通过绝缘层和车身构成漏电回路，很可能造成电气火灾。因此高压电气对车辆车身的绝缘性是电动汽车的技术关键。

图 1-4-34 错误检漏方式

新能源汽车动力电源部分电压高达 600V 或更高，车辆上的电气设备在运行中受到电、热、机械、不良环境等各种因素的作用，其绝缘性能将逐渐劣化，以致出现缺陷，造成故障，引起供电中断，可能会引起维修过程中维修人员触电的危险。对电气设备进行绝缘预防性试验，能及时发现设备绝缘材料遗留的或运行中产生的局部缺陷，便于了解电气设备的运行状况及其绝缘的完好性，判断电气设备能否继续投入运行和预防损坏，使设备始终保持较高的绝缘水平，保证维修人员操作过程中生命安全。

2) 绝缘检测基本方法。对于封闭回路的高压直流电气系统，其绝缘性能通常用电气系统中电源对地漏电流的大小来表征。现在普遍使用两种漏电流检测方法：辅助电源法和电流传感法。使用电子式绝缘表或手摇式绝缘电阻表进行绝缘检测时，首先要进行仪表的检查，再进行正确的测试。对纯电动汽车相应部件的绝缘检测，要注意进行高压防护。

3）认识绝缘测试仪。在进行电动汽车检查和维护时使用绝缘测试仪检测绝缘性能也至关重要。通常检查绝缘的工具有绝缘电阻测试仪，如图 1-4-35 所示。

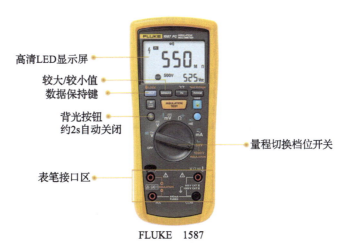

图 1-4-35 绝缘电阻测试仪

绝缘电阻测试仪的使用注意事项如下：

①应严格按照使用手册的规定使用，否则可能会破坏测试仪提供的保护措施。

②在将测试仪与被测电路连接之前，务必选用正确的端子、开关位置和量程档。

③用测试仪测量已知电压来验证测试仪操作是否正常。

④端子之间或任何一个端子与接地点之间施加的电压不能超过测试仪上标明的额定值。

⑤电压在 ACrms（交流有效值）30V、AC（交流）42V 峰值或 DC（直流）60V 以上时应格外小心，这些电压有造成触电的危险。

⑥出现电池低电量指示符时，应尽快更换电池。

⑦测试电阻、导通性、二极管或电容以前，必须先切断电源，并将所有的高压电容器放电。

⑧切勿在爆炸性的气体或蒸气附近使用测试仪。使用测试导线时，手指应保持在保护装置的后面。

⑨绝缘测试只能在不通电的电路上进行。图 1-4-36 所示为在车上测试绝缘性能的示意图，黑表笔接车身，红表笔测量电气元件相应的端子。

4）绝缘测试步骤。以某车型为例，表 1-4-3 所列为使用绝缘电阻测试仪检查相关的电器元件的步骤及标准，使用绝缘电阻测试仪对绝缘性能进行评价，按照相关指引进行操作。

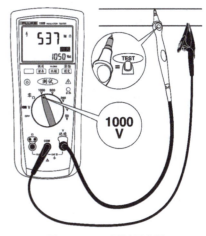

图 1-4-36 测试示意图

表 1-4-3 绝缘电阻测试仪检查电器元件的步骤及标准

序号	高压部件	检测项目	检测方法	标准值
1	动力电池	动力电池正负极与车身（外壳）绝缘电阻的检测	①拔掉高压接线盒动力电池输入线 ②将兆欧表黑表笔接于车身，红表笔逐个测量动力电池正负极端子	动力电池正极绝缘电阻值应大于或等于 1.4MΩ；负极绝缘电阻值应大于或等于 1.0MΩ
2	车载充电机	车载充电机正负极绝缘电阻的检测	①将低压蓄电池负极断开 ②拔掉高压接线盒插接器 ③将兆欧表黑表笔接于车身，红表笔逐个测量 B（正极）和 H（负极）	在环境温度为 21~25℃和相对湿度为 45%~75% 时，车载充电机正负极输出与车身（外壳）之间的绝缘阻值应大于或等于 1000MΩ；在环境温度为 21~25℃和相对湿度为 90%~95% 时，车载充电机正负极输出与车身（外壳）之间的绝缘电阻值应大于或等于 20MΩ
3	DC/DC 变换器	DC/DC 绝缘电阻的检测	①将低压蓄电池负极断开 ②拔掉高压接线盒插接器 ③将兆欧表黑表笔接于车身，红表笔逐个测量 A（正极）和 G（负极）	在环境温度为 21~25℃和相对湿度为 80%~90% 时，高压输入与车身（外壳）之间的绝缘电阻应大于或等于 1000MΩ；在工作温度为 -20~65℃和工作湿度为 5%~85% 的环境下，高压输入与车身（外壳）绝缘阻值应大于或等于 20MΩ
4	空调压缩机	空调压缩机正负极绝缘电阻的检测	①将低压蓄电池负极断开 ②拔掉高压接线盒插接器 ③将兆欧表黑表笔接于车身，红表笔逐个测量 C（正极）和 F（负极）	向空调压缩机内充入（50±1）cm³ 的冷冻机油和 62~64g 的 HFC-134a 制冷剂后，空调压缩机正负极对车身（外壳）的绝缘电阻值大于或等于 5MΩ；清空空调压缩机内部的冷冻机油后，空调压缩机正负极对车身（外壳）的绝缘阻值应大于或等于 50MΩ
5	PTC 加热电阻	PTC 正负极绝缘电阻的测量	①将低压蓄电池负极断开 ②拔掉高压接线盒插接器 ③将兆欧表黑表笔接于车身，红表笔逐个测量 D（正极）和 E（负极）	PTC 正负极与车身（外壳）之间的绝缘阻值应大于或等于 500MΩ
6	电机控制器和驱动电机	电机控制器、驱动电机正负极输入绝缘阻值的测量	①将低压蓄电池负极断开 ②拔掉高压接线盒插接器和电机控制器输入插接器 ③将兆欧表黑表笔接于车身，红表笔逐个测量正负极端子	电机控制器正负极输入端子与车身（外壳）之间的绝缘阻值应大于或等于 100MΩ
7	高压接线盒	高压接线盒正负极绝缘阻值的测量	①将低压蓄电池负极断开 ②拔掉高压接线盒插接器、动力电池输入插接器、驱动电机控制器输出插接器 ③将兆欧表黑表笔接于车身，红表笔逐个测量高压接线盒侧（动力电池输入端子、驱动电机控制器输出端子）	高压接线盒侧（动力电池输入端子，驱动电机控制器输出端子）与车身（外壳）之间的绝缘阻值应为无穷大

5）绝缘检测操作要点。电动汽车绝缘检测操作过程中，必须遵循一些原则，否则容易出现电击、损坏器件等危害，安全操作基本要点如下：

①使用仪表前检查表笔的绝缘层是否完好，应无破损；检查仪表后盖是否盖好，未盖好前严禁使用，否则会有电击的危险。

②测试前先确认导线的连接插头已紧密地插入端子内，功能选择开关设定在与被测对象相应的位置上。

③为避免电击，在测试时测试人员及其他人员严禁接触测试引线头及被测电路和零部件，因其在被检测时已经带有高压强电；在测试时请勿转动功能选择开关。

④使用后务必将功能选择开关旋至 OFF 位置。

⑤仪表处于潮湿状态下，请勿使用或更换电池。

⑥请勿在易燃性场所测试，火花可能引起爆炸。

⑦仪表在使用过程中，机壳或测试线发生断裂而造成金属外露时请停止使用。

⑧测试端子间请勿接入超过 AC 600V 或 DC 600V 的电压。

⑨仪表显示电量不足时应及时更换电池，以确保测量的准确性，长期不使用时，请将电池取出保管。更多要求详见绝缘电阻测试仪的使用说明书。

⑩绝缘检测需要穿戴绝缘防护套装。

⑪绝缘检测应符合以下标准：当空气相对湿度小于或等于 90% 时，检测的绝缘电阻值应大于或等于 20MΩ；当空气相对湿度大于 90% 时，检测的绝缘电阻值应大于或等于 2MΩ。不符合以上标准则应查明原因，直至符合绝缘标准为止。

6）绝缘检测注意事项。

①检查激励电路中所有通过熔丝、开关装置和断路器的漏泄电流，漏泄电流会导致读数不一致和错误。

②由于在绝缘被损坏时仪器会产生电弧，请勿在危险或爆炸性气体环境中使用绝缘电阻测试仪。

③请勿在电子器件上使用绝缘电阻测试仪。

④在连接测试线时请使用绝缘橡胶手套。

知识拓展

安全用电口诀

脱落电线有危险，遇到一定要躲远。遇到触电莫慌张，先与电源拉距离。切莫攀爬电线杆，游戏不碰高危险。水能导电记心里，不用湿手摸电器。遇到大雨要小心，避雨也要看仔细。喷泉好玩勿靠近，一旦漏电难处理。插孔一定要堵紧，小手才能不靠近。电子玩具虽好玩，谢绝伪劣才安全。

——来源："学习强国"东营学习平台

任务拓展

在网上查找触电的一些警示案例，学习增强安全作业意识。

能力模块二
发动机及控制系统检修

任务1 发动机的认知

一、任务信息

<table>
<tr><td colspan="4" align="center">任务1 发动机的认知</td></tr>
<tr><td>任务难度</td><td colspan="3" align="center">初级</td></tr>
<tr><td>学时</td><td>2学时</td><td>班级</td><td></td></tr>
<tr><td>成绩</td><td></td><td>日期</td><td></td></tr>
<tr><td>姓名</td><td></td><td>教师签名</td><td></td></tr>
<tr><td>案例导入</td><td colspan="3">你需要向客户推荐混合动力汽车,客户想了解混合动力汽车的发动机与燃油汽车的发动机有哪些区别,以及混合动力汽车的发动机有何技术特点。</td></tr>
<tr><td rowspan="3">学习目标</td><td>知识</td><td colspan="2">1. 掌握奥托循环发动机的特点
2. 掌握米勒循环发动机的特点
3. 掌握阿特金森循环发动机的特点</td></tr>
<tr><td>技能</td><td colspan="2">1. 能够熟练查找车辆技术资料
2. 能够在车上找到发动机的位置
3. 能够识别发动机主要零部件</td></tr>
<tr><td>素养</td><td colspan="2">1. 具有安全意识、法律意识
2. 具有良好的团队合作精神、以客户为中心、敬客经营的职业精神
3. 具有严谨、规范、精益求精的大国工匠精神</td></tr>
</table>

二、任务流程

(一)任务准备

如果需要对一台陌生的发动机进行认知,我们需要做哪些准备工作?需要准备哪些资料?

（二）任务实施

根据能力素质培养要求，通过实训和技能训练完成以下工作任务。

阿特金森循环、发动机总体结构（共 2 个视频）

任务 1.1　发动机的类型

工作表

查询资料，了解发动机的技术特点。

1. 通过网络，了解不同车型的不同发动机类型。
_____
_____

2. 解释压缩比和膨胀比的概念。
_____
_____

3. 奥托循环发动机有何特点？列举代表车型。
_____
_____

4. 米勒循环发动机有何特点？列举代表车型。
_____
_____

5. 阿特金森循环发动机有何特点？列举代表车型。
_____
_____

参考信息

汽油发动机可以分为奥托循环发动机、米勒循环发动机和阿特金森循环发动机，其中奥托循环发动机主要用于常规燃油汽车；米勒循环发动机既可以用于常规燃油汽车，也可以用于混合动力汽车；阿特金森循环发动机主要用于混合动力汽车。

1. 奥托循环发动机

奥托循环又称四冲程循环，标准四冲程发动机被称为奥托循环发动机。常规燃油汽车使用的发动机都属于奥托循环发动机。把曲轴转两圈（720°），活塞在气缸内上下往复运动四个行程，即进气行程、压缩行程、做功行程和排气行程，完成一个工作循环的汽油机称为四冲程汽油机，如图 2-1-1 所示。

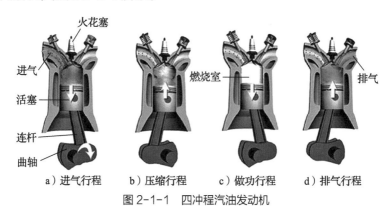

a）进气行程　　b）压缩行程　　c）做功行程　　d）排气行程

图 2-1-1　四冲程汽油发动机

（1）进气行程

活塞在曲轴的带动下从气缸内上止点移动到下止点，此时进气门打开，排气门关闭，曲轴转动 180°；在活塞移动过程中，气缸容积逐渐增大，气缸内气体压力逐渐降低，并形成一定的真空度，新鲜的空气和汽油混合气通过进气门被吸入气缸，并在气缸内进一步混合形成可燃混合气。

（2）压缩行程

进气行程结束后，曲轴继续带动活塞由下止点移至上止点，此时，进、排气门同时关闭，曲轴转动 180°；活塞上移时，气缸工作容积逐渐缩小，气缸内的混合气体被压缩至气缸顶部，其压力和温度同时升高，为做功行程做准备。

（3）做功行程

压缩行程结束时，安装在气缸盖上的火花塞产生电火花，将气缸内的可燃混合气点燃，火焰迅速传遍整个燃烧室，同时放出大量的热能；燃烧的气体体积急剧膨胀，温度迅速升高。在气体压力的作用下，活塞由上止点移至下止点，并通过连杆推动曲轴旋转做功。在做功行程，进气门、排气门均关闭，曲轴转动 180°。

（4）排气行程

做功行程结束后，排气行程开始，排气门开启，进气门仍然关闭，曲轴通过连杆带动活塞由下止点移至上止点，曲轴转动 180°，此时膨胀过后的燃烧气体（或称废气）在其自身剩余压力作用和活塞的推动下，经排气门排出气缸之外；当活塞到达上止点时，排气行程结束，排气门关闭。

汽油机经过进气、压缩、做功、排气四个行程，完成一个工作循环；连续不断的工作循环，维持汽油机的连续运转，不断向外输出动力。奥托循环发动机要兼顾汽车的动力性和燃油经济性，在节能方面具有以下缺陷：

①具有怠速工况。

②采用奥托循环，部分负荷燃油消耗率高。

③发动机通过加浓混合气来满足提高输出功率的需求，但浓混合气在发动机内并不能完全被利用，部分以 HC 的形式排放到大气中，或在三元催化转化器中被氧化，降低了燃

油利用率。

④为满足汽车动力性要求，发动机后备功率大，导致日常行驶时经常工作在低负荷非经济区。

2. 米勒循环发动机

在介绍米勒循环发动机和阿特金森循环发动机之前，先介绍两个基本概念，即压缩比和膨胀比。

压缩比是指活塞在下止点时气缸的容积与活塞在上止点时气缸的容积之间的比值；膨胀比是指发动机做功行程结束时气缸的容积与做功行程开始时气缸的容积之比，如图 2-1-2 所示。

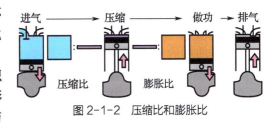

图 2-1-2　压缩比和膨胀比

简单来说，压缩比可理解为混合燃料气体从初始状态到被点燃后压缩的程度；膨胀比可理解为混合燃料气体在被点燃后膨胀的程度。高压缩比使混合燃料气体中燃料分子与氧气分子距离更近，燃烧更充分，可以提高发动机效率；高膨胀比可以加长做功行程，有效利用燃烧后废气残存的高压，因此也可以提高发动机效率。

米勒循环发动机就是一种以奥托循环为基础的机械增压四冲程发动机。米勒循环在进气行程时会将活塞运动到下止点，但进气门保持开放同时活塞进行压缩，直到曲轴通过活塞的下止点后 70°，进气门才关闭。简单地说就是在压缩行程中，先延迟进气门关闭的时间，活塞在气缸里上升约 2/5 容积时，才完全封闭进气门。所以有部分在气缸内的气体会重新进入进气歧管，并在机械增压的作用下保持气压，故下一次的进气行程中可提高进气效率且减少泵压损失。可是这样也造成实际上的压缩空气没有比进气时的多，而降低压缩比。奥托循环发动机的压缩比等于膨胀比，但米勒循环发动机的膨胀比大于压缩比，延长了做功行程，使得燃烧发出的能量能够得到更加充分的利用，这样就达到了更高的燃烧效率和更低的燃油消耗，如图 2-1-3 所示。

图 2-1-4 所示为使用了机械增压的马自达 2.3S 米勒循环发动机。

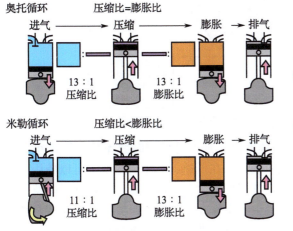

图 2-1-3　奥托循环和米勒循环的比较

图 2-1-4　马自达 2.3S 米勒循环发动机

大众的 EA211 TSI evo 型发动机、EA888 TSI 型发动机都使用米勒循环，在点火行程中，活塞仍旧由上止点移动至下止点，造成膨胀比大于压缩比的特殊状况。其压缩比小所以油耗低，膨胀比大所以动力大，另外也为了避免过高的压缩比引起发动机的爆燃（提前点火）。

3. 阿特金森循环发动机

阿特金森循环是由英国工程师 James Atkinson 提出的。阿特金森循环是一个热循环，可使特定机构的压缩行程和膨胀行程彼此单独设定。通过使膨胀行程长于压缩行程并在充分降低燃烧后的压力后排放气体，可获取燃烧过程中产生的所有可用能量（高热效率）。后来，该理念被美国的 R. H. Miller 采用，R. H. Miller 认为通过调节进气门的打开和关闭正时可完成能量的获取。

阿特金森循环发动机工作过程比奥托循环发动机多一个回流行程，即包括进气、回流、压缩、做功、排气五个行程。阿特金森循环发动机在进气行程结束活塞运动到下止点时，进气门是不关闭的，直到活塞往上运动到某个位置之后进气门才关闭。因此，阿特金森循环发动机是利用进气门晚关而不是节气门开度来控制负荷。进气门晚关时刻由气缸内的充气量决定，也就是由负荷确定气门的关闭时刻。气门关闭时刻才是压缩行程的实际开始点，而做功行程与奥托循环相似或稍长，这就减少了进气行程的泵气损失和压缩行程的压缩功。膨胀比大于压缩比能更大限度地将热能转换为机械能，提高发动机的热效率，降低燃油消耗。此外，进气门晚关使实际压缩比降低，因此缸内燃烧温度降低，有利于改善 NO_x 排放。

奥托循环发动机的压缩比等于膨胀比，但阿特金森循环发动机的膨胀比大于压缩比，延长了做功行程，使得燃烧发出的能量能够得到更加充分的利用，这样就达到了更高的燃烧效率和更低的燃油消耗。图 2-1-5 所示为奥托循环与阿特金森循环四个行程的对比。

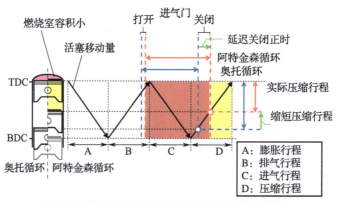

图 2-1-5　奥托循环与阿特金森循环四个行程对比

阿特金森循环发动机的优点是燃油效率高，缺点是低速时效率低、转矩小。而混合动力汽车可以弥补阿特金森循环发动机的缺点。在低速、小负荷工况下可以使用"动力电池 + 驱动电机"的纯电动驱动模式，既发挥了低速大转矩的优点，又避开了阿特金森循环发动机低速、小负荷下的缺点，使发动机主要工作在中高速下，充分发挥阿特金森循环发动机热效率高的优点，提高整车燃油经济性和排放性能。在大部分负荷范围内，由于没有节气门作用，不存在额外的泵气损失，为提高燃油的做功能力，阿特金森循环发动机采用了较大的膨胀比。在需要提供较大输出功率时，混合动力汽车通过驱动电机和动力电池输出能量，辅助汽油机提供动力，避免了传统汽油机使用过浓混合气提高输出功率的缺陷。因此，阿特金森循环发动机是混合动力汽车的理想发动机。图 2-1-6 所示为奥托循环与阿特金森循环进排气对比。

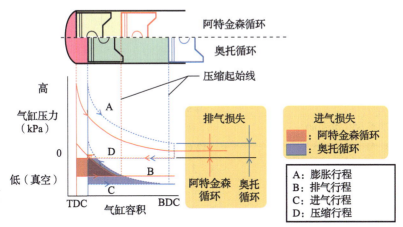

图 2-1-6　奥托循环与阿特金森循环进排气对比

图 2-1-7 所示为丰田卡罗拉混合动力汽车使用的 1.8L 阿特金森发动机。
图 2-1-8 所示为基于阿特金森发动机的插电式混合动力电动汽车。

图 2-1-7　丰田卡罗拉混合动力汽车使用的 1.8L 阿特金森发动机

图 2-1-8　基于阿特金森发动机的插电式混合动力电动汽车

丰田普锐斯使用的发动机型号为 2ZR-FXE，其中的"X"表示使用阿特金森循环，即该车辆发动机的原理。阿特金森循环发动机具备高热效率。混合动力汽车与燃油汽车发动机的对比见表 2-1-1，常规发动机之间的两个主要区别为膨胀比大、进气门关闭正时延迟。丰田普锐斯采用的 VVT-i 系统，通过控制进气门关闭正时可改变压缩比，如图 2-1-9 所示。

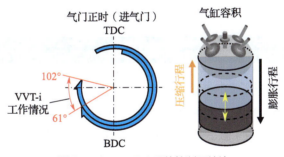

图 2-1-9　VVT-i 系统控制压缩比

表 2-1-1 混合动力汽车与燃油汽车发动机的对比

车型			普锐斯（ZVW30）	卡罗拉
发动机			2ZR-FXE	2ZR-FE
气缸数和排列形式			直列 4 缸	直列 4 缸
气门机构			16 气门、DOHC、带 VVT-i 的链传动	16 气门、DOHC、带 VVT-i 的链传动
排量 /mL			1798	1798
缸径 × 行程 /mm			80.5 × 88.3	80.5 × 88.3
压缩比			13.0（膨胀比）	10.0
最大输出功率 /kW@r/min			73 @ 5200	100 @ 6000
最大转矩 /N·m@r/min			142 @ 4000	175 @ 4400
点火顺序			1－3－4－2	1－3－4－2
气门正时	进气	打开	29° ~－12° BTDC	56° ~1° BTDC
		关闭	61° ~102° ABDC	10° ~65° ABDC
	排气	打开	31° BBDC	51° ~11° BBDC
		关闭	3° ATDC	3° ~43° ATDC
发动机使用质量（参考）/kg			90	117

任务 1.2 混合动力汽车发动机的主要特征

工作表

查询资料，了解混合动力汽车发动机的主要特征。

1. 查看混合动力卡罗拉的维修手册，其发动机的型号是什么？

_____

2. 8ZR-FXE 发动机的基本参数有哪些？

_____

3. 8ZR-FXE 发动机的主要特征是什么？

_____

参考信息

1. 8ZR-FXE 发动机基本参数

丰田卡罗拉混合动力汽车使用的是新款 8ZR-FXE 发动机，几乎使用了和普锐斯一样的技术，这款发动机是直列 4 缸、排量 1.8L、16 气门 DOHC 发动机。该发动机采用高膨胀比的阿特金森循环、智能可变气门正时（VVT-i）系统、直接点火系统（DIS）和智能电子节气门控制系统（ETCS-i）。此款发动机动力性能得到提高，静谧性好，改善了燃油经济性并实现了更清洁的排放。此外，它采用电动冷却液泵，提高了暖机性能并减少了冷却损失。该发动机基本参数见表 2-1-2。

表 2-1-2　发动机基本参数表

发动机类型			8ZR-FXE
气缸数和排列形式			直列 4 缸
气门机构			16 气门 DOHC、链传动（带 VVT-i）
燃烧室			屋脊式
进气和排气流量			横流式
燃油系统			顺序多点燃油喷射（SFI）
点火系统			直接点火系统（DIS）
排量		mL	1798
缸径 × 行程		mm	80.5 × 88.3
压缩比			13.0∶1
最大输出功率（EEC）		kW@r/min	72@5200
最大转矩（EEC）		N·m@r/min	142@3600
气门正时	进气	打开	40° BTDC~22° ATDC
		关闭	40° ABDC~102° ABDC
	排气	打开	35° BBDC
		关闭	9° ATDC
火花塞	类型	电装公司制造	FC16HR-CY9（铱）
	火花塞间隙	mm	0.8~0.9
点火顺序			1-3-4-2
研究法辛烷值			92 或更高
排放标准[①]			国六 b/ 国五

① 排放标准根据车辆规格的不同而有所不同。

而 8ZR-FXE 发动机则是通过进气门晚关的方法，使吸入气缸的混合气在压缩行程中再被"挤出"一些，缩短实际压缩行程，实现膨胀比大于压缩比的，如图 2-1-10 所示。

从表 2-1-2 中也可以看出，该发动机进气门的关闭时刻明显晚于常规发动机。这样做最大的好处是提高了发动机热效率，节省了燃油；但带来的问题是低转速时发动机的输出功率和转矩均明显低于同排量采用奥托循环的常规发动机。不过对于混合动力汽车来说，电动机的转矩特性恰好弥补了阿特金森循环发动机的短板，同时满足了动力和低油耗的需求。

2. 8ZR-FXE 发动机的主要特征

（1）曲轴偏置

8ZR-FXE 发动机采用先进的曲轴偏置技术，其气缸中心和曲轴中心不在同一平面，

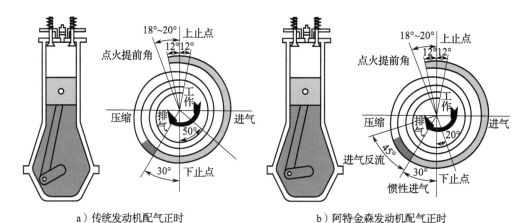

图 2-1-10 配气正时图

曲轴中心线向排气侧偏移了12mm，如图 2-1-11 所示，曲轴偏置可以最大限度地减小敲缸声。另外在做功行程时，连杆会更接近于垂直状态，这样可以更多地将燃烧产生的压力作用于曲轴，同时也减小了活塞在气缸壁上的压紧力和摩擦，从而提高活塞运行时的效率。

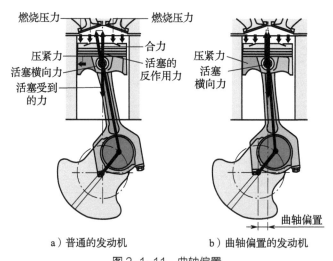

图 2-1-11 曲轴偏置

（2）两大机构

8ZR-FXE 发动机使用了铝制气缸体和屋脊形燃烧室，采用轻量化、高强度铝压铸的加强曲轴箱总成。气缸盖上使用凸轮轴架来简化结构，进、排气门的夹角为 29°。活塞同样为铝合金制造，结构紧凑，重量更轻。活塞顶部为锥形挤压状，可使燃油有效燃烧；活塞头部安装了低张力活塞环，可减轻重量并减小摩擦，油环表面涂有物理气相沉积（PVD）涂层，提高了耐磨性；活塞裙部安装了全浮式活塞销，每个活塞裙部都涂有树脂涂层以减少摩擦损失。配气机构采用链传动，凸轮轴通过液压挺柱和滚子气门摇臂驱动进、排气门，如图 2-1-12 所示；在进气侧配备了智能可变气门正时（VVT-i）系统；液压挺柱利用机油压力和弹簧弹力保持恒定为 0 的气门间隙，避免了因有气门间隙而产生的冲击及噪声，同时不需要进行气门间隙的调整。

（3）电动水泵

8ZR-FXE 发动机采用了电动水泵，如图 2-1-13 所示。发动机控制模块（ECM）能根据冷却液温度、发动机转速以及车速等信息，计算必要的冷却液流量，从而控制冷却液泵电动机转速。这不仅可以加快暖机速度并减少冷却损失，而且因取消了传动带和带轮，而降低了发动机的功率损耗。

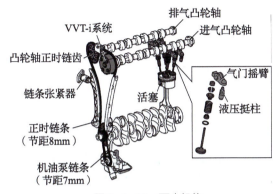

图 2-1-12 两大机构

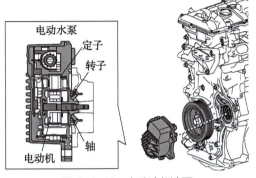

图 2-1-13 电动冷却液泵

（4）进气系统

8ZR-FXE 发动机的进气系统如图 2-1-14 所示。进气歧管采用塑料制造，可以有效地减轻发动机重量，提升发动机动力性能和经济性能；内壁更加光滑，进气更加顺畅，从而实现强劲动力和经济省油的完美结合。无拉索型电子节气门控制系统使节气门开度得到精确控制，一方面可以提高燃油经济性，减少排放，同时系统响应迅速，具有良好的操控性能；另一方面，可实现怠速控制、巡航控制和车辆稳定性控制等功能的集成，简化了控制系统结构。

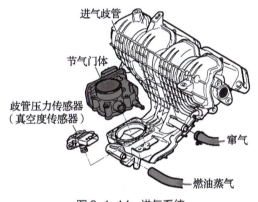

图 2-1-14 进气系统

（5）燃油供给系统

8ZR-FXE 发动机的燃油供给系统为无回流燃油系统，如图 2-1-15 所示。在无回流燃油系统中，燃油压力调节器和燃油泵合成为一体，它与发动机之间没有真空管连接，燃油压力调节器不参考发动机的负压。因此，无论发动机运行状况如何变化，燃油压力调节器都将保持稳定的系统压力。无回流燃油系统可以有效防止燃油流经发动机舱时升温而造成燃油蒸发过多，而且可大大降低由于外接油管过多而出现的燃油泄漏。8ZR-FXE 发动机采用 12 孔型超微粒化喷油器可令喷雾粒径缩小约 40%，燃油喷射和雾化效果更好，既提高了燃烧的效率，又能使排放的尾气更加清洁。

（6）火花塞

8ZR-FXE 发动机的点火系统采用长距铱金火花塞，如图 2-1-16 所示。装配铱金火花塞的发动机在各种驾驶条件下很少会出现熄火或意外点火的情况。铱金火花塞寿命可以保障行驶 6 万 ~ 8 万 km，与普通火花塞相比，其点火能量充足且点火稳定，从而提高了车辆性能，降低了燃油消耗。

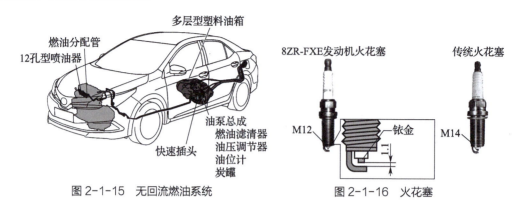

图 2-1-15　无回流燃油系统　　　　　图 2-1-16　火花塞

知识拓展

你了解"船用发动机"吗？

2021 年 4 月 2 日，中国船舶集团有限公司旗下中船动力（集团）有限公司自主研发的船用低速双燃料发动机（CX40DF）首台机在江苏省镇江市正式出厂，交付中船黄埔文冲船舶有限公司，将安装到为天津西南海运有限公司建造的 $9500m^3$ 多用途气体运输船上。它的成功交付标志着我国船用动力产业链的自主可控水平进一步增强，对我国船舶高端海洋装备的自立自强发展具有里程碑意义。

据介绍，该机型是目前全球最小缸径的船用低速双燃料发动机，采用天然气作为主要燃料，相比柴油机，其碳排放降低 20% 以上，顺应全球绿色节能、低碳环保的发展趋势。CX40DF 是我国首次按照国际标准研发的 5000kW 级船用低速双燃料发动机，从设计到交付历时五年。其间，中船动力（集团）有限公司组织参研单位对预燃室点火、动态氧浓度控制、集成式燃气压力调节、低排放预混燃烧等新技术进行科研攻关，攻克了多项技术难题，其中动态氧浓度控制技术是全球首次应用，将该型发动机的功率提升了 4%，并显著降低了燃油/气消耗率。

同时，CX40DF 的电控系统、增压器、油雾探测器等核心部件首次实现了自主配套，整机关键件和重要件国产配套率达到了 80%。中船动力研究院技术专家吕秉琳介绍："CX40DF 首台机的交付标志着我国基本掌握了船用低速发动机设计、加工、制造，后续这台发动机的批量运用也意味着我们可以基本摆脱 10000~30000t 近海江河运输船动力驱动受制于国外专利的状态。"

——摘自荔枝网 2021 年 4 月 2 日刊载文章
《打破技术壁垒——我国自主研发的低速双燃料发动机在江苏镇江交付》，
作者：胡艳

任务拓展

查阅资料，了解德系、美系以及中国自主品牌混合动力汽车发动机的参数及特征。

任务2　发动机机械系统检修

一、任务信息

任务 2 　发动机机械系统检修		
任务难度	中级	
学时	2 学时	班级
成绩		日期
姓名		教师签名
案例导入	某汽车销售公司的售后技师高某通过服务顾问派单了解到车辆存在以下情况：车辆已行驶 250000km，发动机起动后出现异响，初步判断发动机可能存在过度磨损，需要进行进一步检修，经车主同意将对发动机进行大修。	
学习目标	知识	1. 掌握发动机大修的基本程序 2. 掌握维修手册的用法
	技能	1. 能够按照修理手册规范进行发动机附件部分的拆卸 2. 能够按照修理手册规范分解发动机主体 3. 能够测量判断故障部位 4. 具备资料查询、诊断分析、仪器使用和工作文件归档的能力 5. 正确处理发动机机械系统废旧零部件
	素养	1. 具有安全意识、法律意识 2. 具有良好的团队合作精神 3. 具有严谨、规范、精益求精的大国工匠精神

二、任务流程

（一）任务准备

根据情境在发动机拆装台架上开展发动机大修，并对损坏部件进行更换，主要包括拆卸发动机附件、根据漏气情况适当分解发动机并测量可疑部位、判断故障部位、安装发动机主体、安装发动机附件等作业。

（二）注意事项

根据任务工单的指令，查阅维修手册，完成发动机主要部件的测量，并进行维修判断。在规定时间内进行作业，并完成工单。

（三）任务实施

查阅修理手册，根据能力素质培养要求，以及发动机拆装的关键技术评分标准，在发动机拆装运行台架上通过实训和技能训练完成以下工作任务。

序号	项目	评分点	配分
1	准备工作（2分）	工作前的安全检查	1
		工具、量具、零件和辅料确认	1
2	设备、工具使用（8分）	量具设备的规范使用	5
		工具设备的规范使用	3
3	发动机拆卸前检测（13分）	气缸压力检测	3
		气缸泄漏量检测	5
		气缸烟雾泄漏检测	5
4	发动机机械部件拆装（23分）	拆装附件	8
		分解发动机主体	15
5	发动机主要零部件检测（15分）	气缸盖检测	5
		气缸体检测	5
		曲轴检测	5
6	发动机机械部件安装（23分）	发动机主体安装	15
		发动机附件安装	8
7	发动机安装后试运行（10分）	安装后发动机无法运行扣10分，运行不良扣5分	10
8	安全、工作场地管理（6分）	工具、工作台、场地清洁	2
		整个工作过程中的安全	2
		整个工作过程中的5S管理	2
	合计		100

配气机构拆装、曲柄连杆机构拆装（共2个视频）

任务2.1 发动机拆装作业

工作表

查询资料，制定发动机拆装的流程。
1. 查阅维修手册，制定发动机拆装的流程。

2. 在发动机单元的拆卸和安装的流程中，拆装的零部件哪些是一次性的？
_____
_____

3. 在凸轮轴的拆卸和安装的流程中，轴承盖的拆卸和安装的顺序是怎样的？
_____
_____

4. 在气缸盖的拆卸和安装的流程中，拆卸气门的专用工具叫什么？
_____
_____

5. 在气缸体的拆卸和安装的流程中，轴承盖的拆卸和安装的顺序是怎样的？
_____
_____

参考信息

大修就是通过拆卸、分解发动机，以及调整、修理或更换必要的零部件等工作来检测故障并进行修复。图 2-2-1 所示为大修的内容。

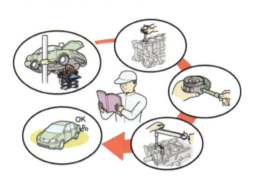

图 2-2-1　大修的内容

1. 大修的步骤

大修通常分成四个步骤：确认问题及症状，拆卸、分解及摆放，清洁及检查，装配及安装，如图 2-2-2 所示。

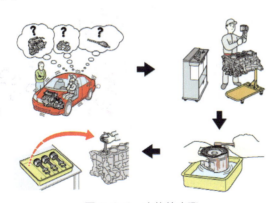

图 2-2-2　大修的步骤

（1）确认问题及症状

首先要确定大修的目的，即发生哪种故障以及哪个总成需要大修：确认问题及症状；分析故障原因；决定是否需要大修。

（2）拆卸、分解及摆放

1）拆卸：把需要大修的总成从汽车上拆卸下来，以便分解。

①用举升器、千斤顶等从车的上部或下部拆卸发动机或传动桥。

②拆卸重的部件时，比如发动机或传动桥，一定要特别注意安全，不要使其掉落。

③从汽车上拆卸部件时，不要划伤车辆或使自己受伤。

2）分解：分解总成，以便进行检查、调整/修理。

提示：拆卸时，目测检查每个部件。

3）摆放：分解时，根据每个部件安装位置或区域摆放，以便组装或安装到原始位置。即使是相同的部件，其碰撞和磨损的程度也不一样，所以要摆放好每一个部件，避免装错。

某些零件安装时有规定的位置和方向，安装时如未正确地遵守这些要求，这些零件可能受到损坏，或即使安装上了以后也会出问题。这些零件具有特殊的标记、形状、识别号等，在拆卸这些零件时，应认真记录它们的特征，确保照原样更换，如图2-2-3所示。

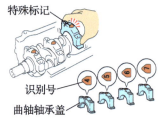

图2-2-3 零件上的标记

有关具有规定位置和方向零件的摆放注意事项如下：

①按分解的次序排列零件并作标识号，在有相似零件的情况下，使用分类箱按次序摆放零件，以免在重新安装时发生差错，如图2-2-4所示。

②在分类箱上编号并按零件拆卸次序摆放。

③轴承盖等零件自身有标识号，所以应提前在分类箱上编号，将零件按拆卸次序摆放。

④检查方向，对于具有方向和组合的零件，应保证其安装正确，如图2-2-5所示。

a）活塞/连杆：将活塞上的前部标记和连杆上的标记对齐。

b）轴承盖：将前部标记和编号对齐。

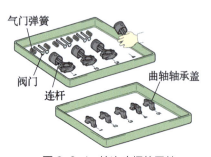

图2-2-4 按次序摆放零件

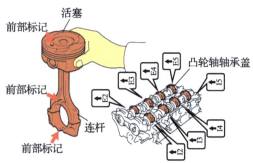

图2-2-5 检查方向

（3）清洁及检查

1）清洁。清洁已分解的部件将有以下效果：

①提高测量的精确度。
②容易发现故障。
③安装时可防止异物进入。
④除去积炭或油泥等沉积物,使部件恢复其原始性能。

2)检查。用合适的方法测量/检查,比如目视检查或用仪器测量,以及一致性检查,如图2-2-6所示。

核实通过测量或检查发现的问题是否是故障的原因,如果不是,再次寻找故障原因。

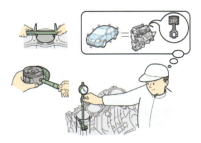

图 2-2-6 测量和检查

(4)装配及安装

用正确的程序和方法组装,如图2-2-7所示。注意事项如下:
①一定要参考维修手册。
②一定要遵循转矩/标准值。
③一定要更换不能再使用的部件,比如密封件及垫片。
④组装前,在滑动位置涂上维修手册上规定的机油及润滑油。
⑤在相同的位置及方向,照原样组装部件。
⑥无论何时组装部件,都要依据维修标准来进行调整和运行。

图 2-2-7 正确的安装程序

⑦组装工作完成后,重新检查原始故障以确定故障是否被排除;另外,检查组装是否有错误,各个总成是否都正常运转。

2. 大修评分标准

作业时按照维修手册的要求进行拆装,表2-2-1所列为发动机机械拆装检查的作业评分标准(供参考)。

表 2-2-1 大修评分标准

任务要求	操作过程	考核点	评分标准
拆卸发动机附件	①拆卸进气歧管 ②拆卸排气歧管	发动机附件拆卸	①未按手册要求拆卸进气歧管扣0.5分 ②未按手册要求拆卸排气歧管扣0.5分
分解发动机主体	①拆卸发动机气门室罩盖 ②拆卸曲轴带轮 ③拆卸正时链条罩盖 ④拆卸正时链条及链轮 ⑤拆卸凸轮轴 ⑥拆卸气缸盖 ⑦拆卸油底壳 ⑧拆卸活塞 ⑨拆卸曲轴 ⑩拆卸气门	发动机机械部分拆装	①未按手册要求拆卸发动机气门室罩盖扣0.5分 ②未按手册要求拆卸曲轴带轮扣0.5分 ③未按手册要求拆卸正时链条罩盖扣0.5分 ④未按手册要求拆卸正时链条及链轮扣0.5分 ⑤未按手册要求拆卸凸轮轴扣0.5分 ⑥未按手册要求拆卸气缸盖扣0.5分 ⑦未按手册要求拆卸油底壳扣0.5分 ⑧未按手册要求拆卸活塞扣0.5分 ⑨未按手册要求拆卸曲轴扣0.5分 ⑩未按手册要求拆卸气门扣0.5分

（续）

任务要求	操作过程	考核点	评价标准
测量判断故障部位	①测量故障气缸进排气门直径 ②测量故障气缸进排气门导管内径 ③测量故障气缸进排气门密封性 ④测量故障气缸活塞直径 ⑤测量故障气缸活塞环情况 ⑥测量故障气缸缸径	根据漏气情况对发动机部件检测（无需全部检测）	①测量前未清洁量具扣1分 ②量具选用错误扣1分 ③未完成故障气缸进排气直径测量扣1分 ④未完成故障气缸进排气导管内径测量扣1分 ⑤未使用红印油测量进气门密封性扣1分 ⑥未测量活塞直径扣1分 ⑦未测量活塞环边隙、背隙扣1分 ⑧未完成故障气缸缸径测量扣1分
安装发动机	①安装气门 ②安装曲轴 ③安装活塞 ④安装油底壳 ⑤安装气缸盖 ⑥安装凸轮轴 ⑦安装正时链条及链轮 ⑧安装正时链条罩盖 ⑨安装曲轴带轮 ⑩安装发动机气门室罩盖	发动机机械部分安装（根据拆解实际情况安装）	①未清洁部件再安装每项扣0.5分 ②未按手册要求安装气门扣0.5分 ③未按手册要求安装曲轴扣0.5分 ④未按手册要求安装活塞扣0.5分 ⑤未按手册要求安装油底壳扣0.5分 ⑥未按手册要求安装气缸盖扣0.5分 ⑦未按手册要求安装凸轮轴扣0.5分 ⑧未按手册要求安装正时链条及链轮扣0.5分 ⑨未按手册要求安装正时链条罩盖扣0.5分 ⑩未按手册要求安装曲轴带轮扣0.5分 ⑪未按手册要求安装发动机气门室罩盖扣0.5分
安装发动机附件	①安装进气歧管 ②安装排气歧管	安装发动机附件	①未按手册要求安装进气歧管扣0.5分 ②未按手册要求安装排气歧管扣0.5分

任务 2.2　发动机零部件的检测

工作表

按照相关标准，进行发动机零部件的检测。

1. 气缸的检测项目有哪些？

2. 活塞的检测项目有哪些？

3. 缸体、缸盖的检测项目有哪些？

4. 气门的检测项目有哪些？

参考信息

发动机内部有很多零部件需要检查，检查一般分为目测检查和仪器的检查。

机械零件使用一段时间后会出现磨损，磨损后零部件间的间隙就会变大，密封就会出现不良，因此保持零部件间正常的间隙就显得尤为重要。间隙是指部件之间适度的空间。机油在这些间隙中进行润滑。而且，保持合适的间隙能防止卡死和降低噪声。如间隙出现异常，则调整间隙至规定值或更换部件。

下面介绍常见的发动机零部件的检测，具体的测量方法和数据请参考维修手册。

1. 缸体与活塞间隙的测量

检查气缸体间隙，如图 2-2-8 所示，使用千分尺测量活塞外径，并且使用量缸表测量气缸内径，然后计算间隙。

2. 活塞销间隙的测量

使用千分尺测量活塞销外径，并且使用卡规测量活塞销孔内径，然后计算间隙，如图 2-2-9 所示。

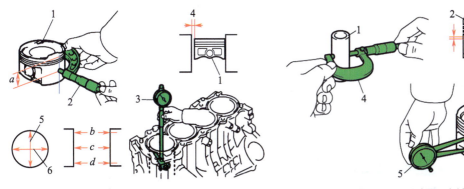

图 2-2-8 测量缸体和活塞
1—活塞 2—千分尺 3—量缸表 4—活塞间隙
5—推力方向 6—轴向

图 2-2-9 测量活塞销
1—活塞销 2—活塞 3—连杆
4—千分尺 5—卡规

3. 轴承盖间隙的测量

测量塑料间隙规的收缩量来确定曲轴轴承和连杆轴承的间隙，如图 2-2-10 所示。如果油间隙较小，仪器平整，那么平整度就增加；如果油间隙较大，仪器平整，那么平整度就减少。

1）清除检查区域和轴承端盖的所有油和灰尘。

2）调整仪表，使其适合轴承端盖的宽度，并且断开每个接受器。

3）把仪表与接受器脱开，并把它设置到与轴颈平行。

4）旋紧锁止螺母到指定的力矩。注意：当上紧轴承端盖时，不能旋转轴；如果轴旋转，则不能完成正确的测量。

5）拆下轴承端盖。

6）从仪表接受器的打印刻度上读出塑料间隙规的压差。提示：如果压力表上的压差不一致，读出最宽位置的测量值。

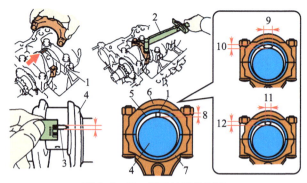

图 2-2-10　测量轴承盖间隙
1—塑料间隙规　2—扭力扳手　3—塑料间隙规的最宽部分　4—曲轴　5—连杆轴承　6—连杆盖
7—连杆　8—油隙　9—增加　10—小间隙　11—减少　12—大间隙

4. 检查活塞和活塞环

1）检查活塞环槽间隙。使用一个塞尺测量活塞环与一号以及二号活塞环槽之间的间隙，如图 2-2-11 所示。

2）检查活塞环端隙。使用活塞将活塞环推入气缸中，保持活塞环水平，然后使用一个塞尺在规定的位置，即活塞环磨损最少的位置，进行测量，如图 2-2-12 所示。如果该端隙过大，压缩压力就会从端隙泄漏；如果该端隙过小，当活塞环膨胀时，其连接/接触该端隙的气缸的内壁就可能损坏。

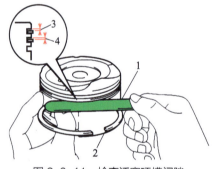

图 2-2-11　检查活塞环槽间隙
1—塞规　2—拆卸活塞环
3——号活塞环槽间隙　4—二号活塞环槽间隙

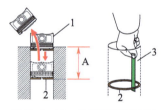

图 2-2-12　检查活塞环端隙
1—活塞　2—活塞环　3—塞尺

5. 检查气缸盖的平整度

使用一个塞尺和一个精确直尺，检查气缸盖的平直度，如图 2-2-13 所示。

6. 检查气门

使用游标卡尺和千分尺，检查气门长度、气门杆外径和气门头边缘厚度，如图 2-2-14 所示。

7. 发动机拆装的关键技术检测项目工单

查询维修手册，将标准值先填入工单，测量后对测量部件进行维修判断。

说明：下列工单中的"结果判断及处理"栏内根据检查结果，正常打"√"，不正常说明特征，并给出维修方案（维修、更换、调整）。

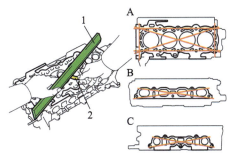 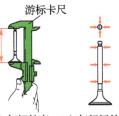 

图 2-2-13　检查气缸盖
1—精度直尺　2—塞尺　A—气缸体侧
B—进气歧管侧　C—排气歧管侧

图 2-2-14　检查气门
a）气门长度　b）气门杆外径　c）气门头边缘厚度

（1）气缸筒直径

测量位置	横向测量值	纵向测量值	标准值	结果判断及处理
距离缸体上平面____位置				
距离缸体上平面____位置				
距离缸体上平面____位置				

（2）活塞直径

测量位置	测量值	标准值	结果判断及处理
距离活塞裙部底端____位置			

（3）配缸间隙

气缸最小内径	配缸间隙计算值	配缸间隙标准值	结果判断及处理

（4）活塞环端隙和侧隙

第一道活塞环	测量值	标准值	结果判断及处理
活塞环端隙			
活塞环侧隙			

（5）气门长度检测

测量及结果	项目			
	进气门（前排）	排气门（前排）	进气门（后排）	排气门（后排）
测量值				
标准值				
结果判断及处理				

（6）气门弹簧自由长度

测量及结果	项目			
	进气门（前排）	排气门（前排）	进气门（后排）	排气门（后排）
测量值				
标准值				
结果判断及处理				

（7）气门弹簧的偏差

测量及结果	项目			
	进气门（前排）	排气门（前排）	进气门（后排）	排气门（后排）
测量值				
标准值				
结果判断及处理				

（8）气门头部直径检测

测量及结果	项目			
	进气门（前排）	排气门（前排）	进气门（后排）	排气门（后排）
测量值				
标准值				
结果判断及处理				

（9）气门锥面上的接触面宽度

测量及结果	项目			
	进气门（前排）	排气门（前排）	进气门（后排）	排气门（后排）
测量值				
标准值				
结果判断及处理				

（10）气门座的接触面宽度测量

测量及结果	项目			
	进气门（前排）	排气门（前排）	进气门（后排）	排气门（后排）
测量值				
标准值				
结果判断及处理				

知识拓展

1997年出生的杨山巍，曾参加第四十四届世界技能大赛，获得车身修理项目的首枚金牌；今年35岁的张亮，从一名普通电焊工成长为中国石油行业的技能专家；1987年出生的杨永修，平均一年要带领团队试制500辆新车型的核心零部件；85后的龙斌，至今参与研发的掘进机已超过100台……越来越多青年加入新时代技能人才队伍，不断提高技术技能水平，在平凡岗位上绽放青春光彩。

"心心在一艺，其艺必工；心心在一职，其职必举。"大国工匠的起点往往只是复杂生产体系中的某一个环节，但即使岗位平凡也能追求卓越、创造不凡。备战世界技能大赛，杨山巍经历了400多个昼夜的"魔鬼训练"，为练习底盘钻孔磨损了300多个钻头，消耗了近千块打磨片；张亮用沙袋绑住手臂来练习手握焊接的稳定性，经他手的焊口合格率一直保持在99%以上……摒弃浮躁、久久为功，手上的老茧、身上的烫痕、长年累月苦练出来的本领，见证了奋斗的青春，增添着前行的底气。

今天，中国正从制造大国向制造强国迈进，我们比历史上任何时期都更需要一支拥有现代科技知识、精湛技艺技能和较强创新能力的高素质技能队伍。新时代的技能人才，不仅应是传统技艺的传承者，还要成为攻关新兴技术、破解工艺难题的行业专家。杨永修和团队以锲而不舍的劲头进行技术攻关，终于结束了多缸发动机核心部件需由国外加工的历史；从打破国外垄断，到破解世界级难题，龙斌把挺进技术"无人区"视为青年工程师的担当，让国产掘进机技术领跑全球……以勤学长知识、以苦练精技术、以创新求突破，年轻的大国工匠们把青春奋斗融入党和国家事业中，在时代洪流中勇立潮头，绽放光彩。

伟大梦想需要追梦人，伟大事业需要生力军。青年人精力充沛、思维活跃、接受能力强，在长本事、长才干的大好时机，像海绵吸水一样汲取知识，积累逐梦远航的动力，才能不断提高与时代发展和事业要求相适应的素质和能力。持续学习技能、不断精进技术，成为知识型、技能型、创新型劳动者，青年工匠们必将在工作岗位上更好地建功立业、展示才华，在推动经济发展质量变革、效率变革、动力变革中勇担重任、能担重任、不负重任。

我国经济社会发展需要大量专业技术人才、大批大国工匠。目前，我国技能劳动者超过2亿人，占就业人口总量不到三成，技能人才总量仍然不足。更多青年加入技术工人队伍，各展其才、各尽其能，走技能成才、技能报国之路，将为建设制造强国、推动经济社会高质量发展注入强大动力。

——摘自《人民日报》2022年10月27日刊载文章
《青年大国工匠：技能报国　青春绽彩》，作者：胡婧怡

任务拓展

查阅资料，了解德系、美系以及中国自主品牌混合动力汽车发动机的拆装检测步骤。

任务3 发动机电控系统检修

一、任务信息

任务 3 发动机电控系统检修			
任务难度	高级		
学时	2学时	班级	
成绩		日期	
姓名		教师签名	
案例导入	假如你是汽车4S店的机电维修技师,一辆丰田卡罗拉混合动力汽车仪表上的发动机故障灯点亮,使用诊断仪检查后报故障码P034031(凸轮轴位置传感器A无信号)。根据维修手册的提示和维修技师的检查需要更换凸轮轴位置传感器,你知道该如何更换凸轮轴位置传感器吗?		
学习目标	知识	1. 掌握发动机电控系统的部件组成 2. 掌握发动机电控系统的部件的工作原理	
	技能	1. 能够找到发动机电控系统各零部件的安装位置 2. 能够熟练阅读电控系统各部分的电路图 3. 能够完成电控系统主要零部件的检修作业	
	素养	1. 具有安全意识、法律意识 2. 具有良好的团队合作精神、以客户为中心、敬客经营的职业精神 3. 具有严谨、规范、精益求精的大国工匠精神	

二、任务流程

(一)任务准备

根据案例导入的情境在混合动力汽车上进行检修,并对损坏部件进行更换,主要工作包括:发动机电控系统功能及组成的认知,节气门位置传感器、爆燃传感器、空气流量传感器、曲轴位置传感器、凸轮轴位置传感器、氧传感器、空燃比传感器、进气绝对压力传感器等传感器的检测,凸轮轴正时机油控制阀、点火线圈、油泵、喷油器、炭罐电磁阀等执行器的检测。

(二)注意事项

根据任务工单的指令,查阅维修手册,完成发动机电控系统的检修。在规定时间内,以小组作业方式,按照国家标准、汽车制造厂家技术规范,运用控制逻辑和科学的诊断思维,完成汽车发动机电控系统故障检修作业。要求学生做到熟悉车辆结构、熟练查阅维修资料和电路图、规范使用工量具和仪器设备、准确测量技术参数、判断故障点、正确记录作业过程和测试数据、准确完成作业操作。具体任务包括前期准备、安全检查、症状确认与分析、外观检查、仪器连接、故障码和数据流读取、高压断电、非带电状态检测验证、绝缘（漏电）检测、元器件测量、故障点确认和排除、5S管理等。

（三）任务实施

查阅维修手册，根据能力素质培养要求，在混合动力汽车上通过实训和技能训练完成以下工作任务。

发动机电控系统的组成、燃油供给系统结构及控制原理、发动机进排气系统、点火系统结构及控制原理、润滑与冷却系统（共5个视频）

节气门位置传感器检修

空气流量传感器检测

凸轮轴位置传感器检修

点火线圈的检测

进气压力传感器的检修

任务 3.1　发动机电控系统的认知

工作表

查阅资料，完成发动机电控系统的认知。

1. 查阅维修手册和电路图，简述电控发动机上有哪些传感器。

___

___

2. 查阅维修手册和电路图，简述电控发动机上有哪些执行器。

___

___

3. 在实车上找到发动机电控系统各部件的位置。

___

___

4.影响发动机喷油的传感器有哪些？

_____

_____

_____

5.影响发动机点火的传感器有哪些？

_____

_____

_____

_____

参考信息

发动机的控制系统主要包括：顺序多点燃油喷射（SFI）、电子点火提前（ESA）、智能电子节气门控制系统（ETCS-i）、智能可变气门正时（VVT-i）、排气再循环（EGR）控制、冷却风扇控制、冷却液泵控制、燃油泵控制、空燃比传感器和加热型氧传感器加热器控制、燃油蒸气排放控制、失效保护、诊断。

丰田卡罗拉 8ZR-FXE 发动机电控系统图如图 2-3-1~ 图 2-3-3 所示。发动机电控系统主要由传感器、ECM 和执行器等组成。传感器的作用是检测发动机的各种工作参数，并送给 ECM；ECM 分析传感器信号，产生并输出控制信号，传给执行器；执行器一般是电磁阀或电动机，接收 ECM 的控制信号并执行命令，按照预定要求动作，从而实现各种控制功能。

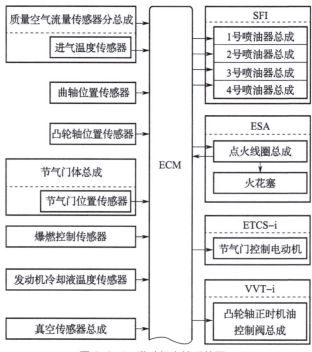

图 2-3-1　发动机电控系统图 1

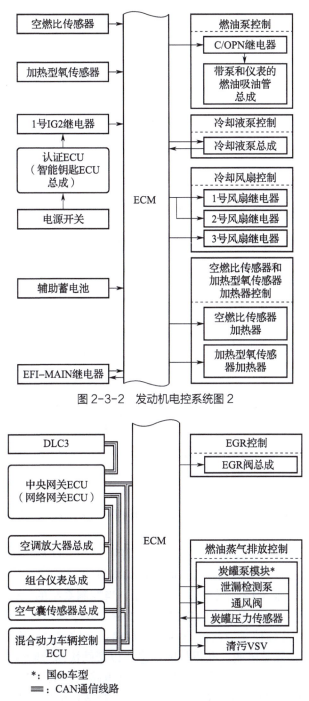

图 2-3-2　发动机电控系统图 2

图 2-3-3　发动机电控系统图 3

1. 8ZR-FXE 发动机电控系统的功能

基于现代汽油发动机的发展要求,发动机电控系统的功能越来越强大,并将多项控制功能集成在一个发动机控制模块(ECM)上,共用传感器信号,实现多功能控制,所以又称为发动机集中控制系统或发动机管理系统。发动机电控系统通过汽车内部网络的信息通信,完成与其他控制系统之间各种必要的消息的传送和接收,从而实现高度集中

控制及集中故障诊断的整车控制。丰田卡罗拉 8ZR-FXE 发动机电控系统可以实现以下控制功能:

1）顺序多点燃油喷射（SFI）：采用 L 型 SFI 系统，通过热丝型空气流量传感器检测进气质量。燃油喷射有同步喷射和异步喷射两种形式，其中同步喷射又分为冷机起动期间的分组喷射和发动机起动后的独立喷射。

2）电子点火提前（ESA）：ECM 根据来自各种传感器的信号确定点火正时，并将点火（IGT）信号发送至点火器，精确控制点火时刻，改善燃烧过程，提高发动机的性能，避免发动机爆燃。其功能主要包括点火时刻控制（点火提前角控制和爆燃控制）和点火能量控制（通电时间控制）。

3）智能电子节气门控制（ETCS-i）：根据加速踏板位置、发动机和车辆状况等信息，优化控制节气门开度。

4）智能可变气门正时（VVT-i）：根据发动机工作状态，对进气凸轮轴进行最佳气门正时控制。

5）冷却风扇控制：根据发动机冷却液温度、空调工作情况和混合动力系统冷却液温度，控制风扇以最佳的转速运行。

6）电动冷却液泵控制：ECM 根据发动机冷却液温度、车速和发动机转速等信号，调节发动机冷却液循环量，减少了冷却损失，提高了暖机性能，改善了燃油经济性并实现了更清洁的排放。

7）燃油泵控制：根据来自 ECM 的信号，控制燃油泵的运行。当任一安全气囊展开时，混合动力车辆 ECU 总成检测到安全气囊总成传递来的安全气囊展开信号，将发动机关闭信号传输至 ECM，ECM 接收到此信号后断开电路断路继电器，燃油泵停止工作。

8）供油控制：准确检测发动机工况和进气量，根据发动机工况的需要精确控制喷油量，在合适的时刻将燃油喷入进气管道或气缸内，配制合适空燃比的混合气。喷油量控制和喷油正时控制是发动机电控系统最重要的控制功能。

9）排放控制：主要包括排气再循环控制、曲轴箱强制通风控制、油箱蒸气排放控制、三元催化器监测控制等。

10）警告控制：由 ECM 控制各种指示和报警装置，一旦发动机控制系统出现故障，及时发出信号，有效减少发动机故障运行时的污染排放。

11）自诊断控制：监测控制系统的工作情况。当控制系统的元件或电路出现故障时，ECM 检测到故障信号，立即点亮"CHECKENGINE"故障指示灯，提示驾驶人发动机有故障，同时，ECM 将故障信息以故障码的形式存储在存储器内。维修人员可以利用故障诊断仪读取故障码或清除故障码，获得故障信息，以帮助快速诊断故障部位。

12）失效保护控制：当控制系统的传感器或其电路出现故障时，ECM 检测到信号失效，不采纳失效信号，而自动按照 ECM 内预设的信号替代值进行控制，使发动机能够继续运行。当比较重要的信号失效时，ECM 自动停止发动机工作。如当 ECM 接收的点火确认信号失效时，将立即停止供油，防止大量燃油进入气缸而不点火。

13）应急备用控制：当控制系统出现故障时，ECM 自动启用应急备用系统，根据存储区内已存储的数据按设定的信号（如固定的喷油量、点火提前角）控制发动机进入强制运行工况，使发动机不至于熄火。除此之外还具有怠速控制、起动机控制等功能。

8ZR-FXE 发动机电控系统主要零部件的类型和功能见表 2-3-1。

表 2-3-1　8ZR-FXE 发动机电控系统主要零部件类型和功能

零部件	特点	数量	功能
ECM	32 位 CPU	1	ECM 根据传感器提供的信号对 SFI、ESA 和 ETCS-i 等进行最佳控制，以适应发动机的工作情况
进气质量空气流量传感器	热丝型	1	内置热丝直接检测进气质量
进气温度传感器	热敏电阻型	1	借助内部热敏电阻检测进气温度
曲轴位置传感器	磁电式	1	检测发动机转速和曲轴转角
凸轮轴位置传感器	磁阻元件（MRE）型	1	进行气缸识别并检测 VVT 角度
节气门位置传感器	线性（非接触）型	1	检测节气门开度
爆燃传感器	内置压电元件型（平面型）	1	根据发动机爆燃所造成的气缸体振动来间接检测发动机是否出现爆燃现象
发动机冷却液温度传感器	热敏电阻型	1	通过内部热敏电阻检测发动机冷却液温度
空燃比传感器	带加热器的平面型	1	以线性方式检测废气中的氧浓度
氧传感器	带加热器的杯型	1	通过测量传感器自身产生的电动势检测废气中的氧浓度
喷油器总成	12 孔型	4	根据 ECM 发出的信号操纵电磁阀喷射燃油

2. 8ZR-FXE 发动机主要传感器的安装位置

8ZR-FXE 发动机主要传感器的安装位置如图 2-3-4 所示。

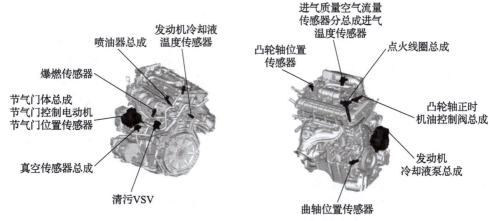

图 2-3-4　8ZR-FXE 发动机电控系统传感器安装位置

3. 8ZR-FXE 发动机电控系统主要部件的介绍

（1）节气门位置传感器

8ZR-FXE 发动机使用的节气门位置传感器为非接触型霍尔传感器，其结构如图 2-3-5 所示。霍尔集成电路包括主信号电路和副信号电路，它把安装在节气门轴上的磁轭绕组磁通量的变化转换为电信号，并将其以节气门位置信号的形式输出至 ECM。

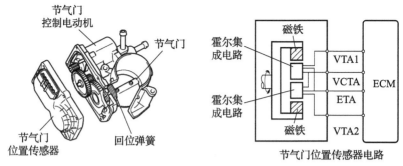

图 2-3-5 节气门位置传感器结构

(2) 爆燃传感器

8ZR-FXE 发动机采用的是平面型爆燃传感器,如图 2-3-6 所示,振动检测能力得到提高,并且可以更精确地控制点火正时。爆燃传感器通过气缸体分总成的双头螺栓安装到发动机上,因此,在传感器中心有一个双头螺柱可通过的孔。在传感器上部有一个钢制配重,绝缘垫位于配重和压电元件之间,断路/短路检测电阻器集成于传感器内。爆燃引起的振动被传递到钢制配重上,钢制配重依靠惯性向压电元件施加压力,产生电动势。

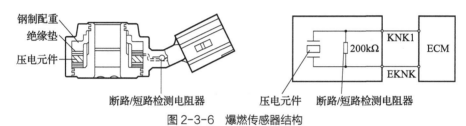

图 2-3-6 爆燃传感器结构

电源开关置于 ON 位置时,爆燃传感器内的断路/短路检测电阻器和 ECM 内的电阻器使端子 KNK1 处的电压保持恒定,ECM 中的集成电路 (IC) 持续监测端子 KNK1 的电压,如果在爆燃传感器和 ECM 之间出现短路或断路,则端子 KNK1 的电压将发生变化,ECM 将检测到短路或断路并存储故障码。

(3) 空气流量传感器

空气流量传感器为插入式,如图 2-3-7 所示,结构紧凑且重量轻,采用内置热丝直接检测进气质量,提高了检测精度并减小了进气阻力。该空气流量传感器分总成内置进气温度传感器,借助内部热敏电阻检测进气温度。

(4) 曲轴位置传感器与凸轮轴位置传感器

8ZR-FXE 发动机的曲轴位置传感器安装在曲轴前端,类型是磁电式曲轴位置传感器,如图 2-3-8 所示。曲轴的信号转子由 34 个齿

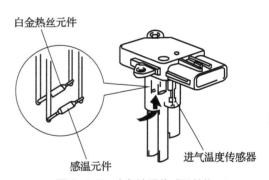

图 2-3-7 空气流量传感器结构

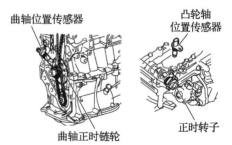

图 2-3-8 曲轴位置传感器与凸轮轴位置传感器安装位置示意

和 2 个缺齿组成，ECM 根据缺齿造成的信号变化确定上止点，结合凸轮轴位置传感器信号确定喷油和点火时序。

8ZR-FXE 发动机的凸轮轴位置传感器类型为磁阻型。曲轴每旋转两周，凸轮轴上的正时转子部分可产生三个脉冲，如图 2-3-9 所示。

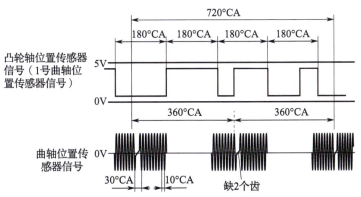

图 2-3-9　曲轴位置传感器与凸轮轴位置传感器输出波形示意

（5）氧传感器和空燃比传感器

8ZR-FXE 发动机采用平面型空燃比传感器（上游氧传感器）和杯型氧传感器（下游氧传感器），如图 2-3-10 所示。平面型空燃比传感器采用导热性能和绝缘性能良好的氧化锆，传感器元件与加热器集成于一体，提高了传感器的预热性能。杯型氧传感器包含一个围绕加热器的传感器元件。

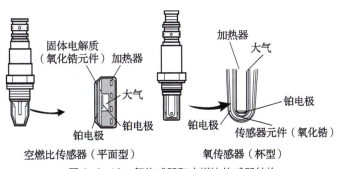

图 2-3-10　氧传感器和空燃比传感器结构

空燃比传感器和氧传感器在输出特性上不同，两者电路如图 2-3-11 所示。处于理论空燃比阈值（14.7）时，氧传感器输出电压会发生突变，相反，空燃比传感器数据与当前

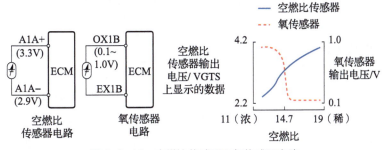

图 2-3-11　空燃比传感器和氧传感器电路

空燃比大致成比例，空燃比传感器将氧浓度信号转换为电压信号，并将其发送至 ECM，从而提高了空燃比的检测精度。使用 GTS 等检测设备可以读取空燃比传感器数据。

（6）凸轮轴正时机油控制阀

凸轮轴正时机油控制阀总成利用 ECM 的占空比控制滑阀，将液压施加于 VVT-i 控制器（凸轮轴正时链轮总成）的提前侧或延迟侧，如图 2-3-12 所示。发动机停机时，凸轮轴正时机油控制阀总成将移至延迟位置。

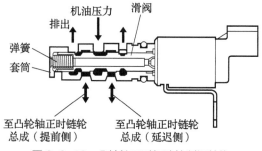

图 2-3-12 凸轮轴正时机油控制阀结构

（7）点火线圈和火花塞

8ZR-FXE 发动机的点火控制器和点火线圈集成一体（图 2-3-13a），单独安装在各气缸上，不再使用分电器，从而提高了点火正时的精确性，减少了高压损失，并提升了点火系统的整体可靠性。和火花塞接触的火花塞帽集成在点火线圈总成内，封闭的点火器简化了整个点火系统。

8ZR-FXE 发动机采用细长电极铱金火花塞（图 2-3-13b），可以将收纳火花塞的气缸盖分总成做得比较厚，这样就可以将气缸盖水套延伸到燃烧室附近，提高了冷却性能。在确保与铂金火花塞具有相同耐久性的同时，铱金火花塞还可以提高点火性能。

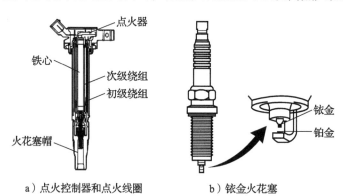

图 2-3-13 点火线圈和火花塞结构

（8）进气歧管绝对压力传感器（真空传感器）

进气歧管绝对压力传感器也叫真空传感器，由硅片组成，如图 2-3-14 所示。该传感器利用其受压时改变电阻的特性，通过检测进气歧管内部压力，并将压力转换为电压信号，以放大的形式发送至 ECM。ECM 根据这个电压控制空燃比。

图 2-3-14 进气歧管绝对压力传感器结构

（9）燃油泵

电动燃油泵是一种由小型直流电动机驱动的燃油泵，其作用是给电控燃油喷射系统提供具有一定压力的燃油。燃油泵主要由电动机、涡轮泵、出油阀（单向阀）、卸压阀（安全阀）等组成，如图 2-3-15 所示。油箱内的燃油进入燃油泵内的进油室前，首先经过滤网初步过滤。电动机和叶片连成一体,密封在同一壳体内。

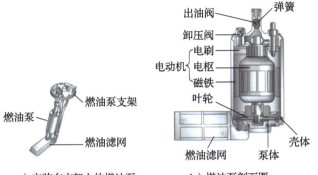
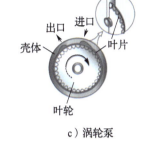

图 2-3-15　电动燃油泵

8ZR-FXE 发动机采用紧凑型燃油泵。其基本零部件包括燃油泵、燃油滤清器、燃油压力调节器总成和燃油表传感器总成,如图 2-3-16 所示。

燃油泵控制系统具有燃油切断功能,其原理如图 2-3-17 所示。混合动力车辆 ECU 总成通过 CAN 总线检测到来自气囊传感器总成的气囊展开信号时,会将发动机关闭信号传输至 ECM。接收到此信号后,ECM 断开 C/OPN 继电器,使燃油泵停止工作。

图 2-3-16　燃油泵模块

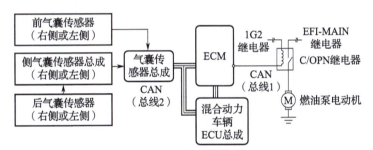

图 2-3-17　燃油泵控制系统原理

激活燃油切断功能后,电源开关从 OFF 位置切换至 ON 位置时即可取消燃油切断功能,然后可重新起动发动机。

任务 3.2　发动机电控系统的检修

工作表

通过学习,掌握发动机电控系统的检修。

1. 查阅混合动力卡罗拉的维修手册,查询发动机相关故障码表并与混合动力普锐斯的故障码进行对比,两者有什么异同点?

2. 查阅混合动力卡罗拉的电路图，找出发动机控制模块 ECM 的 BATT、+B、+B1、VC、E、E1、E2 端子的编号。

_____

_____

3. 在实车上，使用诊断仪读取发动机电控系统相关的数据流。

_____

_____

4. 在台架上，使用示波器读取发动机电控系统相关部件的波形。

_____

_____

5. 基于混合动力汽车发动机控制系统电路，探讨混合动力汽车发动机控制系统的检修，使用万用表、示波器和诊断仪在实操台架和车辆上读取相关数据，并完成下面三个表格。

1）万用表测量发动机控制模块 ECM 端子：

项目	点火开关位置	测量值	参考范围
BATT-GND			
+B1-GND			
+B2-GND			
VCX1-GND			
VCX2-GND			

2）示波器调取 CAN-H、CAN-L 波形：

测试条件：	CAN-H 电压：	CAN-L 电压：

3）诊断仪读取发动机控制系统相关数据流：

项目	含义	值
Vehicle Speed		
Engine Speed		
MAF		
Atmosphere Pressure		

（续）

项目	含义	值
Coolant Temp		
Intake Air		
Engine Run Time		
Battery Voltage		
Throttle Sensor Volt %		
Throttle Sensor #2 Volt %		
Throttle Idel Position		
Fuel Pump/Speed Status		
Injection Volun（Cylinder1）		
Target Air-Fule Ratio		
EVAP Purge VSV		
AFS Voltage B1S1		
O2S Impedance B1S1		
Short FT#1		
Long FT#1		
Total FT#1		

参考信息

1. 发动机控制系统的电路

下面以混合动力普锐斯的 5ZR-FXE 发动机电控系统为例进行讲解，学习完成后请在维修手册中查阅混合动力卡罗拉 8ZR-FXE 发动机电控系统的电路图，并进行电路分析。

（1）质量空气流量传感器

质量空气流量传感器分总成是测量流经节气门空气量的传感器。ECM 利用此信息确定燃油喷射时间并提供适当的空燃比。质量空气流量传感器分总成内部有一个暴露于进气气流的白金热丝，进气气流冷却白金热丝和内部热敏电阻，从而影响它们的电阻。为保持恒定的热丝温度值，将电流施加到质量空气流量传感器分总成的这些零部件。电压高低与通过传感器的空气流量成比例，ECM 利用这种规律来计算进气量。该电路的结构使白金热丝和温度传感器构成桥接电路，并且功率晶体管的控制使 A 和 B 两点的电压保持相等，以便将温度维持在预定温度。

提示：设定与质量空气流量传感器相关的 DTC，ECM 进入失效保护模式；在失效保护模式下，ECM 根据发动机转速和节气门位置计算点火正时；失效保护模式持续运行，直至检测到通过条件。

该传感器电路图如图 2-3-18 所示。执行检查程序前，先检查本系统相关电路的熔丝，再根据故障码和数据流进行诊断。

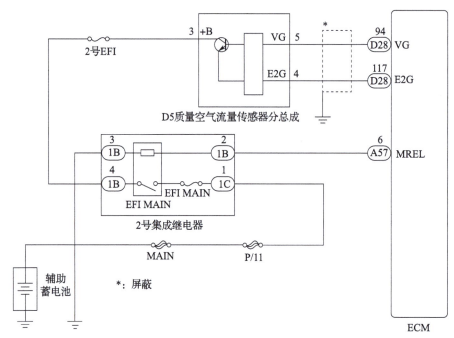

图 2-3-18　5ZR-FXE 发动机空气流量传感器电路

（2）歧管绝对压力、大气压力传感器

歧管绝对压力传感器通过内置传感器检测进气歧管的内部压力作为绝对压力并输出电压。根据来自歧管绝对压力传感器的电压，ECM 控制空燃比并校正由于压力改变而导致的压力传感器故障。

该传感器电路图如图 2-3-19 所示。

对其进行诊断时，首先要根据故障码和数据流进行诊断；其次除了测量压力传感器的电源外，更精确的测量是了解绝对压力和信号输出的关系，如图 2-3-20 所示。当然大多数情况没这个必要，除非压力通道有堵塞或传感器损坏。

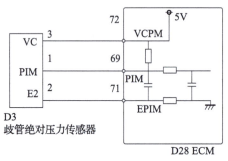

图 2-3-19　5ZR-FXE 发动机节气门体后压力传感器电路

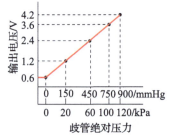

图 2-3-20　5ZR-FXE 发动机节气门体后压力传感器信号输出

（3）进气温度传感器

进气温度传感器安装在质量空气流量传感器分总成内，用于监视进气温度。进气温度传感器中内置有热敏电阻，其电阻值随进气温度的变化而变化。进气温度变低时，热敏电阻的电阻值增大；温度变高时，电阻值减小。电阻值的这些变化被作为电压的变化传输至 ECM。ECM 端子 THA 经 ECM 内的电阻器 R 将 5V 电源施加到进气温度传感器上。电阻器 R 和进气温度传感器是串联的。进气温度传感器的电阻值随进气温度的变化而变化时，端子 THA 上的电压也随之变化。发动机冷机时，ECM 根据此信号增加燃油喷射量以提高操纵性能。

提示：设定 DTC P0112 或 P0113 时，ECM 进入失效保护模式；在失效保护模式下，ECM 估算进气温度为 20℃（68 ℉）；失效保护模式持续运行，直至检测到通过条件。

该传感器电路图如图 2-3-21 所示。

对其进行诊断时，首先要根据故障码和数据流进行诊断；其次除了测量进气温度传感器的电源外，更精确的测量是了解温度和信号输出的关系，如图 2-3-22 所示。

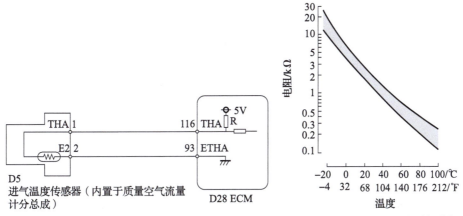

图 2-3-21　5ZR-FXE 发动机进气温度传感器电路　　图 2-3-22　5ZR-FXE 发动机进气温度传感器信号输出

（4）冷却液温度传感器

热敏电阻内置于发动机冷却液温度传感器，其电阻值随发动机冷却液温度的变化而变化。传感器的结构及其与 ECM 的连接方式和进气温度传感器相同。

提示：设定 DTC P0115、P0117 和 P0118 中的任一个时，ECM 进入失效保护模式；在失效保护模式下，ECM 估算发动机冷却液温度为 80℃（176℉）；失效保护模式持续运行，直至检测到通过条件。

该传感器电路图如图 2-3-23 所示。

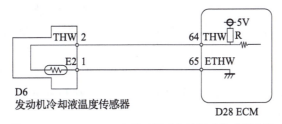

图 2-3-23　5ZR-FXE 发动机冷却液温度传感器电路

对其进行诊断时，首先要根据故障码和数据流进行诊断；如果存储 DTC P0117，则检查并确认发动机是否过热（如果发动机过热，可能会存储 DTC P0117）。

（5）节气门位置传感器和节气门执行器

1）节气门位置传感器。节气门位置传感器安装在节气门体总成上，用于检测节气门开度。该传感器为非接触型，使用霍尔效应元件，以便在极端条件下，也能生成精确的信号。节气门位置传感器有两个传感器电路 VTA1 和 VTA2，各传送一个信号。VTA1 用于检测节气门开度，VTA2 用于检测 VTA1 的故障。传感器信号电压与节气门开度成比例，在 0~5V 之间变化，并且传送到 ECM 端子 VTA。

该传感器电路图如图 2-3-24 所示。

对其进行诊断时，首先要根据故障码和数据流进行诊断；节气门关闭时，传感器输出电压降低，如图 2-3-25 所示；节气门开启时，传感器输出电压升高。ECM 根据这些信号来计算节气门开度并响应驾驶人输入来控制节气门执行器，这些信号同时也用来计算空燃比修正值、功率提高修正值和进行燃油切断控制。

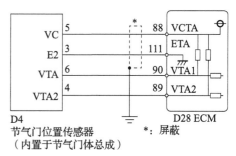

图 2-3-24 5ZR-FXE 发动机节气门位置传感器电路

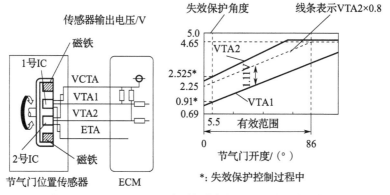

图 2-3-25 5ZR-FXE 发动机节气门位置传感器信号输出

通过传感器端子 VTA1 传输的节气门开度信号以百分比形式表示，10%~22% 之间表示节气门全关，64%~96% 之间表示节气门全开，失效保护角度大约为 18.2%（5.5°）。

系统设定了与节气门位置传感器相关的 DTC，或者与电子节气门控制系统故障有关的其他 DTC，此时 ECM 进入失效保护模式。在失效保护模式下，ECM 切断流向节气门执行器的电流，并且节气门在回位弹簧的作用下返回到 5.5° 节气门开度；ECM 停止发动机且仅可使用混合动力系统行驶车辆。如果平稳而缓慢地踩下加速踏板，则车辆会缓慢行驶。失效保护模式持续运行，直至检测到通过条件且将电源开关置于 OFF 位置。

2）节气门执行器。电子节气门控制系统（ETCS）不使用节气门拉索，其执行器使用节气门控制电动机。ECM 操作节气门执行器，节气门执行器通过齿轮来打开和关闭节气门。ETCS 电路图如图 2-3-26 所示。

电子节气门控制系统有一个专用的电源电路，如图 2-3-27 所示。监视电压（+BM）过低（低于 4V）时，ECM 判定电子节气门控制系统有故障并切断流向节气门执行器的电流。电压不稳时，电子节气门控制系统也变得不稳。因此，电压低时，流向节气门执行器的电流被切断。如果维修后系统恢复正常，则将电源开关置于 OFF 位置，ECM 允许电流流向节气门执行器,从而使执行器可以重新工作。

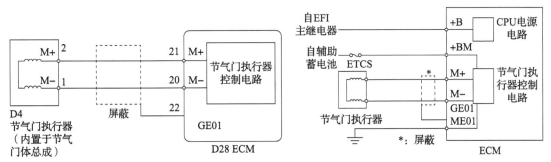

图 2-3-26 电子节气门控制系统(ETCS)电路　　图 2-3-27 电子节气门控制系统(ETCS)原理图

电子节气门控制系统(ETCS)电路总图如图 2-3-28 所示。

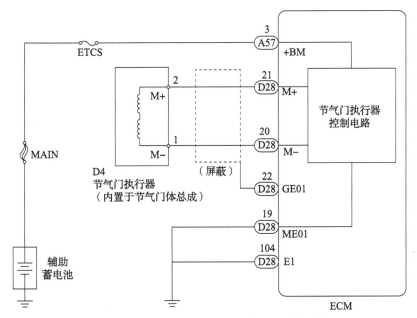

图 2-3-28 电子节气门控制系统(ETCS)电路总图

(6)氧传感器

1)空燃比(A/F)氧传感器 S1。设定与空燃比氧传感器相关的 DTC 时,ECM 进入失效保护模式。在失效保护模式下,ECM 关闭空燃比氧传感器加热器。失效保护模式持续直至将电源开关置于 OFF 位置。尽管有些 DTC 标题中提及氧传感器,但这些 DTC 与空燃比氧传感器有关。S1 指安装在三元催化转化器前面、靠近发动机总成的传感器。ECM 利用脉宽调制来调节通过加热器的电流。空燃比氧传感器加热器电路使用电路 +B 侧的继电器。

该传感器电路图如图 2-3-29 所示。

该传感器出现故障时,在执行以下检查程序前,先检查该系统相关电路的熔丝:

①参见"数据表/主动测试"A/F Heater Duty#1。

②使用智能检测仪读取定格数据。存储 DTC 时,ECM 将车辆和驾驶状况信息记录为定格数据。进行故障排除时,定格数据有助于确定故障出现时车辆是运行还是停止、发动

机是暖机还是未暖机、空燃比是稀还是浓，以及其他信息。

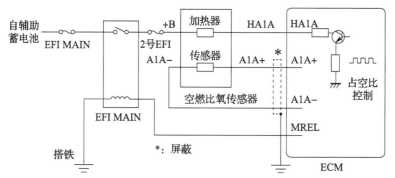

图 2-3-29　5ZR-FXE 发动机空燃比氧传感器电路

③使用主动测试提供的控制喷油量功能，改变燃油喷射量并监视空燃比氧传感器的输出电压。进行主动测试时，如果传感器的输出电压不改变（几乎无反应），则传感器可能有故障。

2）监测三元催化转化器转化效率的氧传感器 S2。S2 指安装在三元催化转化器后面、远离发动机总成的传感器。三元催化转化器用于提高废气中一氧化碳（CO）、碳氢化合物（HC）和氮氧化物（NO_x）的净化率。为了最有效地利用三元催化转化器，必须精确控制空燃比，使其接近理论空燃比。为帮助 ECM 精确控制空燃比，采用了加热型氧传感器。

设定与 S2 相关的 DTC 时，ECM 进入失效保护模式。在失效保护模式下，ECM 关闭加热型氧传感器加热器。失效保护模式持续直至将电源开关置于 OFF 位置。ECM 利用脉宽调制来调节通过加热器的电流。加热型氧传感器加热器电路使用电路 +B 侧的继电器。

该传感器电路图如图 2-3-30 所示。

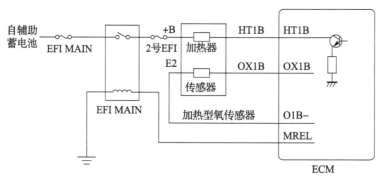

图 2-3-30　5ZR-FXE 发动机氧传感器系统电路

对该传感器进行诊断时可参见"数据表，主动测试"O2 Heater B1S2 和 O2 Heater Curr Val B1S2。数据表项目 O2Heater Curr Val B1S2 的值不为 0A 时，加热器打开。使用主动测试提供的控制喷油量功能改变燃油喷射量并监视加热型氧传感器的输出电压。进行主动测试时，如果传感器的输出电压不改变（几乎无反应），则传感器可能有故障。

3）氧传感器的诊断。加热型氧传感器位于三元催化转化器后面，用于检测废气中的氧浓度。由于此传感器与对感应部位进行加热的加热器集成在一起，即使在进气量较小（废气温度较低）时，它也能检测出氧浓度（图 2-3-31）。空燃比变稀时，废气中的氧浓度变浓，加热型氧传感器会通知 ECM，经过三元催化转化器后的空燃比过稀（低压，即低于 0.45V 的电压）；相反，空燃比比理论空燃比浓时，废气中氧浓度变稀，加热型氧传感器会通知 ECM，经过三元催化转化器后的空燃比过浓（高压，即高于 0.45V 的电压）。空燃比接近理论空燃比时，加热型氧传感器的输出电压会急剧变化。

ECM 利用来自加热型氧传感器的补充信息，来确定经过三元催化转化器后的空燃比是浓还是稀，并相应地调节燃油喷射时间。因此，如果加热型氧传感器由于内部故障而工作异常，ECM 就不能补偿主空燃比控制中出现的偏差。

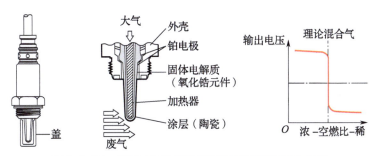

图 2-3-31　5ZR-FXE 发动机窄带氧传感器原理和信号

提示：在诊断故障排除程序的"执行确认行驶模式"程序中使用"确认行驶模式"，执行该模式将激活加热型氧传感器监视器（同时执行催化剂监视器），这有助于验证维修是否完成。

该传感器电路图如图 2-3-32 所示。

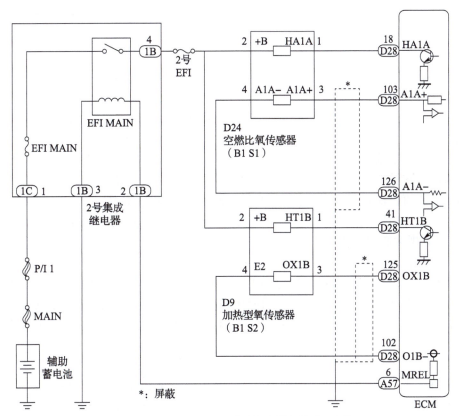

图 2-3-32　5ZR-FXE 发动机窄带氧传感器电路

进行主动测试中的控制喷油量功能可以识别故障部位，有助于确定空燃比传感器、加热型氧传感器和其他可能的故障部位是否有故障。以下说明描述了如何使用智能检测仪进行控制喷油量操作：

①将智能检测仪连接到 DLC3。
②将电源开关置于 ON（IG）位置，并打开检测仪。
③将发动机置于检查模式（保养模式）。
④起动发动机。
⑤以 2500r/min 的转速运转发动机大约 90s 以暖机。

提示：充电控制期间，发动机转速设定为急速，因此，踩下加速踏板时发动机转速未增加；在这种情况下，完成充电控制后对发动机进行暖机。

⑥进入以下菜单：Powertrain/Engine and ECT/Active Test/Control the Injection Volume，Data List/All Data/AFS Voltage B1S1 and 02S B1S2。
⑦在发动机急速运转状态下，进行主动测试操作。
⑧监视检测仪上显示的空燃比和加热型氧传感器（AFS Voltage B1S1 和 02S B1S2）的输出电压。

提示：使燃油喷射量在 −12%~12% 之间变化，喷油量可以细微地梯度改变；各传感器根据燃油喷射量的增加和减少做出响应。

燃油修正值与反馈补偿值有关，而与基本喷油持续时间无关。燃油修正包括短期燃油修正和长期燃油修正。短期燃油修正是指用于将空燃比持续保持在理论值的燃油补偿。来自空燃比传感器的信号指示空燃比与理论空燃比相比是浓还是稀。这使燃油喷射量在空燃比偏浓时减少，在空燃比偏稀时增加。各发动机间的差别、随时间造成的磨损和工作环境的改变都会使短期燃油修正值偏离中间值。长期燃油修正控制总体燃油补偿，用于补偿短期燃油修正造成的与中间值的长期偏差。

如果短期燃油修正值和长期燃油修正值都比预定值偏稀或偏浓，这会被判定为一个故障，ECM 将点亮 MIL 并设定 DTC。

在闭环燃油控制下，燃油喷射量与 ECM 估算的量相偏离，并导致长期燃油修正补偿值发生改变。如果短期燃油修正值持续出现偏差，则会调节长期燃油修正。与 ECM 估算的燃油喷射量的偏差也影响燃油修正平均学习值，该学习值是短期燃油修正平均值（燃油反馈补偿值）和长期燃油修正平均值（空燃比学习值）的综合值。如果燃油修正平均学习值超出故障阈值，则 ECM 将其视为燃油系统发生故障并设定 DTC。

如图 2-3-33 所示，如果燃油修正平均学习值为 +35% 或更大，或为 −35% 或更小，则 ECM 将其视为燃油系统故障。

该传感器确认行驶模式的情况如图 2-3-34 所示。

发动机缺火时，高浓度碳氢化合物（HC）进入废气中。高浓度的 HC 会导致废气排放量增加；极高浓度的 HC 也可使三元催化转化器温度升高，从而可能导致其损坏。为了避免排放量增加以及高温造成的损坏，ECM 会监视缺火率。三元催化转化器的温度达到热衰退点时，ECM 会使 MIL 闪烁。ECM 使用凸轮轴位置（CMP）传感器和曲轴位置（CKP）传感器监测缺火情况。凸轮轴位置传感器用于识别缺火的气缸，而曲轴位置传感器则用于测量曲轴转速的变化。曲轴转速变化超出预定阈值时，将统计缺火数。如果缺火数超过了阈值并有可能导致排放控制系统性能恶化时，则 ECM 点亮 MIL 并设定 DTC。

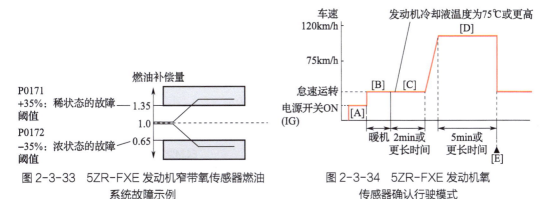

图 2-3-33　5ZR-FXE 发动机窄带氧传感器燃油系统故障示例

图 2-3-34　5ZR-FXE 发动机氧传感器确认行驶模式

4）催化系统效率低于阈值（B1）。ECM 使用安装在三元催化转化器前面和后面的传感器来监视其效率。第一个传感器，即空燃比传感器向 ECM 发送催化处理之前的信息；第二个传感器，即加热型氧传感器向 ECM 发送催化处理之后的信息。

为检查三元催化转化器内出现的任何老化现象，ECM 会计算该三元催化转化器的储氧能力。这种计算在进行主动空燃比控制的同时根据加热型氧传感器的输出电压来进行。储氧能力值可以显示三元催化转化器的储氧能力。车辆暖机行驶时，主动空燃比控制执行大约 15~20s。执行时，ECM 会据此设定空燃比的稀浓程度。如果加热型氧传感器的波形周期变长，则储氧能力变大。三元催化转化器的加热型氧传感器和储氧能力之间有直接关系。

ECM 利用储氧能力值来确定三元催化转化器的状态。如果发生任何老化，则将点亮 MIL 并设定 DTC。该系统使用比后催化剂更灵敏的前催化剂储氧能力值作为典型值确定整个催化系统的恶化程度（包括前和后催化剂）。因此，有必要更换催化剂时，确保同时更换前和后催化剂。如果三元催化转化器老化，则即使在正常驾驶条件下（未执行主动空燃比控制），加热型氧传感器（位于三元催化转化器后面）的输出电压也频繁上下波动。

未执行主动空燃比控制时的电压输出如图 2-3-35 所示。

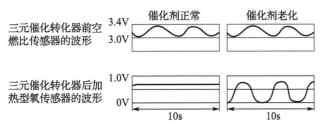

图 2-3-35　前空燃比传感器和后氧传感器的信号输出波形

5）氧（AF）传感器。尽管 DTC 标题中提及氧传感器，但这些 DTC 与空燃比传感器有关。空燃比传感器产生与实际空燃比对应的电压。此传感器电压用来向 ECM 提供反馈，以便 ECM 能够控制空燃比。ECM 确定与理论空燃比的偏差，然后调节喷油持续时间。如果空燃比传感器出现故障，则 ECM 将无法对空燃比进行准确控制。

空燃比传感器是平面型的，与用来加热固体电解质（氧化锆元件）的加热器集成为一体。此加热器由 ECM 控制。进气量偏小（废气温度偏低）时，电流流向加热器以加热传感器，从而便于准确检测氧浓度。此外，与常规型相比，此传感器和加热器部分较窄。加热器产生的热量通过氧化铝传导至固体电解质，从而加速了传感器的激活。三元催化转化器用于将一氧化碳（CO）、碳氢化合物（HC）和氮氧化物（NO_x）转化为危害较小的物质。为使三元催化转化器有效工作，务必使发动机空燃比接近理论空燃比。空燃比传感器采用电流输出元件，因而电流在ECM内转换成电压。在空燃比传感器或ECM插接器上测量电压时将始终显示恒定的电压值。

宽带氧传感器结构和信号输出如图2-3-36所示。

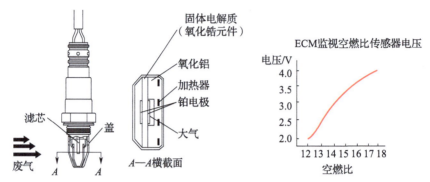

图2-3-36　宽带氧传感器结构和信号输出

宽带氧传感器电路如图2-3-37所示。

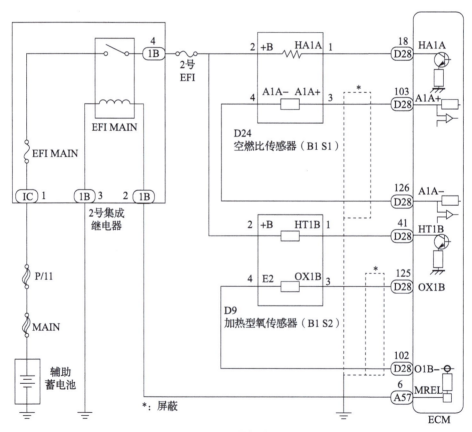

图2-3-37　宽带氧传感器电路

（7）爆燃控制传感器

爆燃控制传感器采用平面型（非谐振型），其结构可检测频率大约在6~15kHz之间的宽频带振动。爆燃控制传感器安装在发动机缸体上，用于检测发动机爆燃。爆燃控制传感器内装有压电元件，它在变形时产生电压。发动机缸体因爆燃而振动时，就会产生电压。任何发动机爆燃的发生都可以通过延迟点火正时加以抑制。

该传感器的电路图如图2-3-38所示。

（8）曲轴位置传感器

曲轴位置传感器由1号曲轴位置信号盘和拾波线圈组成。信号盘有34个齿，安装在曲轴上。拾波线圈由缠绕的铜线、铁心和磁铁组成。信号盘旋转时，随着每个齿经过拾波线圈，产生一个脉冲信号。发动机每转一圈，拾波线圈产生34个信号。ECM根据这些信号计算曲轴位置和发动机转速，利用这些计算结果控制燃油喷射时间和点火正时。

该传感器的电路图如图2-3-39所示。

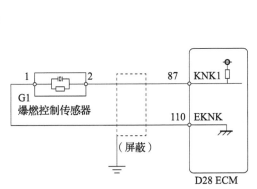
图2-3-38　平面型爆燃控制传感器电路

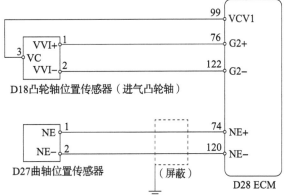
图2-3-39　曲轴和凸轮轴位置传感器电路

（9）凸轮轴位置传感器

凸轮轴位置传感器（G2信号）由磁铁和MRE（磁阻元件）组成（图2-3-39）。凸轮轴上有凸轮轴位置传感器正时转子。凸轮轴转动时，正时转子和MRE之间的气隙会发生改变，从而影响磁铁MRE材料的电阻发生波动。凸轮轴位置传感器将凸轮轴旋转数据转换成脉冲信号，并将脉冲信号发送到ECM来确定凸轮轴转角。然后，ECM利用此数据来控制燃油喷射时间和喷油正时。

（10）点火系统电路

点火系统零件位置如图2-3-40所示。

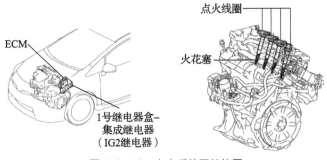
图2-3-40　点火系统零件位置

点火系统电路图如图 2-3-41 所示。

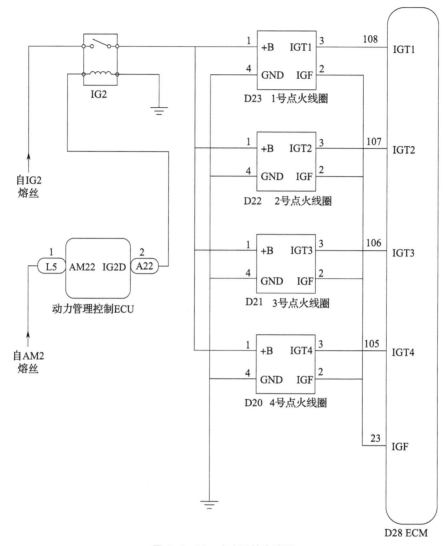

图 2-3-41　点火系统电路图

示例车辆使用直接点火系统（DIS）。DIS 各气缸由其各自的点火线圈总成和火花塞点火。各点火线圈的高压导线产生的高压直接作用到各火花塞上，火花塞产生的火花通过中心电极到达搭铁电极。ECM 确定点火正时并为各气缸传输点火（IGT）信号。ECM 根据 IGT 信号接通和断开点火器内的功率晶体管，功率晶体管进而接通或断开流向初级绕组的电流。初级绕组中的电流被切断时，次级绕组中产生高压。此高压被施加到火花塞上并使其在气缸内部产生火花。一旦 ECM 切断流向初级绕组的电流，点火器会将点火确认（IGF）信号发送回 ECM，用于各气缸点火。直接点火系统（DIS）原理如图 2-3-42 所示。

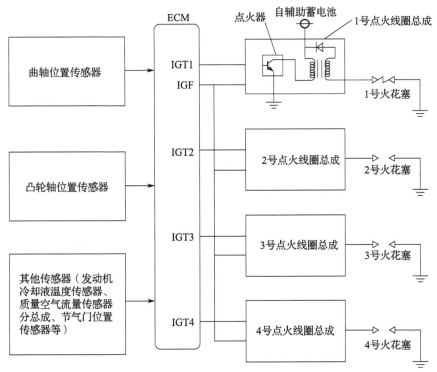

图 2-3-42 直接点火系统（DIS）原理

该系统电路图如图 2-3-43、图 2-3-44 所示。

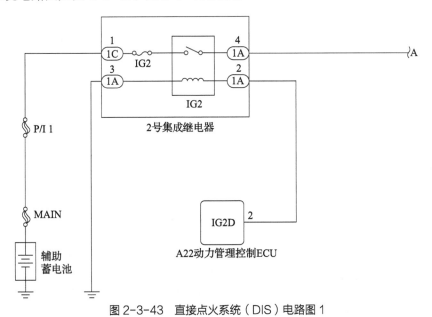

图 2-3-43 直接点火系统（DIS）电路图 1

（11）燃油供给电路

1）燃油泵控制电路。NE 信号输入 ECM 时，Tr 接通，电流将流向电路断路继电器线圈，继电器开关接通，向燃油泵供电，燃油泵工作，如图 2-3-45 所示。产生 NE 信号（发动机运转）时，ECM 将保持 Tr 接通（电路断路继电器接通），燃油泵也保持工作。

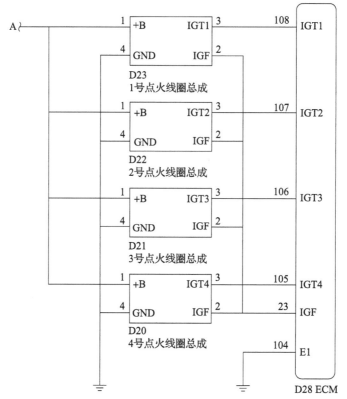

图 2-3-44 直接点火系统（DIS）电路图 2

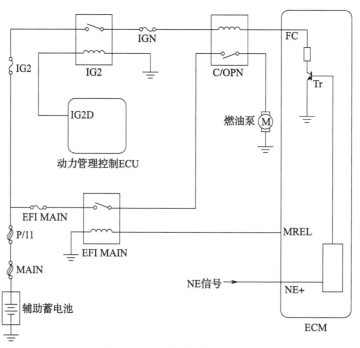

图 2-3-45 燃油泵控制信号

燃油泵控制电路如图 2-3-46 所示。

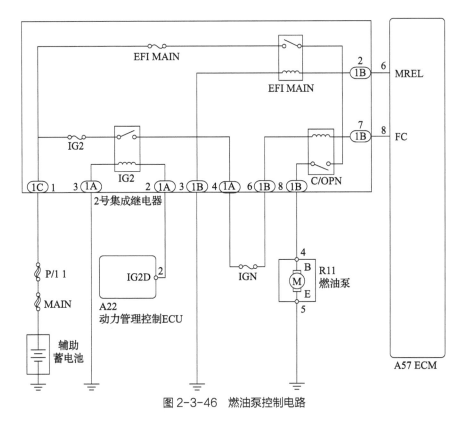

图 2-3-46 燃油泵控制电路

2)喷油器电路。喷油器位于进气歧管上,它根据来自 ECM 的信号将燃油喷入气缸内。其控制电路如图 2-3-47 所示。

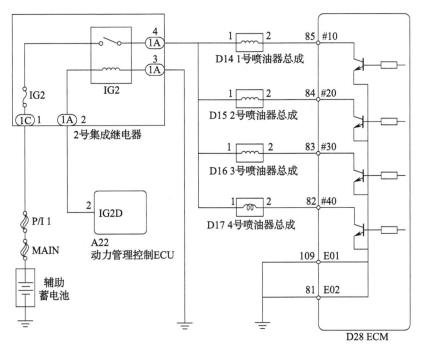

图 2-3-47 喷油器控制电路

（12）燃油蒸发排放控制系统清污控制阀

发动机暖机后，ECM 改变向清污 VSV 发送的占空比信号，以使碳氢化合物（HC）排放的进气量与所处状态（发动机负载、发动机转速、车速等）相适应。其电路图如图 2-3-48 所示。

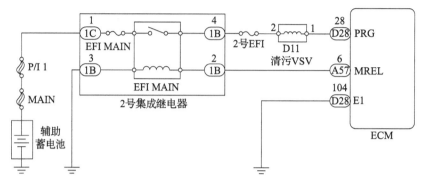

图 2-3-48　燃油蒸发排放控制系统清污控制阀电路

对其故障进行诊断时，可使用智能检测仪进行主动测试（激活 EVAP 控制的 VSV）。

从清污 VSV 上断开炭罐侧真空软管，将智能检测仪连接到 DLC3，将电源开关置于 ON（IG）位置，并打开检测仪，将发动机置于检查模式（保养模式）。起动发动机进入以下菜单：Powertrain/Engine and ECT/Active Test| Activate the VSV for Evap Control。使用检测仪操作清污 VSV 时，检查空气是否被吸入端口内。检测仪操作 ON（清污 VSV 打开）状态为吸气，OFF（清污 VSV 关闭）状态为不吸气，如图 2-3-49 所示。

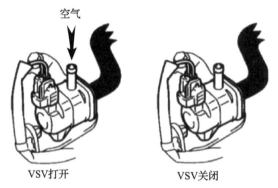

图 2-3-49　VSV 电磁阀动作

（13）发动机控制器（ECM）

1）ECM 电源电路。电源开关置于 ON（IG）位置时，辅助蓄电池电压施加到 ECM 的 IGSW 上。ECM 的端子 MREL 输出信号使电流流向线圈，闭合 2 号集成继电器（EFI 主继电器）触点并向 ECM 的端子 +B 和 +B2 供电。

ECM 电源电路如图 2-3-50 所示。

2）VC 输出电路。ECM 持续将 5V 辅助蓄电池电压供给端子 +B（BATT）以操作微处理器。ECM 同时通过 VC 输出电路将该电源供应到传感器，如图 2-3-51 所示。

VC 电路短路时，ECM 中的微处理器和通过 VC 电路获得电源的传感器由于没有从 VC 电路获得电源而不能激活。在此条件下，系统不能起动且即 MIL 也不亮。

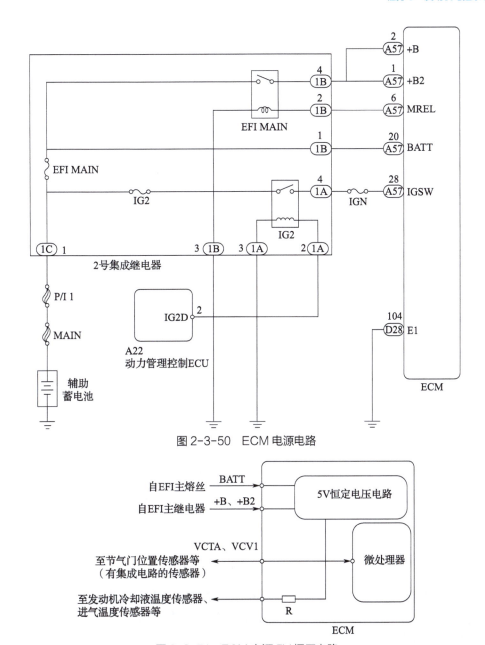

图 2-3-50 ECM 电源电路

图 2-3-51 ECM 电源 5V 恒压电路

提示：正常状态下，电源开关首次置于 ON（IG）位置时，MIL 点亮并持续数秒；将电源开关置于 ON（READY）位置时，MIL 熄灭。

ECM 电源 5V 供电传感器电路如图 2-3-52 所示。

3）系统电压。即使将电源开关置于 OFF 位置，辅助蓄电池也向 ECM 供电。该电源可使 ECM 储存数据，如 DTC 记录、定格数据和燃油修正值。如果辅助蓄电池电压降至最低值以下，则这些存储信息会被清除且 ECM 会判定电源电路出现故障。发动机下次起动时，ECM 将点亮 MIL 并设定 DTC。

ECM 供电电路如图 2-3-53 所示。

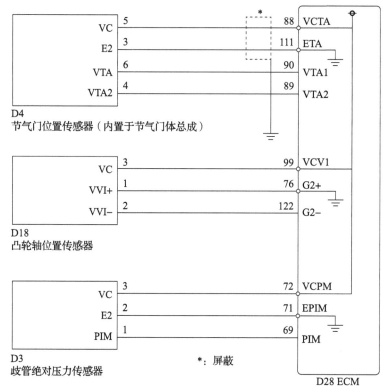

图 2-3-52　ECM 电源 5V 供电传感器电路

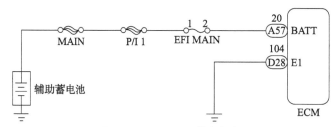

图 2-3-53　ECM 供电电路

4）ECM 处理器。ECM 持续监视其内部存储器状态、内部电路和发送至节气门执行器的输出信号。这种自检可以确保 ECM 正常工作。如果检测到任何故障，则 ECM 设定相应 DTC 并点亮 MIL。

ECM 存储器状态由主 MCU（微控制器）和副 MCU（微控制器）的内部"镜像"功能进行诊断，以检测随机存取存储器（RAM）故障。这两个 MCU 也持续进行相互监视。

如果发生下列情况，ECM 将点亮 MIL 并设定 DTC：

①两个 MCU（微控制器）的输出不同或偏离标准。

②发送至节气门执行器的信号偏离标准。

③节气门执行器电源电压出现故障。

④发现其他 ECM 故障。

5）ECM 内部发动机关闭计时器性能。供电延时关闭计时器在将电源开关置于 OFF 位置后工作，将电源开关置于 OFF 位置一段时间后，供电延时关闭计时器激活 ECM 以执行仅在发动机停止后可执行的故障检查，供电延时关闭计时器内置于 ECM，如图 2-3-54 所示。

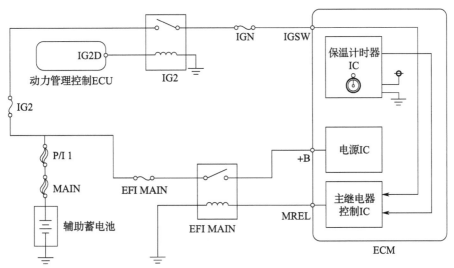

图 2-3-54 ECM 内部发动机关闭计时器性能

6) MIL 电路。MIL（故障指示灯）用于指示 ECM 检测到的车辆故障。将电源开关置于 ON（IG）位置时，向 MIL 电路供电，并且 ECM 提供电路搭铁以点亮 MIL。

可目视检查 MIL 工作情况：首次将电源开关置于 ON（IG）位置时，MIL 应点亮，然后将电源开关置于 ON（READY）位置时熄灭；如果 MIL 一直亮或不亮，则使用智能检测仪执行故障排除程序。

MIL 电路如图 2-3-55 所示。

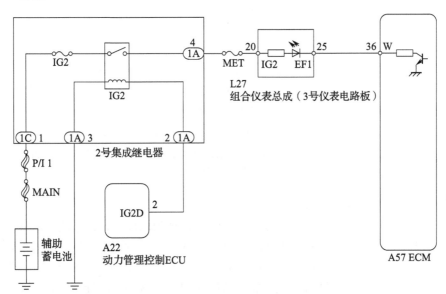

图 2-3-55 MIL（故障指示灯）电路

（14）电动水泵

ECM 根据发动机冷却液温度、发动机转速和车速信息计算所需的冷却液流量来控制发动机水泵总成。发动机冷却液泵总成的转速由 ECM 发送的占空比信号无级控制，这种控制方式提高了暖机性能并减少了冷却损失，从而降低了发动机的特定油耗。

发动机冷却液泵总成电路如图 2-3-56 所示。

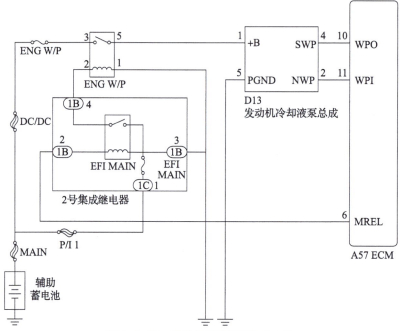

图 2-3-56　发动机冷却液泵总成电路

根据一定时间内的实际转速高于目标转速这一事实判断发动机冷却液泵总成转速过高时，ECM 监视发动机冷却液泵总成的转速并设定 DTC（但是发动机警告灯不点亮）。

提示：发动机冷却液温度为 117℃（243 ℉）或更高时，内置于组合仪表总成的发动机冷却液温度指示灯点亮或闪烁。

如果在发动机冷却液不足时持续运行发动机，则可能存储 DTC P148F。车辆送入修理车间时，如果发动机冷却液足量且再次出现 DTC P148F，则需要确认车主在发动机冷却液不足时行驶车辆后是否添加了发动机冷却液。

使用智能检测仪读取定格数据。存储 DTC 时，ECM 将车辆和驾驶状况信息记录为定格数据。进行故障排除时，定格数据有助于确定故障出现时车辆是运行还是停止、发动机是暖机还是未暖机、空燃比是稀还是浓，以及其他信息。

（15）可变气门正时系统

可变气门正时（VVT）系统调节进气门正时以提高操纵性能，其系统组成如图 2-3-57 所示。发动机机油压力转动 VVT 控制器以调节气门正时。凸轮轴正时机油控制阀总成是一个电磁阀并可切换发动机机油管路。ECM 将 12V 电压施加到电磁阀上时该阀移动。ECM 根据凸轮轴位置、曲轴位置、节气门位置等改变电磁阀（占空比）的励磁时间。

该系统执行器电路如图 2-3-58 所示。

存储 DTC 时，ECM 将车辆和驾驶状况信息记录为定格数据。定格数据有助于确定故障出现时车辆是运行还是停止、发动机是暖机还是未暖机、空燃比是稀还是浓，以及其他信息。

发动机机油中的异物卡在系统的某些零件上时，可能存储 DTC P0011 或 P0012。即使系统短时间后恢复正常，仍将储存 DTC。

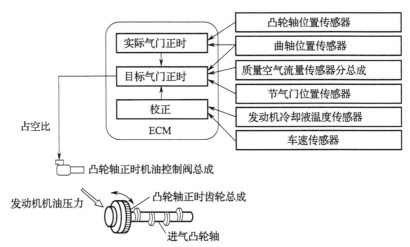

图 2-3-57　5ZR-FXE 发动机可变气门正时控制系统组成

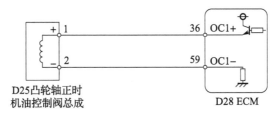

图 2-3-58　5ZR-FXE 发动机可变气门正时控制执行器电路

ECM 利用 VVT 系统使气门正时达到最佳以控制进气凸轮轴。VVT 系统包括 ECM、凸轮轴正时机油控制阀总成和 VVT 控制器（凸轮轴正时齿轮总成）。ECM 向凸轮轴正时机油控制阀总成发送目标占空比控制信号。该控制信号调节供给 VVT 控制器的机油压力。VVT 控制器可提前或延迟进气凸轮轴。

（16）发动机动力不足、发动机不起动、燃油耗尽故障

ECM 接收来自动力管理控制 ECU 的数据，如发动机所需输出功率（输出请求）、发动机产生的估算转矩（估算转矩）、控制目标发动机转速（目标转速），以及发动机是否处于起动模式。然后，根据输出请求和目标转速，ECM 计算发动机产生的目标转矩，并将其与估算转矩进行比较。如果估算转矩与目标转矩相比非常小，或者发动机在根据冷却液温度计算出的时间内一直处于起动模式，则将检测到异常情况。

（17）与 HV ECU 失去通信

控制器区域网络（CAN）是一个用于实时应用的串行数据通信系统。它是为车载使用设计的多路通信系统，可以提供高达 500kbit/s 的通信速度，同时还可以检测故障；通过 CAN-H 和 CAN-L 总线的组合，CAN 能够根据电压差保持通信，如图 2-3-59 所示。

（18）集成继电器控制

集成继电器控制位于熔丝和继电器盒内，

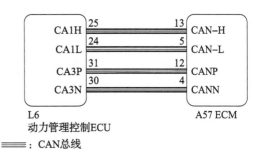

图 2-3-59　发动机 ECM 和动力管理 ECU 间的 CAN 通信

不易找到。集成继电器内部由四个继电器组成,分别是 IG2(电源管理 IG2 号继电器)、BATT FAN(高压电池鼓风机继电器)、EFI MAIN(电控燃油喷射系统主继电器)、C/OPN(油泵开路继电器,即油泵继电器),如图 2-3-60 所示。

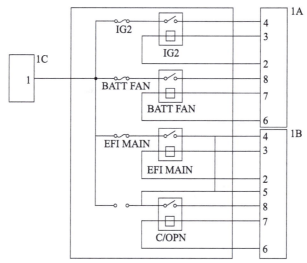

图 2-3-60 集成继电器控制

2. 发动机控制系统的波形

针对发动机控制系统,使用示波器进行诊断。

(1)点火触发和反馈波形

ECM 端子电压恒定,与传感器的输出电压无关。点火线圈 IGT 信号(自 ECM 至点火线圈总成)和点火线圈 IGF 信号(自点火线圈总成至 ECM)如图 2-3-61 所示。

急速运转,IGT1、IGT4 和 E1 之间,IGF 和 E1 之间示波器设定为 2V/格、20ms/格,高脉冲部分持续时间随发动机转速的增加而变短。

(2)曲轴位置传感器信号

如图 2-3-62 所示,NE+ 和 NE- 之间示波器设定为 5V/格、20ms/格,发动机暖机时急速运转波长随发动机转速的增加而变短。

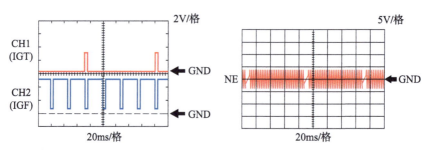

图 2-3-61 点火触发和反馈波形   图 2-3-62 曲轴位置传感器信号

(3)凸轮轴位置传感器信号

发动机暖机时,图 2-3-63 所示示波器设定为 5V/格、20ms/格,测量点 G2+ 和 G2 之间急速运转波长随发动机转速的增加而变短。

（4）1号（至4号）喷油器信号

怠速运转，图 2-3-64 所示示波器设定为 20V/格、20ms/格，测量点 #10（至 #40）和 E01 之间，波长随发动机转速的增加而变短。

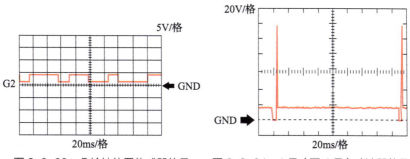

图 2-3-63　凸轮轴位置传感器信号　　图 2-3-64　1号（至4号）喷油器信号

（5）空燃比氧传感器（S1）加热器信号

怠速运转，如图 2-3-65 所示，HA1A 和 E04 之间示波器设定为 5V/格、10ms/格，波长随发动机工作状态的变化而变化。

（6）加热型氧传感器（S2）信号

发动机暖机后，保持发动机以转速 2500r/min 运转 2min，如图 2-3-66 所示，OX1B 和 01B 之间示波器设定为 0.2V/格、200ms/格。在数据表中，项目 02S B1S2 显示从加热型氧传感器输入至 ECM 的值。

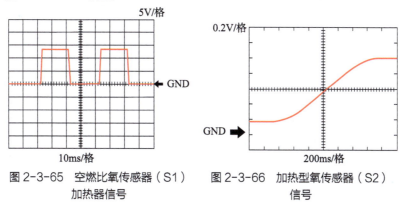

图 2-3-65　空燃比氧传感器（S1）　　图 2-3-66　加热型氧传感器（S2）
　　　　　加热器信号　　　　　　　　　　　　　信号

（7）爆燃控制传感器信号

如图 2-3-67 所示，KNK1 和 EKNK 之间示波器设定为 1V/格、1ms/格。发动机暖机后，保持发动机转速为 2500r/min，波长随发动机转速的增加而变短，波形和振幅根据车辆状况稍有差别。

（8）节气门执行器正极信号

测量 ECM 端子 M+ 和 ME01 之间，如图 2-3-68 所示，示波器设定为 5V/格、1ms/格。测量条件是发动机暖机时怠速运转，波形占空比随节气门执行器的操作而变化。

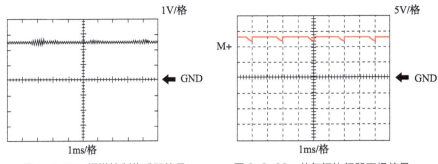

图 2-3-67 爆燃控制传感器信号　　图 2-3-68 节气门执行器正极信号

（9）节气门执行器负极信号

测量 ECM 端子 M 和 ME01 之间，如图 2-3-69 所示，示波器设定为 5V/ 格、1ms/ 格。测量条件为发动机暖机时怠速运转，波形占空比随节气门执行器的操作而变化。

（10）清污真空阀（VSV）信号

测量 ECM 端子 PRG 和 E1 之间，如图 2-3-70 所示，示波器设定为 10V/ 格、20ms/ 格。测量条件为怠速运转，清污控制下如果波形与图示不相似，则怠速运转 10min 或更长时间后再次检查波形。

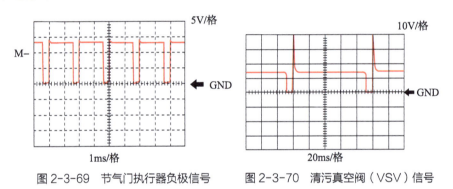

图 2-3-69 节气门执行器负极信号　　图 2-3-70 清污真空阀（VSV）信号

（11）发动机转速信号

测量 ECM 端子 TACH 和 E1 之间，如图 2-3-71 所示，示波器设定为 5V/ 格、10ms/ 格。测量条件为怠速运转，波长随发动机转速的增加而变短。

（12）凸轮轴正时控制阀信号

测量 ECM 端子 OC14- 和 OC1 之间，如图 2-3-72 所示，示波器设定为 5V/ 格、1ms/ 格。测量条件为怠速运转。

（13）CAN 通信信号（参考）

测量 ECM 端子 CANH 和 E1、CANL 和 E1 之间，如图 2-3-73 所示，示波器设定为 1V/ 格、10μs/ 格。测量条件为发动机停止且电源开关 ON（IG），波形随 CAN 通信信号而变化。

（14）凸轮轴转速信号

凸轮轴转速信号自 ECM 传至至动力管理控制 ECU 和带变换器的逆变器总成（MG

ECU）。

测量 ECM 端子 G2O 和 E1 之间，如图 2-3-74 所示，示波器设定为 5V/ 格、20ms/ 格。测量条件为怠速运转，波长随发动机转速的增加而变短。

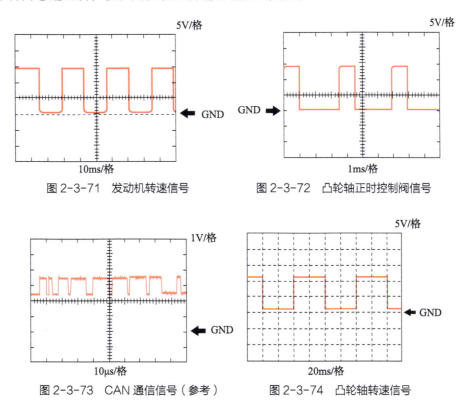

图 2-3-71　发动机转速信号

图 2-3-72　凸轮轴正时控制阀信号

图 2-3-73　CAN 通信信号（参考）

图 2-3-74　凸轮轴转速信号

知识拓展

"一名好工匠，要把手头的工作做到极致；而一名大国工匠，还要能够'团队作战'，带动团队一起创新，并培养、发掘出更多工匠来。"

9 月 2 日，首届大国工匠论坛上，大国工匠、宁波舟山港集团下属北仑第三集装箱码头有限公司桥吊班大班长竺士杰如是告诉记者。

竺士杰从小就对港口设备感兴趣，"觉得能够操作吊机这些'巨无霸'非常了不起"。1998 年，从技校毕业后，他如愿来到宁波港北仑国际集装箱公司工作，被分配到桥吊班。

在高达 50 米的桥吊操作室，竺士杰操作巨大的吊具，稳、准、快地吊运来自世界各地的集装箱，一干二十多年，技法炉火纯青，被誉为"桥吊状元"。

竺士杰告诉记者，想成为一名工匠，要肯吃苦、会学习、能创新，还要有奉献的精神。"当你把工作做了上万遍，做到了极致，你就能成为一名好工匠。"

但如何从一名好工匠成长为大国工匠，就不是做好自己那么简单了。竺士杰认为，大国工匠要带领一个团队攻克技术难题，推广先进理念，并培养出更多的工匠，将工匠精神传承下去。

2015 年，成为全国劳动模范后，竺士杰牵头成立"竺士杰创新工作室"，带领团队一同创新，同时也搭建起培养技能人才的平台。

通过团队共同攻关，桥吊司机一次着箱命中率已经从 2016 年的 72.6% 提高到如今的 80.21%，意味着每装卸 1000 万标准箱就可节约能耗成本 20 多万元；带领工作室协同上海海事大学，打造出"岸桥远控模拟系统"，由桥吊上的 20 个远控摄像头搭建 3D 拟真画面，实现作业功能和培训功能"两位一体"……

"竺士杰创新工作室"成立 7 年，完成创新课题 30 余项，培训出优秀桥吊司机 3000 余名。

"作为一名港口工人，我见证了港口和国家的发展，感到由衷的自豪。"竺士杰表示，"我会发挥好大国工匠的示范引领作用，将带出更多劳模、大匠视为责任和使命。"

——摘自《湖南日报》2022 年 9 月 3 日刊载文章
《竺士杰：大国工匠要能"团队作战"》，作者：王亮

任务拓展

查阅资料，学习德系、美系以及中国自主品牌混合动力汽车发动机控制系统的电路图。

能力模块三
动力电池及控制系统检修

任务1　动力电池认知

一、任务信息

任务1　动力电池认知			
任务难度	初级		
学时	2学时	班级	
成绩		日期	
姓名		教师签名	
案例导入	你在丰田的4S店工作,今天接到一辆混合动力普锐斯汽车,按下点火开关后发现车辆无法进入READY状态,车主反映车辆忘记加油一直行驶到了熄火。师傅告诉你动力电池的电可能耗尽了,你知道该如何检测动力电池吗?		
学习目标	知识	1. 了解动力电池的类型和作用 2. 了解动力电池拆卸前的两项安全操作步骤	
	技能	1. 能正确进行维修开关的拆装与检查 2. 能正确确认高压电容放电 3. 能正确测量逆变器中高压母线电压 4. 能遵守高压安全相关规范进行安全操作	
	素养	1. 能够展示操作成果 2. 能够与团队成员协作完成任务 3. 能够树立安全及5S的工作理念	

二、任务流程

(一)任务准备

如果要检测普锐斯的动力电池,需要做哪些准备工作?需要准备哪些工具?具体的拆装步骤有哪些?操作前请观看下列高压维修操作视频。

高压维修操作

（二）任务实施

根据能力素质培养要求，通过实训和技能训练完成以下工作任务。

⚠警告：

1）检查高压系统前，务必采取安全措施，如佩戴绝缘手套并拆下维修开关以防电击；拆下维修开关后放到口袋中并随身携带，防止其他技师在你进行高压系统作业时将其意外重新连接。

2）断开维修开关后，在接触任何高压插接器或端子前，等待至少 10min。

动力电池的认知、动力电池的结构（共2个视频）

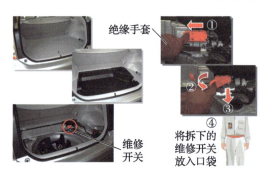

任务 1.1　动力电池的基础认知

工作表

查阅资料，了解动力电池的参数。

1.查阅资料，了解不同车型动力电池的类型、作用以及安装位置。

_____
_____
_____

2.镍氢电池单格电压是多少？锂离子电池单格电压是多少？

_____
_____
_____

3.维修开关在动力电池上哪个位置？作用是什么？

_____
_____
_____

4. 动力电池上温度传感器的作用是什么？

5. 简述镍氢电池和锂离子电池的优缺点。

参考信息

1. 镍－氢（Ni-MH）电池

普锐斯混合动力系统的密封式镍－氢（Ni-MH）电池具有高功率密度和长使用寿命的特点。混合动力系统控制充放电速度，使 HV 蓄电池（即动力电池）保持恒定的荷电状态（SOC）。三代普锐斯混合动力汽车都采用的是镍－氢电池。6 个额定 1.2V 的镍－氢电池串联组成一个 7.2V 的电池模块，若干组电池模块串联构成电池包。第一代车型的电池包采用了 38 组模块，总电压为 273.6V。第二代和第三代车型采用了 28 组模块，总电压为 201.6V，如图 3-1-1 所示。HV 蓄电池、蓄电池 ECU 和 SMR（系统主继电器）集中在一个信号箱中，位于后座后的行李舱中，这样可更有效地利用车内空间。

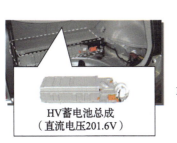 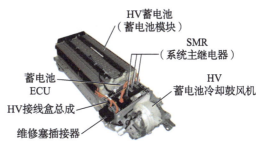

图 3-1-1　普锐斯的 HV 蓄电池总成

第 19 和第 20 模块中间的维修开关用于切断电源，如图 3-1-2 所示。维修高压电路的任何部分时，切记将此开关拔下。充电和放电时，HV 蓄电池会散发热量，为保护蓄电池的性能，蓄电池 ECU 控制冷却风扇工作帮助散热。

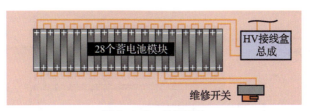

图 3-1-2　维修开关

重复充电和放电时，HV 蓄电池会产生热量，为确保其工作正常，车辆为 HV 蓄电池配备了专用的冷却系统，如图 3-1-3 所示。行李舱右侧的冷却风扇可以通过后排座椅右侧的进气口吸出车内空气；此后，从蓄电池顶部右侧进入的空气从上到下流经蓄电池模块并将其加以冷却；然后，空气流经排气管和车内，最终排到车外。

镍氢电池的工作原理、镍氢电池的结构、镍氢电池的主要特征（共3个视频）

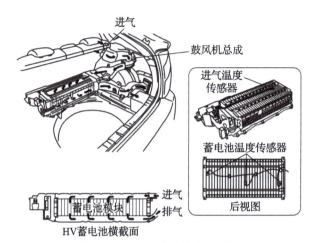

图 3-1-3　HV 蓄电池冷却系统

蓄电池 ECU 根据 HV 蓄电池内部的蓄电池温度传感器和进气温度传感器给出的信号将 HV 蓄电池温度控制在合适的范围内。

2. 锂离子电池

PRIUS Plug-in Hybrid（插电式混合动力普锐斯）（ZVW35）和 PRIUS + / PRIUS V 采用锂离子电池技术。其 HV 蓄电池安装在中央地板控制台下方，如图 3-1-4 所示。锂离子电池结构更加紧凑且具有更高的能量密度和输出功率。由于极小的记忆效应，锂离子电池可重复进行小电量再充电。

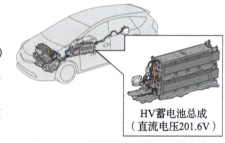

图 3-1-4　插混普锐斯的 HV 蓄电池

28 个单格（每个为 3.6V）的组合称为一个蓄电池组。HV 蓄电池由通过 4 个母线模块彼此串联的 2 个蓄电池组组成。HV 蓄电池共有 56 个单格（28 个单格 ×2 组），公称电压为 201.6V（3.6V×56 个单格），如图 3-1-5 所示。

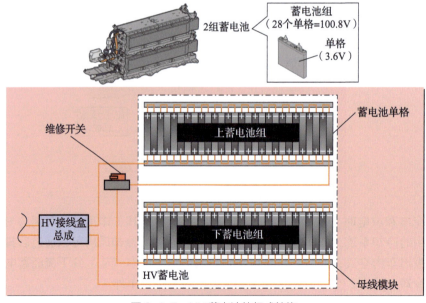

图 3-1-5　HV 蓄电池的组成结构

高配版车型使用的锂离子蓄电池由 56 个单体蓄电池组成，能达到与 168 个单体金属氢化物镍蓄电池（镍 – 氢电池）组成的动力电池类似的性能，而重量却减轻了 16kg。普通车型使用的金属氢化物镍蓄电池在性能上有所改良，相比于上一代动力电池，重量减轻了 2.4%，体积缩小了 10%，充电速度则提升了 28%。动力电池安装在后排乘员座椅下面，这样既增加了乘员舱空间，又可以有效降低车身重心，提升汽车的操控性能。表 3-1-1 为镍氢电池与锂离子电池的对比。

表 3-1-1 镍氢电池与锂离子电池的对比

车型		普锐斯 + / 普锐斯 V	普锐斯（ZVW30）
蓄电池组（模块）	类型	锂离子蓄电池	密封镍氢蓄电池
	单格量	56 个单格（28 个单格 ×2 组）	168 个单格（6 个单格 ×28 个模块）
	公称电压	201.6V（3.6V × 56 个单格）	201.6V（1.2V × 168 个单格）
维修开关	主熔丝	125A	125A
	互锁开关	带	带
HV 蓄电池冷却风扇	电动机类型	无刷电动机	无刷电动机
	风扇类型	多叶片式风扇	多叶片式风扇
HV 蓄电池温度传感器		进气 ×2 蓄电池模块 ×6	进气 ×1 蓄电池模块 ×3
HV 接线盒总成		SMR（SMRB / SMRP / SMRG）、预充电电阻器、HV 蓄电池电流传感器（双信号）	SMR（SMRB / SMRP / SMRG）、预充电电阻器、HV 蓄电池电流传感器（单信号）
重量（参考）/kg		36	42

动力电池总成主要由 HV 蓄电池组、SMR（系统主继电器）、HV 蓄电池冷却风扇、蓄电池智能单元（ECU）和维修开关组成，如图 3-1-6 所示。

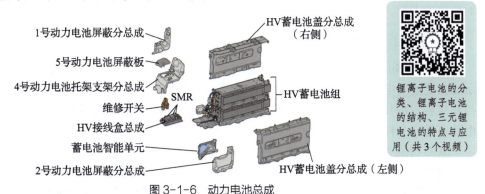

图 3-1-6 动力电池总成

3. 动力电池的作用

动力电池（HV 蓄电池）的作用主要包括驱动车辆、储存电能、驱动附件和给辅助蓄电池充电等，如图 3-1-7 所示。

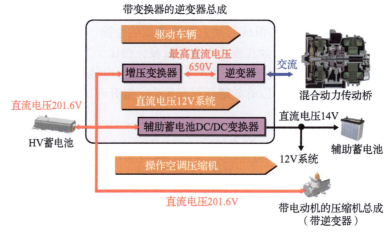

图 3-1-7 动力电池的作用

1)输出直流电驱动车辆。当车辆起步、动力电池电量较为充足时,动力电池输出直流电,通过逆变器总成将其转变为交流电,驱动 MG2 运转,MG2 输出的动力经电机减速行星组件传递给混合驱动桥总成,驱动车辆行驶。当车辆需要较大转矩运行时,发动机运转向外输出动力,同时动力电池向外输出直流电,通过逆变器总成转变为交流电后使 MG2 运转以驱动车辆行驶。当动力电池电量降到一定程度时,其输出的直流电经逆变器总成转变为交流电后,驱动 MG1 运转使发动机起动。

2)储存一定的电能。当动力电池电量降低到一定程度时,发动机运行,在驱动车辆行驶的同时使 MG1 发出交流电,逆变器总成将交流电转变为直流电后给动力电池充电。当车辆制动时,制动能量回收系统会回收制动能量,并将其转变为电能存储在动力电池中。

3)驱动部分车身附件运转。动力电池还能将电能输出给空调压缩机,驱动压缩机的电动机转动使压缩机运转。

4)给辅助蓄电池充电。动力电池输出的电能经 DC/DC 变换器将电压降低到 14V 左右给辅助蓄电池充电,以保证辅助蓄电池有足够的电量。动力电池使发动机工作在一个相对稳定的工况,改善了其排放性能。

4. 动力电池 SOC

SOC 是 State of Charge 的缩写,意思是荷电状态,新能源汽车中经常使用 SOC 来表示动力电池的电量,如同燃油表的指针显示油箱中的油量。SOC 表示 HV 蓄电池的充电量与额定容量的比值,数值为百分比。蓄电池完全充电至其额定容量时,SOC 为 100%;蓄电池电量完全耗尽时,SOC 为 0%。

SOC 持续处于指示充满电状态的水平时,车辆沿长坡等向下行驶时能量无法回收,从而浪费能量,因此动力电池需要进行一定量的放电以回收能量;而 SOC 过度下降时,可能会导致加速性能不足和动力电池退化,因此 SOC 需要保持在一定的水平。系统试图将 SOC 保持在大约 60%,如图 3-1-8 所示。

(1)仪表上的能量监视器显示的 SOC 从未满格是否为正常现象

目标 SOC 不会满格,约为 6 格。SOC 控制目标是在能量监视器显示约为 6 格。例如,

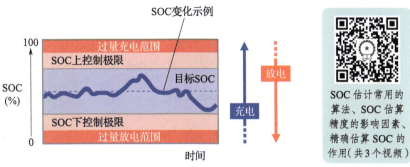

图 3-1-8 动力电池 SOC 控制原理

车辆下长坡时，可再生大量能量；但是，如果 HV 蓄电池已充满电，就没有空间存储再生制动产生的电量，这样能量就浪费了。因此，不论充电还是放电，HV 蓄电池的最佳电量为 8 格中的 6 格。此外，由于计算机控制 SOC 以便采取省油方式驾驶，即使 SOC 低也无需担心。而且，SOC 低表示车辆正在行驶过程中寻求高效充电的好机会。

（2）夜间停车时，能量监视器显示的 SOC 下降，是否代表动力电池出现故障

夜间停车，能量监视器显示的 SOC 有可能会在一格内变化，但不是由于放电，而是系统中磁滞的原因。能量监视器显示 SOC 共 8 格，但是为了控制指示器使其不会因极细微的变化而频繁地随意改变，其升高和降低的阈值不同。再次将"POWER"开关置于 ON 时，指示的剩余 SOC 是根据升高的阈值而定，因此有时指示会比"POWER"开关置于 OFF 时低一格。SOC 控制方法如图 3-1-9 所示。

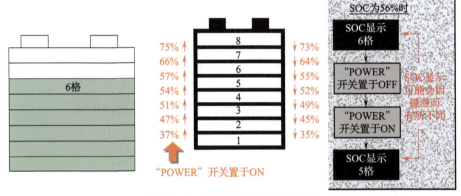

图 3-1-9 动力电池 SOC 控制方法

5. 维修开关

维修开关主要用于手动切断高压电路，又称维修塞。它连接至蓄电池模块电路的中部，可手动切断高压电路，这确保了维修期间的安全性。如图 3-1-10 所示，系统中安装了可检测维修开关安装状态的互锁开关，维修开关解锁时，互锁开关关闭且动力管理控制 ECU（HV CPU）切断系统主继电器。然而，为确保安全，拆下维修开关前务必将电源开关置于 OFF 位置。高压电路的主熔丝（125A）位于维修开关内。

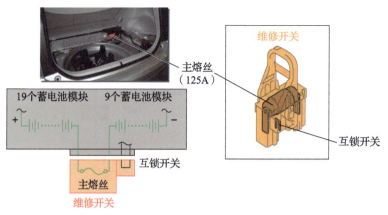

图 3-1-10 维修开关原理

6. SMR（系统主继电器）

（1）SMR 作用

SMR（系统主继电器）用于连接和断开 HV 蓄电池和电源电缆。SMR 是根据来自动力管理控制 ECU（HV CPU）的信号连接和断开 HV 蓄电池和电源电缆的继电器。SMR 安装在 HV 接线盒总成上，如图 3-1-11 所示。共有 3 个 SMR，其中，SMRB 是位于 HV 蓄电池正极侧的继电器；SMRG 是位于 HV 蓄电池负极侧的继电器；SMRP 是位于连接至预充电电阻器的蓄电池负极侧的继电器。

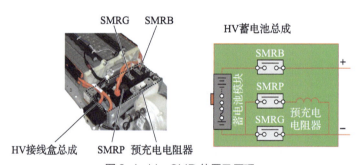

图 3-1-11 SMR 位置及原理

（2）SMR 结构

电流流经线圈时，线圈产生磁力并吸引电枢铁心，从而断开触点，如图 3-1-12 所示。

（3）SMR 工作过程

1）点火开关 Ready ON 时：SMRB 和 SMRP 依次接通，可使电流流经预充电电阻器，保护电路中的触点以防涌入电流造成损坏；SMRG 接通可使电流绕过预充电电阻器；SMRP 断开，如图 3-1-13 所示。

2）点火开关 Ready OFF 时：SMRG 断开；SMRB 断开，如图 3-1-14 所示。

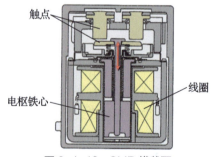

图 3-1-12 SMR 横截面

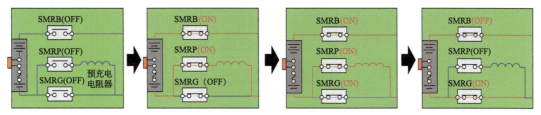

图 3-1-13 Ready ON 状态

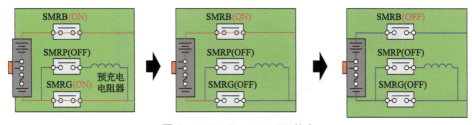

图 3-1-14 Ready OFF 状态

7. 动力电池冷却风扇

充电和放电过程中 HV 蓄电池产生热量,如果其温度过度升高,则性能将下降。HV 蓄电池冷却风扇从车厢吸入空气并将空气传送至 HV 蓄电池以使其保持适当的温度。

如图 3-1-15 所示,从位于后排座椅靠背右侧(后排右侧座椅靠背总成)的进气口吸入的空气通过进风管吸入并进入 HV 蓄电池冷却风扇。从 HV 蓄电池冷却风扇吹出的空气在 HV 蓄电池模块间流动,冷却 HV 蓄电池,然后流经排风管排出车外。HV 蓄电池冷却风扇采用高输出功率无刷电动机。内置于 HV 蓄电池冷却风扇的电动机控制器根据来自动力管理控制 ECU(HV CPU)的信号控制冷却风扇电动机。

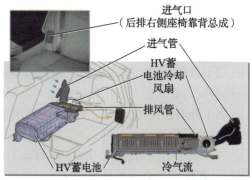

图 3-1-15 动力电池冷却风扇

8. 电池管理系统(BMS)

电池管理系统(Battery Management System,BMS)是动力电池系统的重要组成部分,通过对动力电池外特性的在线测量和估算,实时掌握动力电池的工作状态,在合理使用的情况下,实现动力电池能量的充分高效的利用,提高运行效率,如图 3-1-16 所示。

BMS 是动力电池系统的参数测试及控制装置,它直接监控及管理蓄电池运行的全过程,具有安全示警、剩余电量估算、充电均衡、信息采集与通信等主要功能。

BMS 需要动态监测动力电池组的工作状态,实时采集每个单体电池的端电压、温度、充放电电流及电池包的总电压,估算出各单体电池的荷电状态(SOC)、健康状态(State of Health,SOH)和电化学状态(State of Electroformation,SOE)。然后,通过控制其他器件,防止动力电池发生过充电和过放电现象,同时能够及时发现有问题的单体电池,保持电池组运行的可靠性和高效性。此外,BMS 还需要设定面向用户端的显示,将估算的剩余电量换算成可行驶里程;同时,还需要有自动报警和故障诊断功能,方便驾驶人操作和处理。

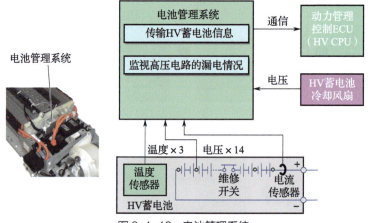

图 3-1-16 电池管理系统

(1) BMS 的主要功能

1) 充电均衡。在充电过程中，保证系统内所有单体电池的端电压在各个时刻都有良好的一致性；当充电均衡模块达到调整极限仍然保证不了单体电池电压一致性时，要通过声光及通信方式将异常的单体电池编号报告到主控机并通过主控机报告到整车管理系统。

2) 过电流过电压示警。当出现动力电池的电流或电压超过保护标准时，示警指示；在过电流或过电压消失后，示警指示取消。

3) 电压采样。BMS 能够对电压采样，并将采样数据记录下来，供其自身分析。

4) 充放电电流采样。BMS 能够对电流采样，并将采样数据记录下来，供其自身分析。

5) 自检功能。通过电压、电流、温度等数据，能分析动力电池是否正常工作，并能自动测试其他功能是否正常；每隔一定的时间，均要进行自检。

6) 外电路故障保护。当外部电路出现严重故障或失效时，BMS 能进行安全保护，使动力电池不致过放电、过充电、短路等。

7) 温度检测与保护。BMS 能对动力电池的温度进行测量与记录，在温度超过规定上限时，切断动力电池充放电回路并进行声光报警。

8) 通信功能。通信模块与系统主控部分通过总线进行通信，所有单体电池的分析数据均能实时传到主控单元。

(2) BMS 的组成

以丰田混合动力汽车为例，其 BMS 按功能分为动力电池控制单元和数据采集单元，主要包括电压监测、电流监测、温度监测、绝缘电阻检测、冷却风扇、继电器控制以及对外通信等电路。动力电池相关信息的获取主要通过传感器实现，主要的传感器有电流传感器、电压传感器以及温度传感器等。

1) 电流监测。电流传感器用于监测动力电池充电和放电电流，它安装于直流母线上。

2) 电压监测。电压传感器能在电池组的多个测量点进行电压测量，并且比较电池组不同部分的性能，以确认动力电池内部是否均衡。电压传感器测量单体电池的电压，也测量电池组和电池包的电压，这使 BMS 能够对动力电池进行分段监测，每一段的电压和电量应该大致相同。BMS 与每个检测点（通常是被测的单体电池或电池组的正负极端子）之间通过电压传感器采样线相连接。

3）温度监测。温度传感器用于监测动力电池温度。三个温度传感器是卡装结构，紧贴在动力电池表面，不能单独更换，如有损坏只能更换动力电池总成。另外，在冷却进风口还有一个进气温度传感器。

任务 1.2　切断维修开关

工作表

查阅资料，学习拆卸动力电池维修开关。
1. 查看维修手册，说明拆装维修开关需要哪些工具？
_____
_____

2. 查看维修手册，制订拆装维修开关的工作计划。
_____
_____

3. 拆装维修开关过程中需要注意哪些问题？
_____
_____

参考信息

拆卸动力电池维修开关的操作步骤包括：检查并确认车辆处于 OFF 状态，并将智能钥匙移至检测区域外；断开辅助蓄电池负极端子；检查绝缘手套是否正常并佩戴；拆下维修开关；稳妥保管维修开关。

进行维修开关的检查与更换时，一定要注意：将电源开关置于 OFF 位置后，断开辅助蓄电池负极端子电缆前，需要等待一段时间。

1. 维修开关的拆卸

1）检查 DTC。拆卸或安装动力电池相关模块前，都需要确认未输出 P0AA6（动力电池系统绝缘故障）。如果输出该 DTC，则首先对该 DTC 进行故障排除。为防止电击，检查 DTC 之前不要进行故障排除。将解码器连接到 DLC3，将电源开关置于 ON 位置，打开解码器，进入以下菜单：Power/Hybrid Control/TroubleCodes。检查 DTC 和定格数据，并将其记录下来。

2）断开辅助蓄电池负极端子电缆。打开行李舱盖，分离两个紧固件并取下行李舱前装饰罩，如图 3-1-17 所示。松开螺母并断开辅助蓄电池负极端子电缆，如图 3-1-18 所示。

3）拆卸维修开关盖板。从动力电池上拆下两个螺母和维修开关盖板，如图 3-1-19 所示。

4）拆卸维修开关。佩戴绝缘手套，按照图 3-1-20 中箭头所示顺序转动维修开关的手柄，并拆下维修开关。

图 3-1-17　取下行李舱前装饰罩　　图 3-1-18　断开辅助蓄电池负极端子

图 3-1-19　拆卸　　　　　图 3-1-20　拆卸维修开关
维修开关盖板

将拆下的维修开关放入口袋中，以防止其他技师在维修车辆期间将其意外重新连接；不要触摸维修开关的端子；如果维修开关受到撞击或曾经掉落过，则将其更换。拆下维修开关后，不要把电源开关置于 ON（READY）位置，以防止其他故障出现。

2. 维修开关的检查

使用万用表测量维修开关两端子之间的电阻，如图 3-1-21 所示。两端子之间的电阻值应一直小于 1Ω。如果测量结果不符合规定，则需更换维修开关。

3. 维修开关的安装

检查并确认没有零件和工具遗留且高压端子和插接器牢固连接。

1）安装维修开关。佩戴绝缘手套，按照图 3-1-22 中箭头 1 指示暂时安装维修开关，沿箭头 2 方向转动维修开关手柄 90°，沿箭头 3 方向滑动直至听到咔嗒声，保证维修开关安装到位。

图 3-1-21　测量电阻　　　图 3-1-22　安装维修开关

2）安装维修开关盖板。用两个螺母将维修开关盖板安装到位，紧固力矩为 7.5N·m。

3）连接辅助蓄电池负极端子电缆。连接辅助蓄电池负极端子电缆，安装备胎罩，安装行李舱前装饰罩。

任务 1.3　确认高压电容器放电完成

工作表

打开变换器的逆变器端盖，确认高压电容器放电完成。

说明：断开维修开关后，在接触任何高压插接器或端子前，等待至少 10min。该任务的目的是再次确认高压电已经释放完成。

1. 拆卸维修开关后，需要等待多长时间才能拆下逆变器端子盖？为什么这样做？
_____
_____

2. 拆卸逆变器端盖时需要注意什么？
_____
_____

3. 查看维修手册，制订拆卸逆变器端盖和测量高压母线电压的工作计划。
_____
_____

4. 在测试逆变器中高压母线电压时，需要选用什么仪器？档位是什么？
_____
_____

参考信息

逆变器总成中有一个高压电容器，如图 3-1-23 所示。对动力电池检测时，如果高压电容器的电未放完，维修人员就有触电的风险，因此需要等待 10min 后再进行操作，如图 3-1-24 所示。同时必须测量逆变器上高压母线的电压，如图 3-1-25 所示，只有电压值为 0V 时才能说明高压电容器放电完成，才能对混合动力汽车进行维修。

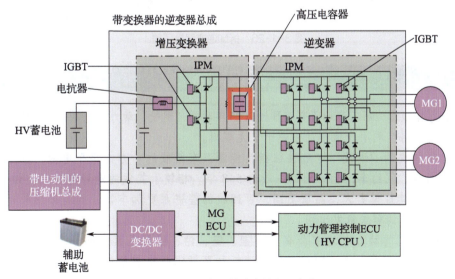

图 3-1-23　逆变器总成中的高压电容器

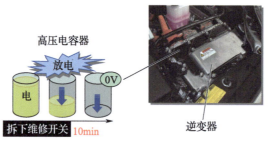

图 3-1-24　高压电容器放电

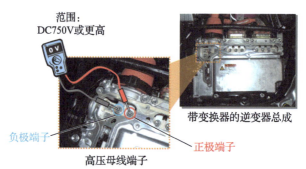

图 3-1-25　测量高压母线电压

拆下逆变器端子盖的注意事项如图 3-1-26 所示。由于插接器与盖的底部连接，所以确保垂直向上拉逆变器端子盖，拆下逆变器端子盖后用非残留性胶带覆盖开口以防止异物或液体进入。

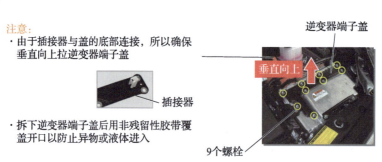

图 3-1-26　拆卸逆变器端子盖

知识拓展

据媒体报道，高工产业研究院预计 2025 年我国"退役"动力电池累计 137.4MW·h，梯次利用与再生利用产值预计可超千亿元规模。

这里所说的"退役"电池往往指新能源汽车搭载的动力锂离子电池，其广泛应用在出租车、网约车，生命周期一般为 5~8 年。相较于其他的消费电池，比如电脑、手机电池，其规模更大，品质更高，可回收的锂资源更加丰富，因而市场针对退役动力电池回收的需求愈发迫切。

目前常见的动力电池中含有大量锂、镍、钴、锰等元素，部分资源需要进口。除节省材料外，动力电池回收对能源消耗和环境保护也有积极影响。一般来说，新能源汽车中的动力电池在衰减大于 20% 时，就无法满足汽车驾驶的要求，需要

"退休"。

"退役"动力电池都去哪了？目前，退役动力电池正在新能源汽车充电行业、通信行业、储能领域、辅助调频领域发挥作用：北京大兴电动出租车充电站将退役动力电池用于变压器输出功率的调整以及维持电压水平的稳定；比克公司将退役动力电池用于基站、路灯等设备的储备电源，以达到稳定、节能的目的；郑州尖山退役电池储能示范工程将退役动力电池与风力、太阳能发电站结合，实现了稳定的风光储混合微电网功能；唐山曹妃甸梯次电池储能示范工程，实现了可靠的削峰填谷功能，提高了电能质量。

——摘自《科普时报》2023年12月3日刊载文章
《"退役"动力电池都去哪了》（节选），作者：陈春华、赵佳亮

任务拓展

查阅资料，查询纯电动汽车动力电池的类型及参数，然后与混合动力汽车的动力电池进行对比，找出它们的异同点。

能力模块三 动力电池及控制系统检修

任务2 HV蓄电池接线盒总成及动力电池的更换

一、任务信息

任务2 HV 蓄电池接线盒总成及动力电池的更换		
任务难度	初级	
学时	2 学时	班级
成绩		日期
姓名		教师签名
案例导入	你在丰田的 4S 店工作,有一辆卡罗拉混合动力汽车的动力电池需要更换,要求你完成该项工作。你知道如何安全、规范地进行动力电池的更换吗?	
学习目标	知识	1. 掌握 HV 蓄电池接线盒总成的组成和特点 2. 了解动力电池控制系统工作原理 3. 掌握系统主继电器(SMR)的控制 4. 了解 HV 蓄电池接线盒总成的检查与更换的流程 5. 了解 HV 蓄电池的更换流程
	技能	1. 能制定 HV 蓄电池接线盒总成检查和更换的方案 2. 能制定 HV 蓄电池的更换流程
	素养	1. 能够展示操作成果 2. 能够与团队成员协作完成任务 3. 能够树立安全及 5S 的工作理念

二、任务流程

(一)任务准备

如果要更换 HV 蓄电池接线盒总成及动力电池,需要做哪些准备工作?需要准备哪些工具?具体的拆装步骤有哪些?操作前请观看高压维修操作视频(见前言末尾)。

(二)任务实施

根据能力素质培养要求,通过实训和技能训练完成以下工作任务。

⚡警告:

1)检查高压系统前,务必采取安全措施,如佩戴绝缘手套并拆下维修开关以防电击;拆下维修开关后放到口袋中并随身携带,防止其他技师在你进行高压系统作业时将其意外重新连接。

2)断开维修开关后,在接触任何高压插接器或端子前,等待至少 10min。

动力电池的拆装、系统主继电器SMR控制（共2个视频）

任务 2.1　HV 蓄电池接线盒总成与动力电池控制系统认知

工作表

通过学习，对 HV 蓄电池接线盒总成与动力电池控制系统进行认知。

1. SMR 断开控制有哪些情况？

2. 描述预充电电阻器 SMR 连接至正极侧车型 SMR 继电器的工作过程。

3. 描述预充电电阻器 SMR 连接至负极侧车型 SMR 继电器的工作过程。

4. 标准绝缘电阻值是多少？该如何检测？

参考信息

1. HV 蓄电池接线盒总成认知

（1）SMR 控制

动力电池认知任务中，我们学习了 SMR（系统主继电器）的作用、结构以及工作过程，现在我们学习 SMR 是如何进行控制的。

SMR 是根据来自动力管理控制 ECU（HV CPU）的信号接通或切断高压供电电路的继电器。SMR（系统主继电器）在 HV 蓄电池的接线盒总成中，系统电路图如图 3-2-1 所示。

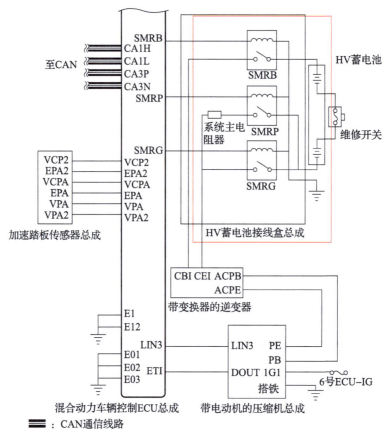

图 3-2-1 系统电路图

SMR 断开控制如图 3-2-2 所示。

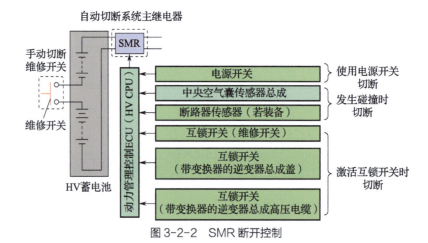

图 3-2-2 SMR 断开控制

1）使用电源开关切断：驾驶人使用电源开关关闭"READY"模式时断开 SMR。

2）发生碰撞时切断：检测到碰撞冲击会使 SMR 断开。除了来自中央气囊中央传感器总成的信号外，安装在带变换器的逆变器总成内的断路器传感器也会检测碰撞的发生并断开 SMR。

3）激活互锁开关时切断：互锁开关检测是否安装了维修开关。如果技师忘记拆下维修开关并在高压区域作业，则拆下带变换器的逆变器总成盖时将通过互锁电路断开 SMR。

（2）预充电电阻器 SMR 连接至正极侧的车型

预充电电阻器 SMR 连接至正极侧的车型，如 PRIUS（NHW11 和 NHW20）、RX400h 和 HIGHLANDER 混合动力等，正极侧采用 2 个继电器，负极侧采用 1 个继电器，如图 3-2-3 所示。

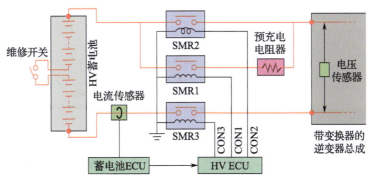

图 3-2-3　PRIUS（NHW20）的 SMR 电路

其工作过程如下：

1）驾驶人试图将车辆置于 READY-ON 状态时，SMR 按以下顺序操作：SMR3 接通→SMR1 接通→SMR2 接通→SMR1 断开。由于进行此操作，混合动力系统电压会因电流流经预充电电阻器而逐渐升高。

备注：如果电流未流经预充电电阻器且已接通 SMR，则由于突然接通高压电流，SMR 触点产生火花，从而可能导致 SMR 焊合。

2）驾驶人关闭"READY"模式时，SMR2 断开，然后 SMR3 断开。接通高压供电电路前，先接通 SMR1 然后将其断开以检查 SMR3 的状态。其工作过程如图 3-2-4 所示。

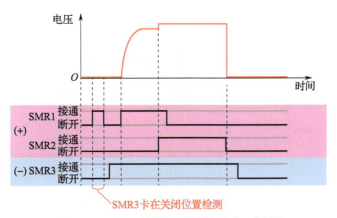

图 3-2-4　SMR 连接至正极侧车型的工作过程

（3）预充电电阻器 SMR 连接至负极侧的车型

预充电电阻器 SMR 连接至负极侧的车型，如 PRIUS（ZVW30）、CAMRY HV、HS250h、RX450h、GS450h 和 LS600h 等，正极侧采用 1 个继电器，负极侧采用 2 个继电器，如图 3-2-5 所示。

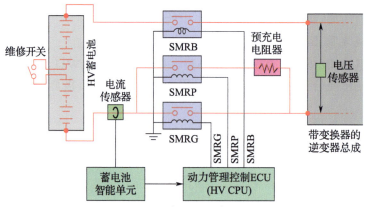

图 3-2-5　PRIUS（ZVW30）的 SMR 电路

其工作过程如下：

1）驾驶人试图将车辆置于 READY-ON 状态时，SMR 按以下顺序操作：SMRB 接通 → SMRP 接通 → SMRG 接通 → SMRP 断开。由于进行此操作，混合动力系统电压会因电流流经预充电电阻器而逐渐升高。

备注：如果电流未流经预充电电阻器且已接通 SMR，则由于突然接通高压电流，SMR 触点产生火花，从而可能导致 SMR 焊合。

2）驾驶人关闭"READY"模式时，SMRG 断开，然后 SMRB 断开。切断高压供电电路后，先接通 SMRP，然后将其断开以检查 SMRB 的状态。其工作过程如图 3-2-6 所示。

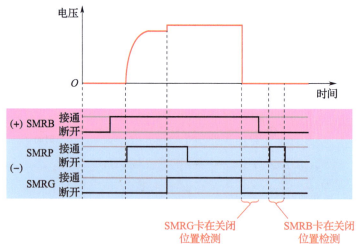

图 3-2-6　SMR 连接至负极侧车型的工作过程

2. 动力电池控制系统认知

（1）概述

混合动力系统执行 SOC 控制和 HV 蓄电池冷却风扇控制，并检测绝缘异常现象。其系统电路原理如图 3-2-7 所示。

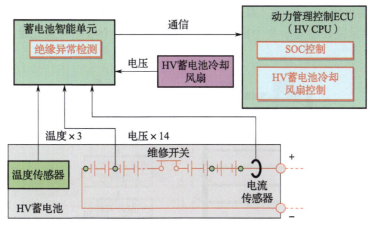

图 3-2-7　动力电池控制系统电路原理

（2）SOC 控制

动力管理控制 ECU（HV CPU）持续进行充电/放电控制，以使 SOC 保持在目标水平上下。SOC 控制目标值约为 60%（能量监控器的 SOC 显示约为 6 个格），如图 3-2-8 所示。

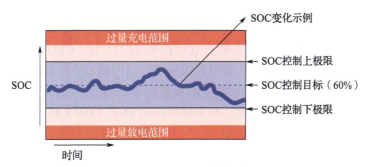

图 3-2-8　SOC 控制目标

SOC 低于下限时，MG1 作为发电机工作以对 HV 蓄电池进行充电。HV 蓄电池在加速期间放电以向 MG2 供电，并在减速期间通过再生制动进行充电，如此反复进行充电/放电循环。SOC 低于下限时，动力管理控制 ECU（HV CPU）增大发动机功率输出以操作 MG1，使其对 HV 蓄电池进行充电，如图 3-2-9 所示。系统根据 HV 蓄电池电流、电压和温度计算 SOC。

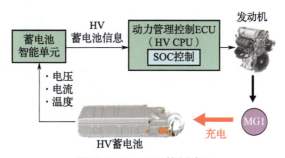

图 3-2-9　SOC 控制过程

能量监控器的 SOC 显示根据 SOC 状态显示 1~8 个格，SOC 显示受磁滞影响而有所变化，如图 3-2-10 所示。再次将电源开关置于 ON（IG）位置后，由于 SOC 根据 SOC

增大时使用的临界值进行显示，因此会出现所显示的格数比电源开关置于 OFF 位置时少 1 格的情况。能量监控器显示 8 个格，但是，并不表示 8 个格即电量充足而 0 个格即电量耗尽。

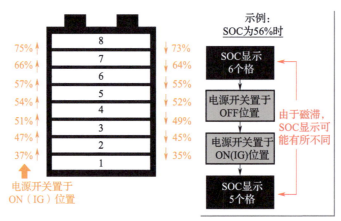

图 3-2-10　能量监控器的 SOC 显示

（3）HV 蓄电池冷却风扇控制

由于 HV 蓄电池充电和放电而产生热量，混合动力系统利用 HV 蓄电池冷却风扇使 HV 蓄电池冷却以维护蓄电池性能。动力管理控制 ECU（HV CPU）控制 HV 蓄电池的温度，以在温度升高时通过监视 HV 蓄电池温度和适当控制 HV 蓄电池冷却风扇使其保持在适当范围，如图 3-2-11 所示。HV 蓄电池安装在车辆内部，所以在车辆静止时使冷却风扇高速运转会产生较大噪声。因此，动力管理控制 ECU（HV CPU）控制冷却风扇的转速以使噪声水平最小化。动力管理控制 ECU（HV CPU）使用占空比控制实现 HV 蓄电池冷却风扇的无级操作。

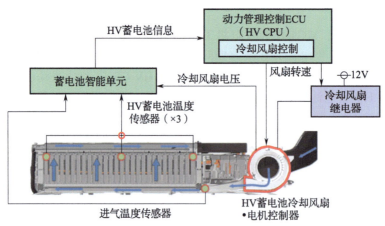

图 3-2-11　HV 蓄电池冷却风扇控制

（4）绝缘异常检测

为安全起见，混合动力车辆的高压电路均与车身搭铁绝缘。维修手册中规定的标准绝缘电阻值在 1~100MΩ 之间，如图 3-2-12 所示，该值根据所测量零部件的不同而有所差异，见表 3-2-1。

标准绝缘电阻

1~100MΩ
（该值根据所测量零部件的不同而有所差异）

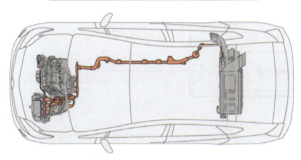

图 3-2-12　绝缘异常检测

表 3-2-1　不同零部件的绝缘电阻测量

检测部件	检测仪连接	点火开关状态	规定状态
电动机电缆和电动机	C1-1(V)→车身搭铁和屏蔽线搭铁	电源开关 OFF	100MΩ 或更大
	C1-2(U)→车身搭铁和屏蔽线搭铁	电源开关 OFF	100MΩ 或更大
	C1-3(W)→车身搭铁和屏蔽线搭铁	电源开关 OFF	100MΩ 或更大
发电机电缆和发电机	D1-1(V)→车身搭铁和屏蔽线搭铁	电源开关 OFF	100MΩ 或更大
	D1-2(U)→车身搭铁和屏蔽线搭铁	电源开关 OFF	100MΩ 或更大
	D1-3(W)→车身搭铁和屏蔽线搭铁	电源开关 OFF	100MΩ 或更大
空调线束和压缩机	E2-1(ACPB)→车身搭铁和屏蔽线搭铁	电源开关 OFF	3MΩ 或更大
	E2-2(ACPE)→车身搭铁和屏蔽线搭铁	电源开关 OFF	3MΩ 或更大
逆变器总成	高压端子→车身搭铁	电源开关 OFF	1MΩ 或更大
高压线束组	S1-1(CEI)→车身搭铁	电源开关 OFF	10MΩ 或更大
	S1-2(CBI)→车身搭铁	电源开关 OFF	10MΩ 或更大
检查 HV 蓄电池	I1→车身搭铁	电源开关 OFF	10MΩ 或更大
	I2→车身搭铁	电源开关 OFF	10MΩ 或更大

泄漏检测电路内置于蓄电池智能单元，可持续监测高压电路和车身搭铁之间的绝缘电阻以确保其恒定，如图 3-2-13 所示。如果绝缘电阻值降至低于规定值，则存储 DTC 并通过组合仪表显示屏告知驾驶人出现异常情况。

泄漏检测电路允许少量的交流电流入高压电路，并检查交流电是否通过电容器自车身搭铁返回。绝缘电阻值下降越多，自电容器返回的交流电波形的振幅越低，根据交流电波形的振幅检测绝缘电阻值，如图 3-2-14 所示。

绝缘电阻值的降幅被转化为电压值并由 ECU 数据项目"Short Wave Highest Value"（短波最高值）进行指示，从而可通过蓄电池智能单元的泄漏检测电路进行检测。该值在 0~5V 之间，表示绝缘电阻。可通过智能检测仪的 ECU 数据表功能检查"Short Wave Highest Value"（短波最高值），如果绝缘电阻值下降，则"Short Wave Highest Value"（短

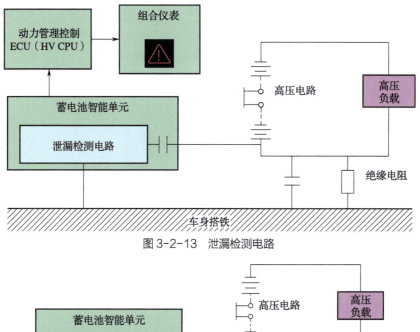

图 3-2-13 泄漏检测电路

图 3-2-14 根据交流电波形检测绝缘电阻值

波最高值）的值也会减小。

如果满足下列任一条件，则动力管理控制 ECU（HV CPU）确定存在绝缘异常并存储 DTC："Short Wave Highest Value"（短波最高值）为 2V 或更低（绝缘电阻值在 100~200kΩ 之间）达 10s 3 次；"Short Wave Highest Value"（短波最高值）为 2V 或更低（绝缘电阻值在 100~200kΩ 之间）达 30s 或更长时间。

注意：电源开关置于 ON（IG）位置约 1min 后执行泄漏检测电路工作检查且 "Short Wave Highest Value"（短波最高值）值降至约 1.5V；增压时 "Short Wave Highest Value"（短波最高值）值可能降至约 0V，因此系统不能确定执行增压时绝缘电阻是否下降，如图 3-2-15 所示。

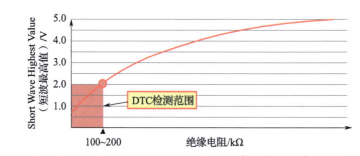

图 3-2-15 Short Wave Highest Value（短波最高值）的特点

任务 2.2　HV 蓄电池接线盒总成的检查与更换

工作表

通过学习，掌握 HV 蓄电池接线盒总成的检查与更换。

1. 查看维修手册，说明更换 HV 蓄电池接线盒总成需要哪些工具？
_____
_____

2. 更换 HV 蓄电池接线盒总成时需要注意什么？
_____
_____

3. 拆卸过程中螺栓拧紧力矩在哪里可以查到？螺栓拧紧力矩分别是多少？
_____
_____

4. 查看维修手册，制订 HV 蓄电池接线盒总成检查与更换的工作计划。
_____
_____
_____

参考信息

丰田卡罗拉混合动力汽车动力电池安装在后排座椅后面，维修开关和接线盒都安装在动力电池总成上，下面介绍动力电池接线盒的拆卸、检测以及安装流程。

1. 动力电池接线盒安装位置

动力电池（HV 蓄电池）接线盒的安装位置如图 3-2-16 所示。

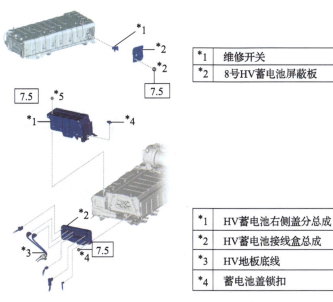

图 3-2-16　动力电池接线盒安装位置

2. 动力电池接线盒的拆卸

将电源开关置于 OFF 位置后，断开辅助蓄电池负极（-）端子电缆前，可能需要等待一段时间。因此，继续工作前，确保阅读维修手册中关于断开辅助蓄电池负极（-）端子电缆的注意事项。具体拆卸步骤如下：

1）拆卸维修开关，如图 3-2-17 所示。
2）断开发动机舱主线束。
3）拆卸插接器盖总成。
4）检查端子电压。
5）安装插接器盖总成。注意：佩戴绝缘手套。
①将插接器盖总成安装到 HV 地板底线上。
②安装螺栓，紧固力矩为 8.0N·m。
③使用"TORX"梅花套筒扳手 T20 安装螺栓，紧固力矩为 4.5N·m。

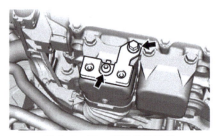

图 3-2-17 拆卸维修开关

安装插接器盖总成前，目视确认插接器盖总成防水密封牢固安装；不要触摸插接器盖总成防水密封；确保互锁装置完全接合。

6）连接发动机舱主线束。
7）拆卸后排座椅总成。
8）拆卸右侧 HV 蓄电池盖分总成（图 3-2-18）。注意：佩戴绝缘手套。
①用维修开关拆下 HV 蓄电池盖锁扣。提示：插入维修开关的凸出部分，并逆时针转动 HV 蓄电池盖锁扣的按钮，以解除锁止。
②从 HV 蓄电池上拆下 5 个螺母和 HV 蓄电池盖分总成。
9）拆卸 HV 蓄电池接线盒总成（图 3-2-19）。注意：佩戴绝缘手套。

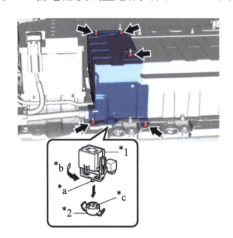

*1	维修开关	*b	转动
*2	HV蓄电池盖锁扣	*c	按钮
*a	凸出部分		

图 3-2-18 拆卸 HV 蓄电池盖

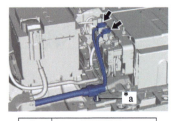

*a	屏蔽搭铁

图 3-2-19 拆卸 HV 蓄电池接线盒总成

①断开 2 个 HV 蓄电池接线盒总成插接器。小心：用绝缘胶带将断开的端子绝缘。
②从 HV 蓄电池上断开屏蔽搭地。

③断开 4 个 HV 蓄电池接线盒总成插接器（图 3-2-20）。小心：用绝缘胶带将断开的高压插接器绝缘。

④从 HV 蓄电池上拆下 4 个螺母和 HV 蓄电池接线盒总成（图 3-2-21）。小心：如果 HV 蓄电池接线盒总成曾掉落，则用新的更换。

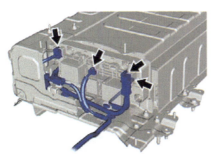 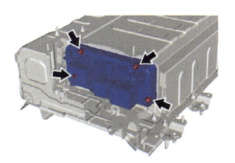

图 3-2-20　断开 4 个插接器　　　　图 3-2-21　拆下 4 个螺母

3. 动力电池接线盒检查

检查动力电池（HV 蓄电池）接线盒总成的方法和步骤如下。

（1）检查 SMRB

1）根据表 3-2-2 中的值测量电阻。

表 3-2-2　标准电阻 1

检测仪连接	条件	规定状态
y1-1（+）- B5-1（CBI）	未在端子 y4-4（SMRB）和 y4-2（GND）之间施加辅助蓄电池电压	10 kΩ 或更大
	在端子 y4-4（SMRB）和 y4-2（GND）之间施加辅助蓄电池电压	小于 1 Ω
y1-1（+）- O3-1（CBP）	未在端子 y4-4（SMRB）和 y4-2（GND）之间施加辅助蓄电池电压	10 kΩ 或更大
	在端子 y4-4（SMRB）和 y4-2（GND）之间施加辅助蓄电池电压	小于 1 Ω

2）根据表 3-2-3 中的值测量电阻。

表 3-2-3　标准电阻 2

检测仪连接	条件	规定状态
y4-4（SMRB）- y4-2（GND）	-40~80℃（-40~176℉）	18.4~36.3 Ω

如果结果不符合规定，则更换 HV 蓄电池接线盒总成。

（2）检查 SMRG

1）根据表 3-2-4 中的值测量电阻。

表 3-2-4　标准电阻 3

检测仪连接	条件	规定状态
y3-1（-）- B4-1（CEI）	未在端子 y4-1（SMRG）和 y4-2（GND）之间施加辅助蓄电池电压	10 kΩ 或更大
	在端子 y4-1（SMRG）和 y4-2（GND）之间施加辅助蓄电池电压	小于 1 Ω

2）根据表 3-2-5 中的值测量电阻。

表 3-2-5　标准电阻 4

检测仪连接	条件	规定状态
y4-1（SMRG）- y4-2（GND）	-40~80℃（-40~176℉）	18.4~36.3 Ω

如果结果不符合规定，则更换 HV 蓄电池接线盒总成。

（3）检查 SMRP

1）根据表 3-2-6 中的值测量电阻。

表 3-2-6　标准电阻 5

检测仪连接	条件	规定状态
y3-1（-）- B4-1（CEI）	在端子 y4-3（SMRP）和 y4-2（GND）之间施加辅助蓄电池电压	10 kΩ 或更大
	在端子 y4-3（SMRP）和 y4-2（GND）之间施加辅助蓄电池电压	28.5~31.5Ω

2）根据表 3-2-7 中的值测量电阻。

表 3-2-7　标准电阻 6

检测仪连接	条件	规定状态
y4-3（SMRP）- y4-2（GND）	-40~80℃（-40~176℉）	112~274Ω

如果结果不符合规定，则更换 HV 蓄电池接线盒总成。

4. 动力电池接线盒安装

1）安装 HV 蓄电池接线盒总成。注意：以下操作要佩戴绝缘手套。
①用 4 个螺母将 HV 蓄电池接线盒总成安装到 HV 蓄电池上。紧固力矩为 7.5N·m。
小心：如果 HV 蓄电池接线盒总成曾掉落，则用新的更换。
②连接 4 个 HV 蓄电池接线盒总成插接器。
小心：确保插接器牢固连接。
③将屏蔽接地连接到 HV 蓄电池上。
④连接 2 个 HV 蓄电池接线盒总成插接器。
小心：确保插接器牢固连接。

2）安装 HV 蓄电池右盖分总成。注意：佩戴绝缘手套。

①用 5 个螺母将 HV 蓄电池右盖分总成安装到 HV 蓄电池上（图 3-2-22）。紧固力矩为 7.5N·m。

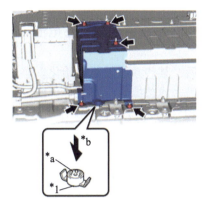

*1	蓄电池盖锁扣
*a	按钮
*b	推

图 3-2-22　安装螺母

②安装蓄电池盖锁扣，然后按下按钮将其锁止。

3）安装后排座椅总成。

4）安装维修开关。

任务 2.3　动力电池的更换

工作表

通过学习，掌握动力电池的更换。

1. 查看维修手册，说明更换动力电池需要哪些工具？
_____
_____

2. 更换动力电池时需要注意什么？
_____
_____

3. 拆卸过程中螺栓拧紧力矩在哪里可以查到？螺栓拧紧力矩分别是多少？
_____
_____

4. 查看维修手册，制订更换动力电池的工作计划。
_____
_____

参考信息

卡罗拉混合动力汽车动力电池电压为 201V 左右，在进行更换时，要注意高压安全。具体注意事项如下：

1）将电源开关置于 OFF 位置后，断开辅助蓄电池负极端子电缆前，需要等待一段时间。

2）断开并重新连接电缆后，某些系统需要初始化。

3）如果动力电池曾受过敲击或曾掉落，则将其更换。

4）将插接器连接至动力电池时，通过下列操作确认插接器连接牢固：推动插接器直至听到一声咔嗒声；通过拉动目视检查并确认插接器连接牢固。

5）在动力电池周围进行维修时，不要让金属屑进入动力电池。

6）不要徒手触摸任何高压线束、插接器或零件。

7）不要让异物，如油脂或机油，黏附到动力电池的螺栓或螺母上。

8）不要将手放入动力电池的开口内。

9）不要爬到动力电池顶部或站在动力电池上。

10）不要让任何异物或水进入动力电池。

11）如果任何螺栓、螺母或卡夹掉入动力电池内，确保将其取出。

1. 动力电池零部件

动力电池零部件分解图如图 3-2-23、图 3-2-24 所示。

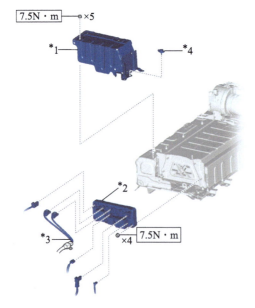

*1	HV蓄电池右侧盖分总成	*2	HV蓄电池接线盒总成
*3	HV地板底线	*4	蓄电池盖锁扣

图 3-2-23 动力电池零部件分解图 1

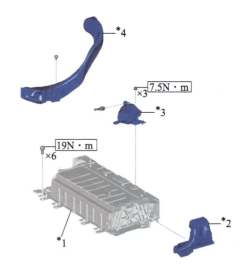

*1	HV蓄电池	*2	2号HV蓄电池进气管
*3	蓄电池冷却鼓风机总成	*4	1号HV蓄电池进气管

图 3-2-24 动力电池零部件分解图 2

2. 动力电池拆卸

在拆卸动力电池之前，为确保安全，要拔出动力电池的维修开关。

1）按照正确操作流程进行下电操作。

①关闭电源开关。

②断开辅助蓄电池负极端子电缆。

③拆卸维修开关。

④断开发动机舱主线束。

⑤拆下插接器盖总成。

⑥检查端子电压，确认电压值为 0V。

⑦安装插接器盖总成。

⑧连接发动机舱主线束。

2）拆卸动力电池。具体步骤如下：

①拆卸动力电池端子盒。佩戴绝缘手套，拆下螺栓，断开 2 个动力电池端子盒插接器，从动力电池上拆下端子盒。

②拆卸动力电池右侧盖分总成。佩戴绝缘手套，将维修开关的凸出部分插入蓄电池盖锁扣相应的位置，逆时针转动蓄电池盖锁扣的按钮，拆下锁扣。从动力电池上拆下 5 个螺母和右侧盖分总成。

③拆卸 HV 蓄电池接线盒总成。佩戴绝缘手套，断开 2 个 HV 蓄电池接线盒总成插接器，从动力电池上断开屏蔽搭铁，断开 4 个 HV 蓄电池接线盒总成插接器。从动力电池上拆下 4 个螺母和接线盒总成。拆卸过程中，不要造成 HV 蓄电池接线盒总成卡滞或掉落，如卡滞或掉落则需更换新的总成。

④拆卸车内 3 号电子钥匙天线总成。

⑤拆卸动力电池 1 号进气管。

⑥拆卸蓄电池鼓风机总成。

⑦拆卸动力电池 2 号进气管。分离 2 个卡夹，从动力电池上拆下 2 号进气管，如图 3-2-25 所示。

⑧拆卸动力电池。佩戴绝缘手套，断开互锁插接器并分离卡夹，如图 3-2-26 所示。从车辆上拆下 4 个螺栓 A、2 个螺栓 B 和动力电池，如图 3-2-27 所示。

图 3-2-25 拆卸动力电池 2 号进气管

拆卸时要注意：不要让异物黏附到动力电池的螺栓上，确保用绝缘胶带或同等产品捆住线束，以防其卡住；使用硬纸板或其他类似材料保护动力电池和车身，以防损坏。拆卸时，因其较重，需要两人拆卸，小心不要损坏其周围零件，不要使其接触到车辆。拆卸、安装或移动动力电池时，确保其倾斜角度不要超过 80°。拆卸后，要用绝缘胶带将断开的端子或插接器绝缘。

3. 动力电池安装

1）安装动力电池。将动力电池安放到位后，安装 4 个螺栓 A 和 2 个螺栓 B，力矩为 19N·m，注意按照对角安装的原则；连接互锁插接器，并卡到位，如图 3-2-28 所示。注意事项如下：

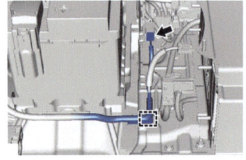
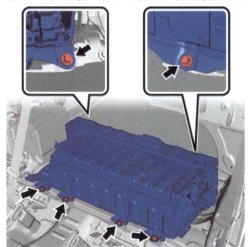

图 3-2-26 拆卸动力电池　　　　图 3-2-27 拆下螺栓

①不要让异物，如润滑脂或油液粘到 HV 蓄电池螺栓上。
②确保用绝缘胶带或同等产品捆住线束，以防其卡住。
③使用硬纸板或其他类似材料保护 HV 蓄电池和车身，以防损坏。
④由于 HV 蓄电池非常重，因此需要两人进行安装。安装 HV 蓄电池时，不要损坏其周围零件。
⑤拆下、安装和移动 HV 蓄电池时，确保不要使其倾斜超过 80°。
⑥将 HV 蓄电池降入车辆时，不要使其接触到车辆。
⑦由于使用两种不同长度的螺栓，所以应确保将各螺栓安装至正确位置。
⑧如果 HV 蓄电池曾受过敲击或掉落，则将其更换。

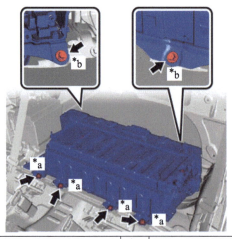

图 3-2-28 安装动力电池

2）安装动力电池 2 号进气管。接合 2 个卡夹以将 2 号进气管安装到动力电池上。
3）安装蓄电池鼓风机总成。接合 2 个卡夹以将冷却风扇总成安装到动力电池上，注意不要触摸冷却风扇部位，不要用线束提升冷却风扇总成。然后安装 3 个螺母，力矩为

7.5N·m，接合 2 个卡夹，连接冷却风扇总成插接器。

4）安装动力电池 1 号进气管。接合 2 个卡夹以安装动力电池 1 号进气管，然后将卡夹安装到位。

5）安装车内 3 号电子钥匙天线总成。连接插接器，接合 2 个卡夹以安装车内 3 号电子钥匙天线总成。

6）安装 HV 蓄电池接线盒总成。佩戴绝缘手套，用 4 个螺母将接线盒总成安装到动力电池上，力矩为 7.5N·m。连接 4 个接线盒总成插接器，将屏蔽搭铁线连接至动力电池，连接 2 个接线盒总成插接器，确保连接到位。

7）安装动力电池右侧盖分总成。佩戴绝缘手套，用 5 个螺母将右侧盖分总成安装到动力电池上，力矩为 7.5N·m。然后安装蓄电池盖锁扣，按下锁扣以将其锁止。

8）安装动力电池端子盒。佩戴绝缘手套，安装端子盒并将 2 个端子盒插接器连接至动力电池，确保对准端子盒的孔和销。安装螺栓，力矩为 7.5N·m。

9）安装维修开关。佩戴绝缘手套，朝动力电池转动维修开关手柄 90°，滑动直至听到咔嗒声，保证维修开关安装到位。

知识拓展

2014 年 5 月，习近平总书记在上汽集团考察时强调，"发展新能源汽车是我国从汽车大国迈向汽车强国的必由之路，要加大研发力度，认真研究市场，用好用活政策，开发适应各种需求的产品，使之成为一个强劲的增长点"。坚持以推动高质量发展为主题，增强产业对绿色消费的有效拉动和汽车强国的创新支撑，新能源汽车具有风向标意义。

扩大内需，产品必须适应市场需求；汽车强国，离不开产业配套。作为核心零部件之一，动力电池堪称新能源汽车的"心脏"，其重要性远胜于发动机之于传统燃油车。动力电池占据整车成本近 40%，两倍于传统燃油车动力系统，成为汽车价值链重构制高点。可以说，在"双碳"目标驱动的产业变革中，动力电池已成为强化新能源汽车竞争水平，打造汽车产业竞争力的关键。

当前，在汽车电动化发展过程中，动力电池技术创新起到了主体推动作用。动力电池强，则新能源汽车强；动力电池弱，则新能源汽车弱。关注动力电池产业的现在，就是关注新能源汽车产业发展的未来。中国动力电池产业，经过 10 多年奋力追赶，不仅突破了欧美技术专利封锁，而且打破了日韩市场垄断，在全球新一轮动力电池竞赛中成为领跑者。

——摘自《经济日报》2022 年 11 月 3 日刊载文章
《动力电池产业调查》(节选)，作者：杨忠阳、刘瑾

任务拓展

查阅资料，学习纯电动汽车动力电池的更换步骤。

任务3 动力电池控制系统检修

一、任务信息

任务3 动力电池控制系统检修			
任务难度	高级		
学时	2学时	班级	
成绩		日期	
姓名		教师签名	
案例导入	你在丰田的4S店工作,今天接到一辆混合动力普锐斯汽车,按下点火开关后车辆无法进入READY,车主反映车辆忘记加油一直行驶至熄火状态。你的师傅判断动力电池的电可能耗尽了,你知道动力电池该如何检测吗?		
学习目标	知识	1. 了解动力电池控制系统的组成和工作原理 2. 掌握HV蓄电池电流传感器的原理 3. 掌握HV蓄电池温度传感器的原理 4. 了解动力电池控制系统的检测	
	技能	1. 能使用诊断仪对动力电池控制系统进行检测 2. 能使用维修手册和电路图查询动力电池控制系统的信息 3. 能使用工具仪器以协作方式维修部件 4. 能查询检验标准并按照制造商规定进行检查	
	素养	1. 能够展示操作成果 2. 能够与团队成员协作完成任务 3. 能够树立安全及5S的工作理念	

二、任务流程

(一)任务准备

如果要检测普锐斯的动力电池,需要做哪些准备工作?需要准备哪些工具?具体的拆装步骤有哪些?请观看下面的操作视频进行学习。

动力电池拆装前的准备工作

（二）任务实施

根据能力素质培养要求，在实车上通过实训和技能训练完成以下工作任务。

⚠警告：

1）检查高压系统或断开带变换器的逆变器总成低压插接器前，务必采取安全措施，如佩戴绝缘手套并拆下维修开关以防电击。拆下维修开关后放到自己口袋中，防止其他技师在你进行高压系统作业时将其意外重新连接。

2）拆下维修开关后，在接触任何高压插接器或端子前，请至少等待10min。等待10min后，检查带变换器的逆变器总成内检查点的端子电压，开始工作前的电压应为0V。

动力电池的拆装、丰田普锐斯动力电池电芯的拆卸、丰田普锐斯动力电池电芯的安装（共3个视频）

动力电池控制系统认知、动力电池控制系统功能、动力电池故障自诊断、动力电池控制系统传感器、故障诊断：动力电池绝缘不良（共5个视频）

混合动力汽车电源系统的维护（比亚迪秦）（共2个视频）

混合动力汽车动力电池系统性能检测（比亚迪秦）、动力电池温度检测（比亚迪秦）（共2个视频）

任务 3.1 动力电池控制系统传感器的认知

工作表

查阅资料，了解动力电池控制系统的组成。

1. 查阅资料，了解动力电池控制系统的传感器有哪些，以及各传感器的作用及其安装位置。

_____
_____
_____
_____

2. HV 蓄电池为什么要装多个温度传感器？

_____
_____
_____
_____

参考信息

1. HV 蓄电池电流传感器

HV 蓄电池电流传感器用于检测 HV 蓄电池充电和放电的安培数。动力管理控制 ECU（HV CPU）利用充电和放电电流值的总数计算 SOC 值。HV 蓄电池电流传感器内置于 HV 蓄电池的 HV 接线盒总成，如图 3-3-1 所示。

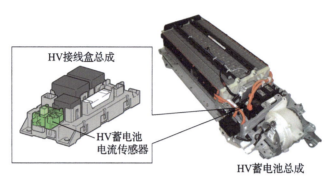

图 3-3-1　HV 蓄电池电流传感器

（1）用于镍氢蓄电池的 HV 蓄电池电流传感器

1）HV 蓄电池电流传感器的电路。HV 蓄电池电流传感器安装在 HV 蓄电池总成负极电缆上，根据电流的变化将电压信号输出至蓄电池智能单元的端子 IB，如图 3-3-2 所示。

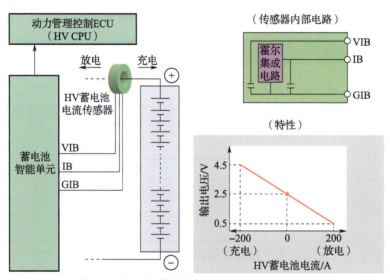

图 3-3-2　HV 蓄电池电流传感器电路（镍氢）

2）HV 蓄电池电流传感器的结构。HV 蓄电池电流传感器由霍尔集成电路和芯组成。

3）HV 蓄电池电流传感器的检测原理。电流流经线束时产生磁场，且磁场的强度与电流量成正比；产生的磁场强度通过霍尔集成电路转换为电压值，从而使 HV 蓄电池电流传感器能够检测到电流。

4）HV 蓄电池电流传感器的传感器特性。根据自 HV 蓄电池的电流量和电流方向，HV 蓄电池电流传感器输出电压值在 0.5~4.5V 范围内变化。电流值为 0 时，输出电压值为

2.5V。电流从 HV 蓄电池流至电源电缆时，意味着 HV 蓄电池正在放电且输出电压值低于 2.5V；电流从电源电缆流至 HV 蓄电池时，意味着 HV 蓄电池正在充电且输出电压值高于 2.5V。

（2）用于锂离子蓄电池的 HV 蓄电池电流传感器

1）HV 蓄电池电流传感器的电路。HV 蓄电池电流传感器安装在 HV 蓄电池总成负极电缆上，将 2 个根据电流变化而变化的电压信号输出至蓄电池智能单元的端子 IB0 和 IB1，如图 3-3-3 所示。

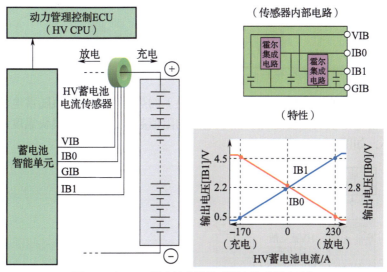

图 3-3-3　HV 蓄电池电流传感器电路（锂离子）

2）HV 蓄电池电流传感器的结构。HV 蓄电池电流传感器由 2 个霍尔集成电路和芯组成。

3）HV 蓄电池电流传感器的检测原理。电流流经线束时产生磁场，且磁场的强度与电流量成正比；产生的磁场强度通过霍尔集成电路转换为电压值，从而使 HV 蓄电池电流传感器能够检测到电流。

4）HV 蓄电池电流传感器的传感器特性。根据自 HV 蓄电池的电流量和电流方向，HV 蓄电池电流传感器输出电压值在 0.5~4.5V 范围内变化。电流值为 0 时，端子 IB0 的输出电压值为 2.8V 且端子 IB1 的输出电压值为 2.2V。端子 IB0 的电压值低于 2.8V 且端子 IB1 的电压值高于 2.2V 时，表示 HV 蓄电池正在放电；端子 IB0 的电压值高于 2.8V 且端子 IB1 的电压值低于 2.2V 时，表示 HV 蓄电池正在充电。

2. HV 蓄电池温度传感器（蓄电池模块）

HV 蓄电池温度传感器（蓄电池模块）用于检测蓄电池模块的温度。为防止 HV 蓄电池产生热量从而降低蓄电池性能，动力管理控制 ECU（HV CPU）根据检测的温度控制 HV 蓄电池冷却风扇。

HV 蓄电池温度传感器（蓄电池模块）安装在 HV 蓄电池的多个位置，如 PRIUS（ZVW30）安装于 3 个位置，如图 3-3-4 所示。

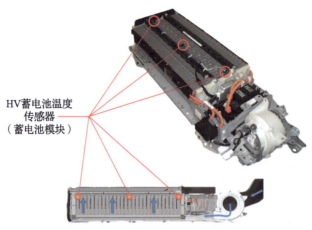

图 3-3-4　HV 蓄电池温度传感器安装位置

内置于 HV 蓄电池温度传感器（蓄电池模块）的热敏电阻的阻值随蓄电池模块温度的变化而变化。蓄电池模块温度越低，热敏电阻的阻值越大；蓄电池模块温度越高，热敏电阻的阻值越小，如图 3-3-5 所示。

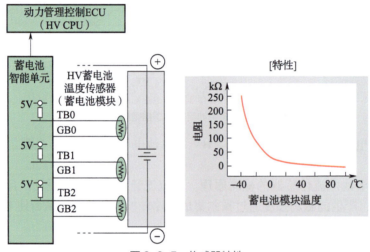

图 3-3-5　传感器特性

3. HV 蓄电池温度传感器（进气管）

HV 蓄电池温度传感器（进气管）用于检测 HV 蓄电池进气管的空气温度。为防止 HV 蓄电池产生热量从而降低蓄电池性能，动力管理控制 ECU（HV CPU）根据检测的温度控制 HV 蓄电池冷却风扇。

HV 蓄电池温度传感器（进气管）安装在 HV 蓄电池和 HV 蓄电池冷却风扇之间的管道内，如图 3-3-6 所示。

HV 蓄电池温度传感器（进气管）与 HV 蓄电池温度传感器（蓄电池模块）的特性相同。内置于 HV 蓄电池温度传感器（进气管）的热敏电阻的阻值随进气温度的变化而变化。进气温度越低，热敏电阻的阻值越大；进气温度越高，热敏电阻的阻值越小，如图 3-3-7 所示。

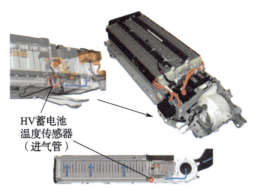

图 3-3-6　安装于进气管的传感器

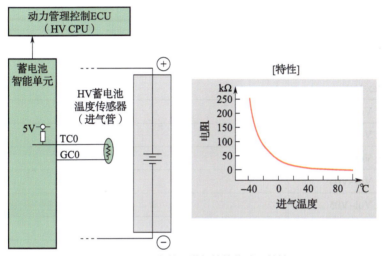

图 3-3-7　安装于进气管的传感器特性

任务 3.2　动力电池控制系统检测

工作表

使用诊断仪，对动力电池系统数据进行调取。
1. 读取系统数据时需要使用诊断仪哪项功能？这样调取数据对检测维修有何帮助？

_____
_____
_____
_____

2. 查阅维修手册，了解动力电池的标准数据。

_____
_____
_____
_____
_____

3. 使用诊断仪读取动力电池的相关数据，对动力电池进行检测，并完成下表。

项目	含义	值
Battery State of Charge		
Batt Pack Current Val		
Inhaling Air Temp		
VMF Fan Motor Voltage		
Temp of Batt TB1		
Temp of Batt TB2		
Temp of Batt TB3		
Minimum Batt Block No		
Batt Block Minimum Vol		
Max Battery Block No		
Batt Block Max Vol		
Battery Block Vol–V01		
Battery Block Vol–V02		
Battery Block Vol–V03		
Battery Block Vol–V04		
Battery Block Vol–V05		
Battery Block Vol–V06		
Battery Block Vol–V07		
Battery Block Vol–V08		
Battery Block Vol–V09		
Battery Block Vol–V10		
Battery Block Vol–V11		
Battery Block Vol–V12		
Battery Block Vol–V13		
Battery Block Vol–V14		
Internal Resistance R01		
Internal Resistance R02		
Internal Resistance R03		
Internal Resistance R04		
Internal Resistance R05		
Internal Resistance R06		
Internal Resistance R07		
Internal Resistance R08		

（续）

项目	含义	值
Internal Resistance R09		
Internal Resistance R10		
Internal Resistance R11		
Internal Resistance R12		
Internal Resistance R13		
Internal Resistance R14		

参考信息

在维修手册中查询"定格数据"中有关动力电池部分的参数数据，使用诊断仪对动力电池控制系统进行检测。

1）将故障诊断仪诊断线与 DLC3 诊断接口连接，如图 3-3-8 所示。
2）点火开关置于 ON 位，系统上电。
3）单击诊断仪屏幕上诊断程序，如图 3-3-9 所示。

图 3-3-8　连接 DLC3 诊断接口

图 3-3-9　单击诊断程序

4）与车辆连接。
5）选择相应的"车型"和"年份"，如图 3-3-10 所示。
6）单击下一步。根据需要选择自动扫描或单个控制单元，如图 3-3-11 所示。

图 3-3-10　选择"车型"和"年份"

图 3-3-11　模块选项按钮

7）选择"混合动力控制"，如图 3-3-12 所示。
8）选择"数据列表"，读取数据流，如图 3-3-13 所示。
9）选择相应的数据，并记录，如图 3-3-14 所示。

图 3-3-12　选择"混合动力控制"　　　　图 3-3-13　读取数据流

图 3-3-14　选择相应的数据

10）关闭诊断程序，退出系统。

知识拓展

　　凭着对汽车的兴趣爱好，他在苦寒中勃发，十年磨一剑。如今，"80 后"专家吕义聪已为企业解决了诸多技术难题，同时也获得了全国汽车装调工大赛一等奖、全国优秀农民工、浙江省职工技能状元金锤奖等众多荣誉。

　　1983 年出生的吕义聪是安徽滁州人，10 岁时父亲去世，没过两年母亲因车祸也不幸离世，成了孤儿的他无奈辍学，投奔远嫁浙江台州的姑姑。"十几个小时的长途客车上，我偷偷掉眼泪，可是妹妹年幼需要照顾，我只能放弃读大学。"吕义聪说，"我也知道，既然选择踏入社会，就只能坚持走下去。"

　　吕义聪的第一份工作是在一家汽车修理铺当学徒。修车又脏又累，他因为技术不熟练，去客运站修理中巴车时常被车主骂，说修得差，让赶紧回去叫师傅过来。"这些话刺激了我，暗下决心一定要学好技术。"吕义聪说，"每次师傅修完后，我会刨根究底地问师傅是什么故障原因，求师傅让自己先试试，多上手多学。慢慢地，师傅觉得我还可以，开始让我一个人去修车，驾驶员也开始喊我'小师傅'，我的自信心和对修车的兴趣就这么起来了。"

　　有了两年的积累，2004 年，吕义聪顺利应聘吉利集团浙江金刚汽车有限公司成为一名汽车装配工，在内饰和最终装配流水线上工作。"干了 4 个月，我就申请去了调试组，因为相对于装配，汽车调试接触面更广、技术含量更高。"吕义聪说，更重要的原因是，他很羡慕调试组的同事，"车子被举起来，技术工人钻到车下，或者打开车厢检查汽车时，特帅。"

　　从一名汽车装配工成为调试员后，吕义聪才发现，自己在外面学的客车、货车、小面包等"老爷车"的修理技术远远不够用。"本以为有基础有优势，好几次在遇到问题时争着说自己可以搞定并急着提出自己的判定，结果出了好多次洋相！当时我心里暗暗发狠：以后要让这些诡异的汽车故障统统在我面前消失！"吕义聪说。为了提高技能和知识，遇到难处理的故障车吕义聪就抢着做，不厌其烦地请教师傅，加班加点看线路图纸和整车电气原理图、啃专业书本、研究其他品牌汽车的新功能。碰到检查不出来的故障，甚至请教老师傅都解决不了的问题，他就会用笨方法挨个检查。线束出现问题，他就把上百根线全部打开。异于常人的刻苦钻研劲头，让吕义聪收获了丰富的知识和经验，他甚至仅用耳朵，就能听出40多种汽车异响，通过异响、设备检查就能排除2000多种汽车故障。

2007年1月，金刚公司承接的一批出口车订单在即将交付时发现近40辆车有行驶异响，工作人员摸排了所有可能性，还是没能消除，如果不及时发货，会给企业造成巨大损失。吕义聪自告奋勇开了一辆车出去转了半个小时，认定是动力转向液壶和发动机怠速控制阀出现了干涉。连工程师、技术员的"专家会诊"都没找出的毛病，一个小小的调试工仅凭开车途中的听觉，就能准确判断？所有人都不相信，直到吕义聪打开机舱，大家才恍然大悟。在工作中很快独当一面的吕义聪，日益发挥出不可替代的作用。下线车辆解决不了的故障难题，他能解决；故障技术分析上的争议，他一句话就能化解。他的名字在公司和配套厂家中间传开，成了小有名气的技术能手。

2011年6月，吕义聪迎来了职业转型，他转岗进入公司技术质量科，负责产品质量管理和技术改进，16个科员里，只有他没有接受过高等教育。在新岗位上，吕义聪不断积累理论知识，针对传统调试工作靠师傅手把手教、作业内容缺乏工艺性文件，导致交检的车辆水平参差不齐的情况，他编制了调试组的作业指导书，制定各工序的考核管理规定，定期开展汽车专业理论和技能训练，使班组的质量工作有法可依，帮助员工们学习和进步。

同时，他还进行技术改造创新，至今已拥有80多项改造创新成果，其中《变速器油封装配工具》《空调制冷系统效果提升装置》获得国家专利。2012年，台州市为"吕义聪技能大师工作室"命名挂牌。2013年，工作室被评为省级技能大师工作室。

全国劳动模范、中国青年五四奖章、全国技术能手获得者，荣誉接踵而来，吕义聪却十分淡定。"刚到吉利汽车时，我钻在地沟里找汽车故障，又臭又脏，却常常半天都排查不出问题，这个场景我永远都不会忘记。所以，每次想要放弃时，我就对自己说，再坚持一下。"吕义聪说，"我知道自己学历没优势，只能比别人更努力，机会永远会留给有实力的人。"

——摘自《中国组织人事报》2015年11月16日刊载文章
《苦寒中勃发的"80后"汽车维修大师吕义聪》，作者：韦慧

任务拓展

学生在实训台架或实训车上相互设置故障，然后使用诊断仪进行诊断，尝试着自己排除故障。

能力模块四
混合动力驱动桥及控制系统检修

任务1 混合动力驱动桥的认知

一、任务信息

任务 1 混合动力驱动桥的认知			
任务难度	初级		
学时	2 学时	班级	
成绩		日期	
姓名		教师签名	
案例导入	你在丰田的 4S 店工作,今天接到一辆丰田混合动力汽车,车辆行驶中存在异响。师傅检查后发现异响来自混合动力驱动桥,告知你需拆卸混合动力驱动桥进一步检查,请你按照正确操作规范对混合动力驱动桥进行更换。		
学习目标	知识	1. 掌握混合动力汽车驱动桥的组成 2. 了解电机的结构原理和分类 3. 掌握永磁同步电机的结构和原理 4. 了解驱动桥的拆卸和安装的流程	
	技能	1. 能正确使用维修手册查询驱动桥的相关信息 2. 能制定混合动力驱动桥的拆卸流程 3. 能制定混合动力驱动桥的安装流程 4. 能使用诊断仪对混合动力驱动桥进行检测 5. 能正确使用安全防护套装及工具	
	素养	1. 能够展示操作成果 2. 能够与团队成员协作完成任务 3. 能够树立安全及 5S 的工作理念	

二、任务流程

(一)任务准备

如果需要对一台陌生的混合动力汽车的驱动桥进行更换,我们需要做哪些准备工作?需要准备哪些资料?具体的拆装步骤有哪些?操作前请观看高压维修操作视频(见前言末尾)。

(二)任务实施

根据能力素质培养要求,在实车上通过实训和技能训练完成以下工作任务。

混合动力控制系统结构、混合动力控制系统识图、混合动力系统总线、总线故障诊断流程、混合动力控制系统故障自诊断、故障诊断:车辆无法上电故障排除、驱动桥结构与工作原理、驱动电机的原理、驱动桥的拆装(共9个视频)

新能源汽车驱动电机系统、驱动电机的分类、电动汽车对驱动电机性能的基本要求、电动汽车驱动电机技术趋势和挑战(共4个视频)

任务 1.1 驱动桥的认知

工作表

查询资料,了解驱动桥的参数。

1. 查询资料,了解丰田混合动力汽车驱动桥的参数、作用以及安装位置。

_____
_____
_____
_____
_____

2. MG1 和 MG2 的最大系统电压是多少?MG2 最大输出功率和输出转矩是多少?

_____
_____
_____
_____
_____

3. MG1 和 MG2 的冷却形式是什么？
_____
_____
_____
_____

4. 在网上查询并对比广汽丰田混合动力雷凌和一汽丰田混合动力卡罗拉的驱动桥参数。
_____
_____
_____
_____

5. MG 是什么意思？为什么 MG1 可以被叫做 GM1 而把 MG2 叫做 GM2 就不正确？
_____
_____
_____
_____

参考信息

1. 概述

混合动力驱动桥与发动机连接，内部包括 MG1 与 MG2 两个电机，以及 MG2 电机的减速行星组件和动力分配行星组件等。混合动力驱动桥可以在发动机与电机的协同工作下实现车辆的无级变速，但其内部结构及原理与传统的无级变速器完全不同。P410 混合动力驱动桥由 MG2、MG1、复合齿轮装置、传动桥阻尼器、中间轴齿轮、减速齿轮、差速器齿轮机构和油泵组成。

MG 是电动机 Motor 和发电机 Generator 的缩写。其中 MG1 主要作用是发电（发电机作用），次要作用是起动发动机（电动机作用），所以 MG1 也被叫做 GM1；MG2 主要作用为驱动车轮（电动机作用），次要作用是能量回收（发电机作用），因此 MG2 不能被叫做 GM2。

图 4-1-1 为混合动力驱动桥的系统图，框中为混合动力驱动桥总成电路示意图。

2. 混合动力驱动桥

（1）位置

丰田混合动力汽车的混合动力驱动桥与发动机相连，位于前机舱下部，如图 4-1-2 所示，打开机舱盖即可看到。在车辆处于"READY"时不能触摸机舱中橙色的线束。混合动力驱动桥包含驱动车辆的电动机/发电机（MG2）和产生电能的发电机/起动机（MG1），该驱动桥使用带复合齿轮装置的无级变速器机构以实现平稳、静谧性操作，如图 4-1-3 所示。

任务 1　混合动力驱动桥的认知

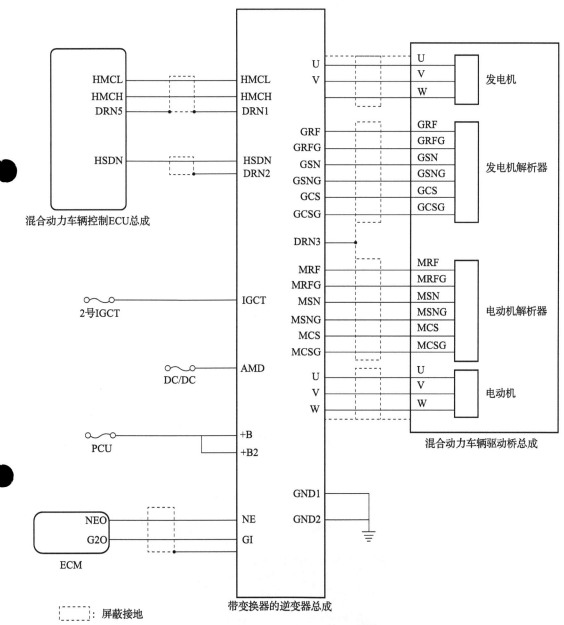

图 4-1-1　混合动力驱动桥系统图

图 4-1-2 混合动力驱动桥位置

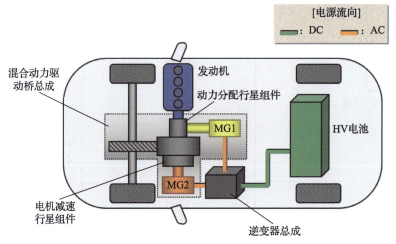

图 4-1-3 混合动力驱动桥系统组成

（2）结构

P410 混合动力驱动桥具有三轴结构，如图 4-1-4 所示。复合齿轮装置、驱动桥阻尼器、油泵、MG1 和 MG2 连接至输入轴；中间轴从动齿轮和减速主动齿轮连接至第二轴；减速从动齿轮和差速器齿轮机构连接至第三轴。

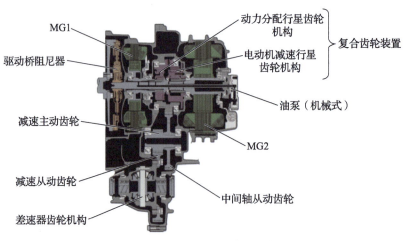

图 4-1-4 P410 混合动力驱动桥

（3）动力传递路线

发动机、MG1 和 MG2 通过复合齿轮装置机械连接。混合动力驱动桥使用两个行星齿轮机构，分别是动力分配行星齿轮机构和减速行星齿轮机构，如图 4-1-5 所示。

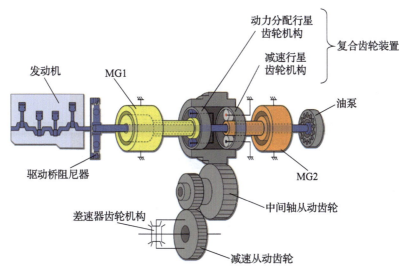

图 4-1-5　混合动力驱动桥使用的行星齿轮机构

（4）复合齿轮装置

复合齿轮装置由动力分配行星齿轮机构和电动机减速行星齿轮机构组成。通过采用与两个行星齿轮机构的齿圈集成为一体的复合齿轮、中间轴主动齿轮和驻车锁止齿轮，复合齿轮装置更为紧凑和轻量化，如图 4-1-6 所示。

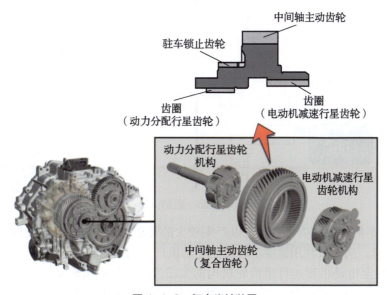

图 4-1-6　复合齿轮装置

动力分配行星齿轮机构的太阳齿轮连接至 MG1、行星齿轮支架连接至发动机、齿圈连接至复合齿轮（车轮）。

电动机减速行星齿轮机构的太阳齿轮连接至 MG2、齿圈连接至复合齿轮（车轮）。行星齿轮支架固定至传动桥外壳。两个行星齿轮机构的齿圈组合在一起，如图 4-1-7 所示。

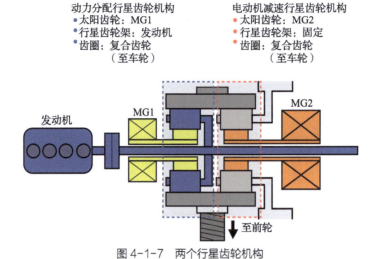

图 4-1-7　两个行星齿轮机构

动力分配行星齿轮机构在 MG1（用于发电）和车轮之间分配发动机动力；此外，起动发动机时，将 MG1 的电能传输至发动机且 MG1 用作起动机，如图 4-1-8 所示。

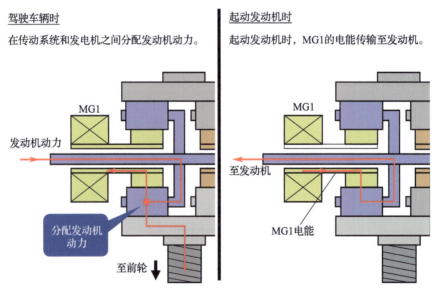

图 4-1-8　动力分配行星齿轮机构工作过程

混合动力车辆需要大功率电动机以产生较大的转矩。使用电动机减速行星齿轮机构降低 MG2 的转速，从而可利用紧凑、轻量的电动机产生较大的转矩。

MG2 连接至电动机减速行星齿轮机构的太阳齿轮。行星齿轮支架固定到位时，可降低 MG2 的转速并将其传输至齿圈。电动机减速行星齿轮机构的减速比为 2.64，通过降低 MG2 的转速，其转矩增至 2.64 倍，并将其传输至齿圈。其工作过程如图 4-1-9 所示。

任务 1　混合动力驱动桥的认知

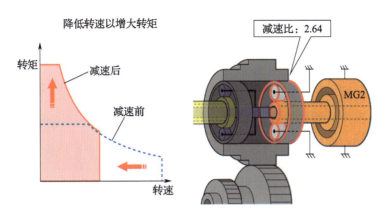

图 4-1-9　减速行星齿轮机构工作过程

3. 驱动电机

（1）永久磁铁电动机概述

该车的驱动电机为交流永久磁铁电动机，如图 4-1-10 所示。它作为电动机为车轮提供驱动力，在车辆减速时作为发电机回收能量；它还可作为电动机起动发动机（丰田混合动力车辆），作为发电机时发电。

内置于混合动力驱动桥的 MG1 和 MG2 为紧凑、轻量且高效的交流永久磁铁电动机。MG1 和 MG2 均由定子、定子绕组、转子、永久磁铁和解析器（转速传感器）组成，通过将 V 型永久磁铁置于转子内，可利用磁阻转矩增加转子的转矩，从而提高输出转矩，如图 4-1-11 所示。

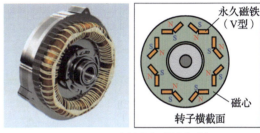

图 4-1-10　交流永久磁铁电动机

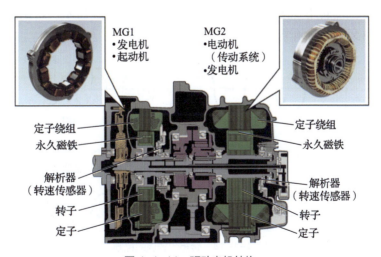

图 4-1-11　驱动电机结构

（2）输出特征

驱动电机在低速时就有较大转矩，因此 MG1 和 MG2 开始旋转时产生最大转矩。其

165

输出特性如图 4-1-12 所示。

（3）结构原理

驱动电机的定子采用三相绕组结构（U 相、V 相和 W 相），如图 4-1-13 所示。当施加三相交流电时，在电机内部产生旋转磁场。根据转子方向和转速控制旋转磁场，通过旋转磁场吸引转子内的永久磁铁，从而产生转矩；发电时，转子（永久磁铁）旋转使磁场发生改变，同时由于电磁感应使电流流向定子绕组。

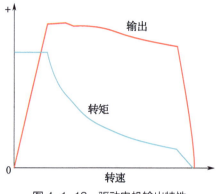

图 4-1-12　驱动电机输出特性

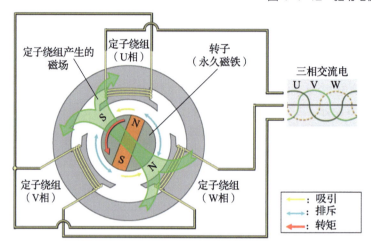

图 4-1-13　驱动电机结构原理

（4）转矩和转速的控制

驱动电机产生的转矩几乎与电流量成正比，如图 4-1-14 所示。转矩的大小由电流量控制，转速则由交流电的频率来控制。

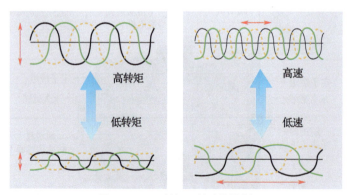

图 4-1-14　转矩和转速的控制

（5）驱动电机的作用

MG1 主要作为发电机使用，发出的电经过带变换器的逆变器总成后既可为动力电池充电，也可为 MG2 供电使其运转。MG1 另一个作用是帮助发动机起动，起到传统燃油汽车的起动机的作用，由于 MG1 功率和转矩较大，帮助发动机起动的过程相比传统的起动机更加迅速和平稳。

MG2 主要作为电动机在低速时驱动车辆行驶，在车速较高时与发动机配合共同驱动车辆，提高车辆的动力性与经济性。在车辆减速及制动过程中，MG2 可作为发电机增加车辆行驶阻力，进行制动能量回收帮助车辆制动。回收的电能通过带变换器的逆变器总成储存在动力电池中，既提高了经济性又减少了制动系统的磨损。

MG1 最大系统电压为 DC 650V；MG2 最大系统电压为 DC 650V；MG2 最大输出功率为 53kW；MG2 最大输出转矩为 207N·m；MG2 借助电动机减速行星齿轮机构将转矩提高 2.64 倍。主要参数见表 4-1-1。

表 4-1-1 MG1 和 MG2 参数

电机	MG1	MG2
类型	永磁电动机	永磁电动机
功能	发电、发动机起动机	发电、驱动车轮
系统最高电压	DC 650V	DC 650V
最大输出功率	—	53kW
最大转矩	—	207N·m
冷却系统	水冷型	风冷型

（6）混合动力驱动桥电机工作电压

混合动力卡罗拉的 HV 动力电池额定电压只有直流 201.6V，为提升混合动力驱动桥电机的工作电压，减小电机尺寸，需将电压升高最大至直流 650V，再经过逆变器转换为一定幅值和频率的交流电供给电机；当电机进行制动能量回馈时，混合动力驱动桥内的电机发出的电压经逆变器整流为直流后，还要将电压降至额定 201.6V 之后再向动力电池充电，如图 4-1-15 所示。

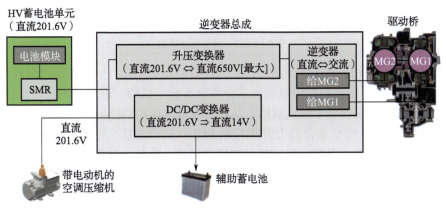

图 4-1-15 工作电压

（7）混合动力驱动桥外部电气连接组成

混合动力驱动桥外部装有电机电缆、电机温度传感器插头、电机旋转变压器插头和换档控制执行器总成等，如图 4-1-16 所示。电机电缆用来在 MG1、MG2 两个电机与带变换器的逆变器总成之间传输电力；电机温度传感器用来监测电机定子温度；电机旋转变压器用来确定电机转子位置、转速和旋转方向；带变换器的逆变器总成根据电机转子具体位置在定子上产生旋转磁场驱动电机运转。

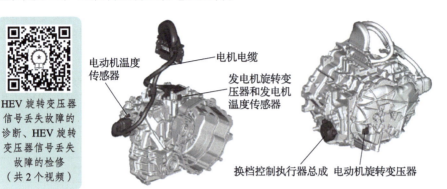

HEV 旋转变压器信号丢失故障的诊断、HEV 旋转变压器信号丢失故障的检修（共2个视频）

图 4-1-16 混合动力驱动桥外部电气连接

4. 驻车锁止执行器

驻车锁止执行器的作用是接合或分离驱动桥驻车锁止机构。驻车锁止机构包括驻车制动杆、驻车锁杆、驻车锁爪和驻车齿轮，如图 4-1-17 所示。驻车锁止执行器旋转，驻车制动杆旋转然后推动驻车锁杆，驻车锁杆向上推动驻车锁爪使驻车锁爪与驻车齿轮接合，从而锁止车辆。

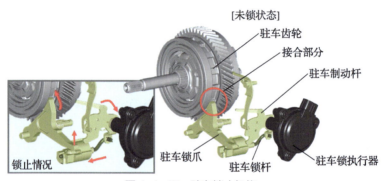

图 4-1-17 驻车锁止机构

驻车锁止执行器由开关磁阻电动机和摆线减速机构组成。一旦接收到来自变速器控制 ECU 的执行信号，电动机旋转以接合或分离驻车锁止机构。通过采用驻车锁止执行器，此系统可电动锁止和解锁驻车锁止机构，从而实现电动换档功能。

变速器控制 ECU 根据来自动力管理控制 ECU（HV CPU）的驻车锁止或解锁请求信号驱动驻车锁止执行器，以接合或分离驻车锁止机构；此外，驻车锁止执行器将驻车锁止位置信号发送至动力管理控制 ECU（HV CPU），如图 4-1-18 所示。

开关磁阻电动机不使用电刷和磁铁，它通过旋转以锁止和解锁驻车锁止机构，如图 4-1-19 所示。开关磁阻电动机主要由绕组、定子、转子和转角传感器组成。由于转子无线圈和永久磁铁，因此不需要电刷，结构简单且可靠。转角传感器使用两个霍尔集成电路以检测转子的转角。变速器控制 ECU 利用转角信号检测当前驻车锁止位置（接合或分离）。

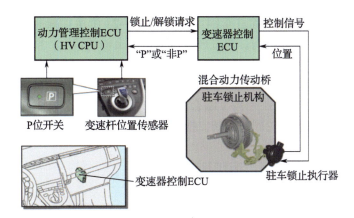

图 4-1-18 驻车锁止执行器工作过程

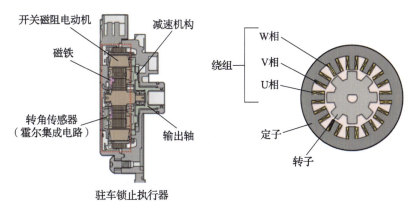

图 4-1-19 开关磁阻电动机结构

W、U 和 V 相的线圈位于电动机的外部定子上。通过依次对线圈施加电流,产生持续的磁吸力,从而使内部转子旋转。开关磁阻电动机的工作原理:电流施加至 W 相的线圈时,产生磁力并通过 W 相线圈吸引转子;转子的凸极和 W 相的定子绕组完全相互对准时,吸引力仅作用在径向且无转矩;如果将电流施加至 V 相的定子绕组,则 V 相的定子绕组吸引转子的凸极且转子顺时针旋转;之后,转子的凸极与 V 相的定子绕组对准且电流施加至 U 相的定子绕组时,U 相的定子绕组吸引转子的凸极且转子再次顺时针旋转;如此,通过将电流依次施加至定子绕组(接近转子凸极),电动机使转子旋转,如图 4-1-20 所示。

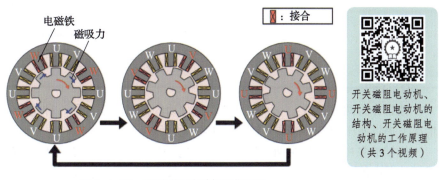

图 4-1-20 开关磁阻电动机工作原理

摆线减速机构确保完全解除驻车锁止,如图 4-1-21 所示。减速机构采用具有高减速比的细长、紧凑型摆线减速机构。通过放大电动机输出轴的转矩,摆线减速机构可在需要较大转矩(如在斜坡上驻车时)的情况下确保完全解除驻车锁止。此机构由偏心盘、内齿轮(61 个齿)、外齿轮(60 个齿)和输出轴组成。偏心盘(与电动机输出轴直接相连)旋转一次时,在与内齿轮(61 个齿)啮合的同时外齿轮(60 个齿)旋转一个齿,并固定到位,因此,输出轴与外齿轮同时旋转。摆线减速机构的减速比为 60∶1。

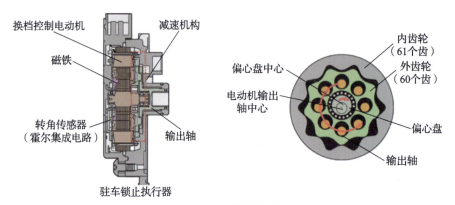

图 4-1-21 摆线减速机构

5. 驱动桥阻尼器

驱动桥阻尼器能够减小传输动能时产生的振动,安装在与常规离合器相同的位置,如图 4-1-22 所示。它采用转矩限制器,通过限制可输入的最大转矩,使驱动桥更为紧凑和轻量化。二级转矩波动吸收机构采用安装的干式摩擦材料。高效转矩波动吸收机构可处理起动发动机时产生的各种转矩波动,从而实现正常行驶。

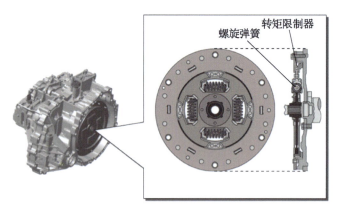

图 4-1-22 驱动桥阻尼器

6. 油泵

油泵分为两种类型:一种是由发动机驱动的机械油泵;另一种是可在发动机未运转的情况下提供液压的电动油泵,如图 4-1-23 所示。

机械油泵由发动机驱动并润滑齿轮,它内置于混合动力驱动桥,采用余摆线型油泵。机械油泵由油泵驱动轴、油泵主动转子、油泵从动转子和油泵盖组成,如图 4-1-24 所示。

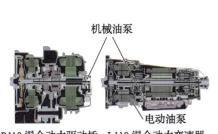
图 4-1-23　机械油泵和电动油泵

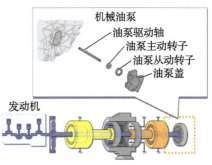
图 4-1-24　机械油泵

发动机未运转时由电动油泵产生液压。电动油泵用于在发动机停止时提供油压，安装在混合动力变速器一侧，如图 4-1-25 所示。HV ECU 通过油泵电动机控制器控制油泵电动机转速。油泵电动机控制器将指示油泵电动机状态的信号输出至 HV ECU。油泵电动机采用高效、低噪声、三相无刷电动机。此外，霍尔集成电路型电动机位置传感器和线圈温度传感器内置于电动油泵。

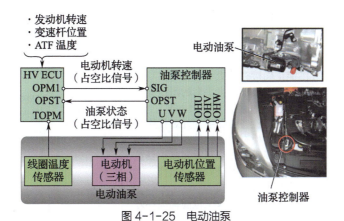
图 4-1-25　电动油泵

任务 1.2　驱动桥的拆装

工作表

通过学习，掌握拆卸混合动力驱动桥。
1. 查看维修手册，说明拆卸混合动力车辆驱动桥需要哪些工具？

2. 查看维修手册，制订混合动力车辆驱动桥的拆装工作计划。

3. 在混合动力车辆驱动桥的拆卸和安装过程中,需要注意哪些问题?

_____

_____

4. 根据参考信息指引,完成下表。

学习小贴士:在技能大赛和实际维修中,部件的更换主要考核技师对部件的拆卸、检查、安装以及高压安全防护等技能的掌握情况。在进行操作时一定要参考维修手册,遵守汽车生产厂家的维修作业标准,否则将有可能造成人员伤亡和车辆的损坏。

混合动力驱动桥的拆装					
1. 信息记录					
车辆品牌		车辆型号			
VIN 码		制造日期			
2. 职业素养和规范评分					
序号	作业内容	评分要点	自评	互评	师评
1	人身安全	□能正确设置隔离栏 □能正确设置安全警示牌 □能正确检查灭火器压力值(水基、干粉) □能正确检查绝缘手套密封性 □能正确检查绝缘手套的耐压等级 □能正确测量高压部分线路 □能正确检查劳保手套外观损伤 □能正确检查护目镜外观损伤 □测量高压部分线路时佩戴护目镜 □能正确检查安全帽外观损伤 □作业中戴安全帽 □穿绝缘鞋(进入工位前提前穿好)	□熟练 □不熟练	□熟练 □不熟练	□合格 □不合格
2	设备安全	□工具零件不得放置在没有防护的台架上 □仪器、工具、零件不得跌落	□熟练 □不熟练	□熟练 □不熟练	□合格 □不合格
3	仪器使用	□能正确进行数字绝缘测试仪开路检测并确认电阻值无穷大 □能正确进行数字绝缘测试仪短路检测并确认电阻值小于 1Ω □能正确确认数字绝缘测试仪上"TEST"功能正常 □能正确选择四点检测绝缘垫绝缘性 □使用绝缘测试仪的时候佩戴绝缘手套与护目镜 □能正确检查数字式万用表的电阻量程(校零) □能正确检查清洁内阻测试仪表笔并进行内阻测试仪校零 □能正确按工单要求设置内阻测试仪检测参数	□熟练 □不熟练	□熟练 □不熟练	□合格 □不合格

（续）

序号	作业内容	评分要点	自评	互评	师评
4	团队协作	□配合作业时未发生身体碰撞、语言争执	□熟练 □不熟练	□熟练 □不熟练	□合格 □不合格
5	作业要求	□能正确同步记录作业过程 □严禁以下操作：车载充电机摆放时出现剧烈碰撞；粗暴操作导致线路损坏；粗暴操作导致安装螺纹滑丝 □能正确使用各种工具 □能正确进行内阻测试仪开机预热	□熟练 □不熟练	□熟练 □不熟练	□合格 □不合格
6	现场恢复	□能正确复位仪器、防护用品、工具等 □能正确执行高压断电 □能遵守先断开电源开关、取下维修开关、等待 10min 的流程执行高压断电 □能正确整理高压线束 □能正确进行 5S 清洁	□熟练 □不熟练	□熟练 □不熟练	□合格 □不合格

3.作业过程记录

1）混合动力驱动桥拆卸的步骤：

2）混合动力驱动桥安装的步骤：

3）安装复位后，使用诊断仪读取相关数据流并记录：

有无故障码	□有　　□无	
故障码（如有）：	含义：	
主要数据流记录		
数据 1：	含义：	
数据 2：	含义：	
数据 3：	含义：	
数据 4：	含义：	
……	……	
自评：□熟练　□不熟练	互评：□熟练　□不熟练	师评：□合格　□不合格

参考信息

混合动力驱动桥拆装作业的注意事项如下：

1）因混合动力车辆驱动桥由高压供电工作，所以应做好高压安全防护，在拆卸作业之前，应按正确操作规范先进行下电操作，再进行其他相关操作。

2）高压操作前，务必采取安全措施，如佩戴绝缘手套并拆下维修开关以防电击；拆下维修开关后放到口袋中并随身携带，防止其他技师在你进行高压系统作业时将其意外重新连接。

3）断开维修开关后，在接触任何高压插接器或端子前，等待至少 10min。

4）混合动力车辆传动桥总成连同发动机总成非常重，务必按照维修手册描述的程序进行拆卸，否则发动机托盘千斤顶可能会突然掉落。

1. 混合动力驱动桥的拆卸

混合动力驱动桥故障包括电气与机械故障，故障征兆呈多样性，既有机械故障的一般特性，也有电气、磁场等故障特性。通过大量的故障结果分析发现，驱动桥故障大部分来源于机械故障（主要是轴承故障），少部分源于电气故障（主要是绕组故障）。减速行星齿轮组件和动力分配行星齿轮组件为机械部件，可目视检查其状态。

混合动力驱动桥拆卸的操作步骤如下：

1）下电操作。按照正确操作规范进行高压下电操作。

2）拆卸悬置隔振垫和散热器管。

①拆卸发动机前悬置隔振垫。

②拆卸发动机后悬置隔振垫。

③拆卸散热器管。

3）断开空调线束。

①拆下螺栓。

②分离 2 个卡夹以从发动机线束上断开空调线束，如图 4-1-26 所示。

4）断开发动机线束。断开节气门体总成插接器，如图 4-1-27 所示。

图 4-1-26　分离空调线束卡夹

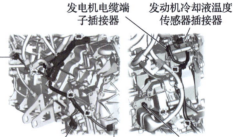

图 4-1-27　断开发动机线束

①断开换档控制执行器总成插接器。

②断开旋转变压器插接器。

③断开电动机电缆端子插接器。

④断开发电机电缆端子插接器。
⑤断开发动机冷却液温度传感器插接器。
⑥拆下螺栓。
⑦分离7个卡夹以断开发动机线束。

5）拆卸起动机孔隔振垫从发动机总成上拆下2个螺栓和起动机孔隔振垫，如图4-1-28所示。

6）拆卸飞轮壳侧盖。从发动机总成上拆下飞轮壳侧盖，如图4-1-29所示。

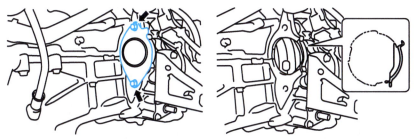

图4-1-28　拆卸起动机孔隔振垫　　图4-1-29　拆卸飞轮壳侧盖

7）拆卸混合动力驱动桥总成。从发动机总成上拆下7个螺栓和混合动力驱动桥总成，如图4-1-30所示。为避免锁销损坏，不要撬动混合动力驱动桥总成和发动机总成之间的部位；为防止减振器的花键错位，在拆卸和安装混合动力驱动桥总成期间，不要使混合动力驱动桥总成触碰减振器。

8）拆卸发动机前悬置支架。从混合动力驱动桥总成上拆下3个螺栓和发动机前悬置支架，如图4-1-31所示。

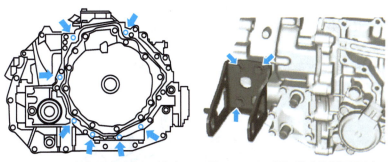

图4-1-30　拆卸混合动力驱动桥与　　图4-1-31　拆卸发动机前悬置支架
　　　　　　发动机连接螺栓

9）拆卸发动机后悬置支架。从混合动力驱动桥总成上拆下4个螺栓和发动机后悬置支架，如图4-1-32所示。

10）拆卸电机电缆。
①分离4个卡夹以从电机电缆支架和线束卡夹支架上断开电机电缆，如图4-1-33所示。
②拆下电机2（电动机）电缆。拆下2个螺栓并向后滑动电动机电缆插接器壳，如图4-1-34所示；分离2个卡夹以从混合动力驱动桥总成上拆下端子盖；从混合动力驱动桥总成上拆下3个螺栓和电动机电缆。

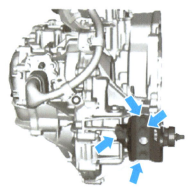 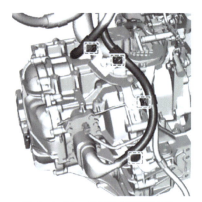

图 4-1-32　拆卸发动机后悬置支架　　图 4-1-33　分离电机电缆卡夹

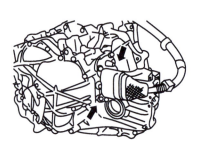 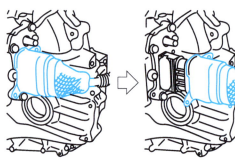

图 4-1-34　拆下电机 2（电动机）电缆

③拆下电机 1（发电机）电缆。拆下 3 个螺栓并向后滑动发电机电缆插接器壳，如图 4-1-35 所示；分离 2 个卡夹以从混合动力驱动桥总成上拆下端子盖，如图 4-1-36 所示；从混合动力驱动桥总成上拆下 3 个螺栓和发电机电缆，如图 4-1-37 所示。

11）拆卸线束卡夹支架。从混合驱动桥总成上拆下 2 个螺栓和 2 个线束卡夹支架，如图 4-1-38 所示。

12）拆卸电机电缆支架。从混合动力驱动桥总成上拆下螺栓和电机电缆支架，如图 4-1-39 所示。

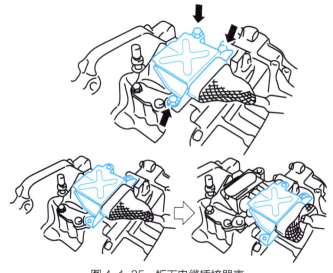

图 4-1-35　拆下电缆插接器壳

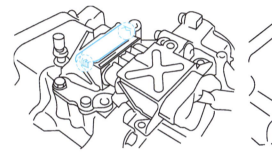 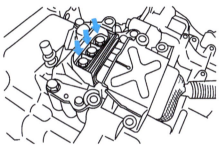

图 4-1-36　拆下端子盖　　　　　　图 4-1-37　拆下发电机电缆

图 4-1-38　拆卸线束卡夹支架　　　　图 4-1-39　拆卸电机电缆支架

2. 混合动力驱动桥的安装

混合动力驱动桥的安装操作步骤如下：

1）安装电机电缆支架。用螺栓将电机电缆支架安装到混合动力驱动桥总成上，紧固力矩为 23N·m。

2）安装线束卡夹支架。用 2 个螺栓将 2 个线束卡夹支架安装到混合动力驱动桥总成上，紧固力矩为 12.5N·m。

3）安装电机电缆。

①安装电机 1（发电机）电缆。用 3 个螺栓将发电机电缆安装到混合动力驱动桥总成上，紧固力矩为 10N·m。注意：不要使发电机电缆的密封表面和插接器端子粘上异物。

②接合 2 个卡夹以将新端子盖安装到混合驱动桥总成上。注意：将端子盖安装到端子盒时，不要使密封表面粘上异物。

③将发电机电缆插接器壳放置到适当位置并用 3 个螺栓安装，紧固力矩为 20N·m。

④安装电机 2（电动机）电缆。用 3 个螺栓将电动机电缆安装到混合驱动桥总成上，紧固力矩为 10N·m。注意：不要使电动机电缆的密封表面和插接器端子粘上异物。

⑤接合 2 个卡夹以将新端子盖安装到混合动力驱动桥总成上。

⑥将电动机电缆插接器壳放置到适当位置并用 2 个螺栓安装，紧固力矩为 10N·m。

⑦通过 4 个卡夹将电机电缆安装在电机电缆支架和线束卡夹支架上。

4）安装发动机后悬置支架。分步均匀地用 4 个螺栓将发动机后悬置支架安装到混合动力驱动桥总成上，紧固力矩为 45N·m，如图 4-1-40 所示。

5）安装发动机前悬置支架。用 3 个螺栓将发动机前悬置支架安装到混合动力驱动桥总成上。

6）安装混合动力驱动桥总成。用 7 个螺栓将混合动力驱动桥安装到发动机总成上。

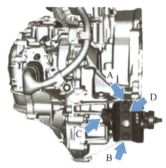

注意：暂时紧固螺栓 A，然后按 B、C、D 和 A 的顺序完全紧固这 4 个螺栓。

图 4-1-40　安装发动机后悬置支架

为避免锁销损坏，安装混合动力驱动桥时要对准孔位后再用力安装；为防止减振器的花键错位，安装时不要使混合动力驱动桥总成触碰减振器。

7）安装飞轮壳侧盖。将飞轮壳侧盖安装到发动机总成上。

8）安装起动机孔隔振垫。用 2 个螺栓将起动机孔隔振垫安装到发动机总成上。

9）安装发动机线束。

①安装节气门体总成插接器。

②安装换档控制执行器总成插接器。

③安装旋转变压器插接器。

④安装电动机电缆端子插接器。

⑤安装发电机电缆端子插接器。

⑥安装发动机冷却液温度传感器插接器。

⑦安装螺栓。

⑧通过 7 个卡夹安装发动机线束。

10）连接空调线束。将空调线束连接到发动机线束上，用 2 个卡夹固定。

11）安装悬置隔振垫和散热器管。

①安装散热器管。

②安装发动机后悬置隔振垫。

③安装发动机前悬置隔振垫。

12）上电操作。按照正确操作规范进行高压上电操作。

3. 读取驱动桥的数据流

1）将故障诊断仪诊断线与 DLC3 诊断接口连接，如图 4-1-41 所示。

2）点火开关置于 ON 位，系统上电。

3）单击诊断仪屏幕上的诊断程序，如图 4-1-42 所示。

4）与车辆连接。

5）选择相应的"车型"和"年份"，如图 4-1-43 所示，然后单击下一步。

6）根据需要选择自动扫描或单个控制单元，如图 4-1-44 所示。

7）选择"混合动力控制"，如图 4-1-45 所示。

8）选择"数据列表"，读取数据流，如图 4-1-46 所示。

9）选择相应的数据流，选择发电机工作温度、信号电压；选择电动机工作温度、信号电压，如图 4-1-47 所示。

任务 1　混合动力驱动桥的认知

图 4-1-41　连接 DLC3 诊断接口

图 4-1-42　单击诊断程序

图 4-1-43　选择"车型"和"年份"

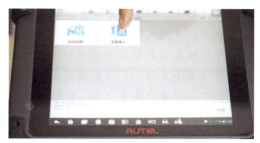

图 4-1-44　模块选项按钮

图 4-1-45　选择"混合动力控制"

图 4-1-46　读取数据流

图 4-1-47　选择相应数据流

10) 关闭诊断程序，退出系统。

知识拓展

在南非约翰内斯堡，64 岁的莱瑞克·陶早已将他的中国汽车当作形影不离的"好搭档"。身为出租车司机的他，每天驾驶着北汽福田迷你巴士，穿梭在约翰内斯堡的大街小巷。"是中国汽车帮助我改变了生活。"莱瑞克·陶说，"它帮我挣钱，解决了生计问题。"

179

5年前，莱瑞克·陶打算买一辆迷你巴士作为营生工具，在朋友推荐下，他选择了北汽福田。"中国汽车价格合理、动力足、油耗低，现在看，我的选择没错。"穆斯塔法说，约翰内斯堡山路多，经常需要上下坡，北汽福田汽车表现很好。车内还很安静，乘客十分喜欢。在莱瑞克·陶推荐下，他的同事也开始购买中国车，用作学校校车、旅游接待车。

　　南非素有"世界汽车竞技场"之称，近年来中国汽车保有量越来越大。2022年，中国品牌汽车在南非的销量突破3.5万辆。今年8月初，南非"汽车排行榜"网站刊文称，自2023年以来，约有7个品牌的2.1万辆中国汽车在南非销售，与宝马、丰田等品牌相比，中国汽车销量出现强劲增长。

　　在非洲内陆国家赞比亚，中国客车成为人们长途出行的重要选择之一。数据显示，中国客车每年销往非洲市场约3800辆。赞比亚华侨华人总会执行会长、海格客车（赞比亚）有限公司总经理吴明已在非洲打拼22年，目前代理中国海格客车在南部非洲7个国家的销售业务，市场份额在当地占六成以上。

　　"如今非洲国家街头的中国汽车越来越多了。"吴明说，这主要与中国汽车性价比较高有关。以中国客车为例，一辆中国客车、公交车在赞比亚的售价不到20万美元，功能更多，而欧洲同类型车辆售价超过它两倍。此外，欧美品牌售后维修、配件价格昂贵，中国客车在当地拥有配件仓储，维修人员、工程师常驻，收费较低。

　　中国新能源汽车开始在非洲流行。在东非国家肯尼亚的首都内罗毕，如果搭乘大巴去机场，这辆由电力驱动的大巴可能由中国公司比亚迪制造。通过和当地新能源汽车公司合作，比亚迪获得了当地几家公交运营商130多辆电动大巴的订单。这些大巴在中国进行部分组装后运抵肯尼亚，然后完成所有组装。目前，比亚迪、吉利、东风、长城、上汽、江淮等中国车企，都在非洲进行了新能源汽车布局，长城、奇瑞等车企还将推出混合动力车型。

　　在津巴布韦和肯尼亚，人们目前唯一能买到的全新电动货车由比亚迪提供，这些货车已被广泛应用在物流和运输行业；在加纳，数家企业和初创公司提供20多款中国制造的新能源汽车，包括轿车、SUV和小型货车等；在埃及，北汽福田是埃及主要的电动公交车供应商；在南非，长城汽车"长城炮"皮卡获得"2022年度最佳新晋皮卡"大奖，在当地累计销售超过1万辆……

　　南非金山大学南方不平等研究中心客座研究员穆贝斯瓦内·马希洛说："相对于欧洲和美国品牌而言，鉴于中国汽车品牌在南非乃至非洲的价位合理，中国品牌未来有机会占据领先地位。"

——摘自《人民日报》（海外版）2023年8月23日刊载文章
《非洲人爱上中国车》（节选），作者：陈振凯等

任务拓展

　　学生在网上查找其他车型的驱动桥动力传递原理的资料，然后与丰田混合动力车型的驱动桥动力传递的原理进行对比，找出它们的异同点。

任务2　混合动力驱动桥分解与检测

一、任务信息

任务 2 混合动力驱动桥分解与检测			
任务难度	初级		
学时	2 学时	班级	
成绩		日期	
姓名		教师签名	
案例导入	你在丰田的 4S 店工作，一辆丰田混合动力汽车到店维修，混合动力驱动桥已经从车上拆卸下来，现需要对混合动力驱动桥进行分解和检测。请你按照正确操作规范对混合动力驱动桥进行分解和检测。		
学习目标	知识	1. 掌握列线图的相关知识 2. 掌握解析器的结构和工作原理 3. 掌握电机温度传感器的结构和工作原理 4. 了解驱动桥的分解和组装的流程	
	技能	1. 能使用列线图对驱动桥不同工况进行分析 2. 能正确使用维修手册查询驱动桥的相关信息 3. 能制定驱动桥的分解和组装方案 4. 能使用诊断仪查询驱动电机的相关数据流	
	素养	1. 能够展示操作成果 2. 能够与团队成员协作完成任务 3. 能够树立安全及 5S 的工作理念	

二、任务流程

（一）任务准备

如果需要对混合动力汽车的驱动桥进行分解和检测，我们需要做哪些准备工作？需要准备哪些资料？具体的拆装步骤有哪些？操作前请观看高压维修操作视频（见前言末尾）。

（二）任务实施

根据能力素质培养要求，在实车上通过实训和技能训练完成以下工作任务。

驱动桥的拆解、
驱动电机的检修
（共 2 个视频）

能力模块四　混合动力驱动桥及控制系统检修

任务 2.1　使用列线图对驱动桥不同工况进行分析

工作表

使用列线图对驱动桥不同工况进行分析。
1. 查询资料，了解什么是列线图以及如何绘制列线图。
_____
_____
_____

2. 识读驱动桥不同工况下的列线图。
_____
_____
_____

3. 电机在列线图中何时充当发电机？何时充当电动机？
_____
_____
_____

4. 思考：发动机转动就意味着发动机在对外输出做功吗？
_____
_____
_____

5. 车辆下长坡时为什么档位要用"B"？
_____
_____
_____

参考信息

1. 认识列线图

（1）列线图的概念

列线图是指平面直角坐标中用一组互不相交的线段表示含有两个独立变量的函数的图，主要应用于大气科学。汽车变速器中行星齿轮机构结构复杂，工作过程中分析各部件较为困难，因此使用列线图来分析行星齿轮机构工作过程。图 4-2-1 所示为单排行星齿轮机构列线图模型。

列线图直观再现了行星齿轮的工作情况（驾驶条件）。故障发生时存储的 FFD（定格数据）主要用于分析发生故障时存在何种驾驶条件。使用列线图分析车辆不同的驾驶条件，分析发动机何时起动、何时运转以及何时停止；分析 MG1 和 MG2 是处于充电还是放电状态。

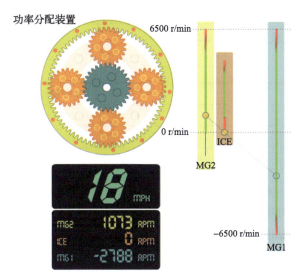

图 4-2-1　单排行星齿轮机构列线图模型

（2）识读列线图

列线图中使用纵轴表示部件的旋转方向和转速，注意动力分配行星齿轮机构和电动机减速行星齿轮机构"+"与"-"不同，动力分配行星齿轮机构侧上部分为"+"，下部分为"-"；电动机减速行星齿轮机构的上部分为"-"，下部分为"+"。坐标点越远离"0"界限则速度越快，电动机减速行星齿轮机构的行星架固定，因此在列线图中一直处于0位，虽然行星架固定，但是行星架上的行星轮在旋转，传递动力。纵轴的间距表示部件间的传动比；箭头表示转矩方向，红色箭头表示 MG 作为电动机工作，蓝色箭头表示 MG 作为发电机工作，如图 4-2-2 所示。

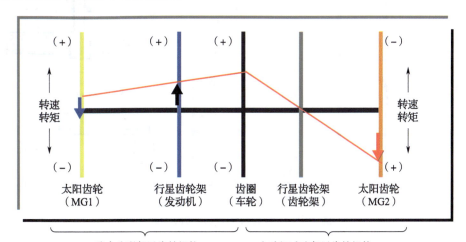

图 4-2-2　双排行星齿轮机构列线图

如果 MG1 和 MG2 的旋转方向和转矩方向相同，则系统处于放电状态；如果方向相反，则系统处于充电状态，见表 4-2-1。

表 4-2-1 MG 状态

		MG 旋转方向	
		+	-
转矩	+	①放电	③充电
	-	②充电	④放电

例如，图 4-2-2 中 MG1 旋转方向为"+"，而转矩方向朝着"-"，因此 MG1 此时工作状态为表 4-2-1 中的"②充电"；图 4-2-2 中 MG2 旋转方向为"+"，转矩方向为"+"，因此 MG2 此时工作状态为表 4-2-1 中的"①放电"。

2. 列线图分析驱动桥不同工况

（1）停止时充电（发动机起动）

车辆停止时，如果由于 SOC 低而需要对 HV 蓄电池进行充电，则 MG1 作为起动机工作，起动发动机。电流输入 MG2 防止其转动；MG1 沿正（+）向转动，使曲轴转动，然后起动发动机。此时，因 MG2 产生转矩而使传输至齿圈的发动机反作用力抵消，如图 4-2-3 所示。

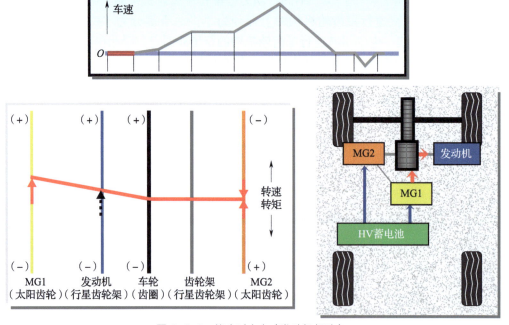

图 4-2-3 停止时充电（发动机起动）

（2）停止时充电（发电）

发动机起动后，发动机动力用于运转 MG1，从而产生电能并对 HV 蓄电池进行充电，如图 4-2-4 所示。

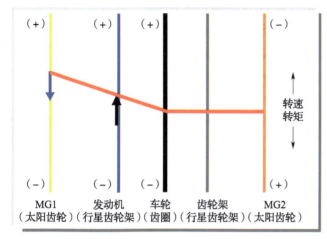
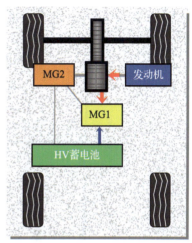

图 4-2-4 停止时充电(发电)

(3)车辆起步(仅使用动力电池提供电力)

车辆起步时,由 MG2 驱动车轮转动。由于发动机停止,随着齿圈的转动,MG1 怠速并沿负(-)向转动(MG1 的转矩为 0),如图 4-2-5 所示。

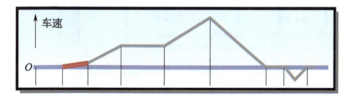
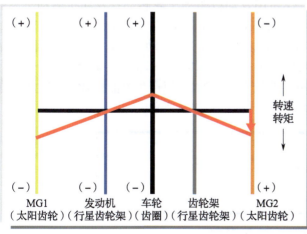
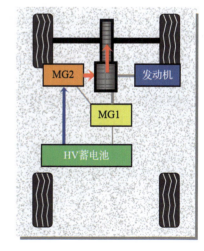

图 4-2-5 车辆起步

（4）车辆起步（起步同时起动发动机）

仅通过 MG2 行驶时，如果由于车速提高而使所需的驱动转矩增加，则激活 MG1 以起动发动机。MG1 沿正（+）向转动，曲轴转动并起动发动机，图 4-2-6 中发动机虽然有转速但是发动机还未起动，处于需要耗能的状态。

维修提示：发动机是否正常工作且对外输出做功不能通过发动机是否有转动声音来判断，因为有时候发动机虽然在运转，但只是 MG1 试图起动发动机，发动机是否正常运行需要通过仪表上的"多功能信息图"确认 MG1 是否处于发电状态。

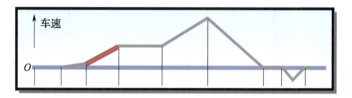

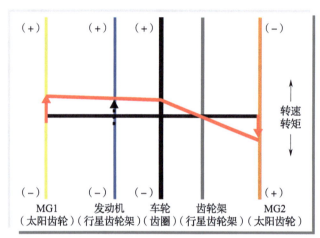
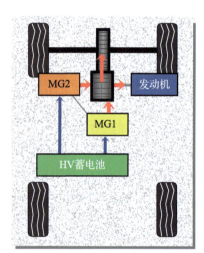

图 4-2-6　车辆起步（起步同时起动发动机）

（5）正常行驶

正常行驶期间且低负载行驶时，仅使用发动机驱动车轮转动；发动机驱动车轮和 MG1 转动，同时将产生的电能提供给 MG2。虽然是由发动机产生动力，但由于 MG1 比车轮更容易转动，发动机的转速仅与 MG1 同步提高而不会将动力传输至车轮。因此，通过对 MG1 施加反向力矩（发电）将来自发动机的动力传输至车轮。传输至动力分配行星齿轮机构的发动机动力分别用于直接驱动车轮和运转 MG1 以产生电能；MG1 产生的电能通过逆变器用以运转 MG2 和补充发动机动力，如图 4-2-7 所示。

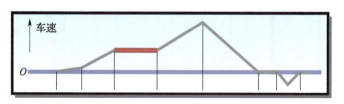

图 4-2-7　正常行驶

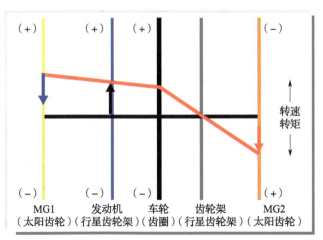
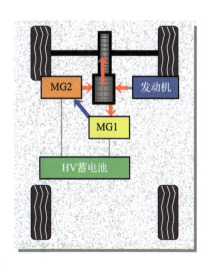

图 4-2-7 正常行驶（续）

（6）车辆加速或上坡

车辆加速或上坡时，系统增大发动机输出以提高发动机动力；利用来自 HV 蓄电池的电能和 MG1 产生的电能来共同提高 MG2 的动力，如图 4-2-8 所示。

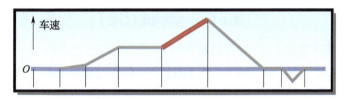

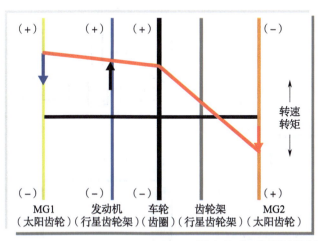
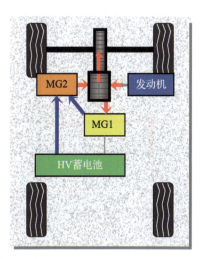

图 4-2-8 车辆加速或上坡

（7）车辆减速（D 位）

车辆减速（档位选择"D"时），MG2 通过驱动轮转动并作为发电机对 HV 蓄电池再充电，此时 MG2 充当发电机，通过电子控制制动系统和协同控制确定能量回收量，如图 4-2-9 所示。

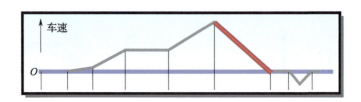

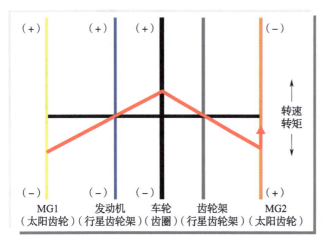
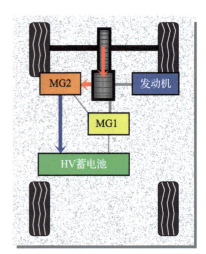

图 4-2-9　车辆减速（D 位）

（8）车辆减速（B 位，发动机制动）

车辆减速（档位选择"B"时），将 MG2 产生的部分电能提供给 MG1；通过 MG1 使发动机怠速运转（燃油切断），并利用转动阻力向车轮施加发动机制动，该档位适合下长坡时使用，如图 4-2-10 所示。

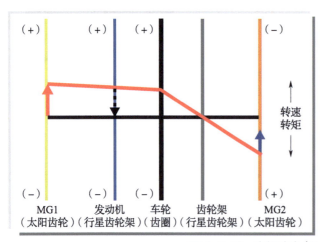
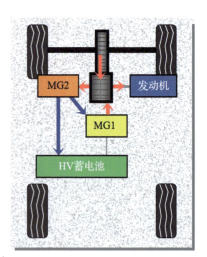

图 4-2-10　车辆减速（B 位）

（9）车辆倒车

车辆倒车时仅 MG2 用作倒车驱动电源，通过反向旋转向 MG2 供电。系统将 HV 蓄电池的电能提供给 MG2，使其按与车辆向前行驶时相反的方向转动，从而进行倒车。此时，发动机仍然停止，且 MG1 旋转但不发电；动力电池电量偏低时，发动机起动，将 MG1

产生的电能提供给 MG2，从而使车辆倒车，如图 4-2-11 所示。

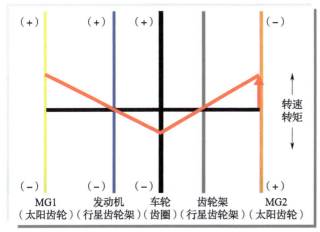

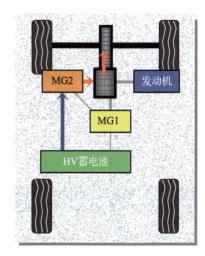

图 4-2-11　车辆倒车

任务 2.2　分析解析器和电机温度传感器

工作表

查询电路图，学习解析器和电机温度传感器原理。
1. 查询资料，找到解析器和电机温度传感器在车上和电路图上的位置。
_____
_____
_____

2. 该使用什么仪器对解析器和电机温度传感器进行检测？
_____
_____
_____

3. 根据该车型的电路图，完成下表。

　　学习小贴士：在技能大赛和实际维修中，电路图的使用是一项非常重要的基本技能，熟练掌握电路图的使用将会有助于我们分析故障、快速锁定故障以及高效地排除故障。

混合动力驱动桥电路图的识图

1. 信息记录

车辆品牌		车辆型号	
手册类型		资料版本	

2. 电路图识图

1）绘制出解析器的电源电路：

2）绘制出电机温度传感器电路：

自评：□熟练　□不熟练　　　互评：□熟练　□不熟练　　　师评：□合格　□不合格

参考信息

1. 解析器

（1）作用与安装位置

解析器用来检测转子位置、转速以及 MG1 和 MG2 的方向。

为使三相交流电动机工作，必须根据当前转子位置持续提供三相交流电。解析器（转速传感器）用于正确检测当前转子位置。解析器（转速传感器）安装在 MG1 和 MG2 内，如图 4-2-12 所示。

（2）电路图

解析器包含三种线圈：励磁线圈、检测线圈 S 和检测线圈 C。各线圈连接至 MG ECU，如图 4-2-13 所示。

图 4-2-12　解析器安装位置

图 4-2-13　解析器电路图

（3）工作原理

1）结构。解析器由励磁线圈、检测线圈 S、检测线圈 C 和一个椭圆形的转子（与 MG 转子作为一个单元一起旋转）组成，如图 4-2-14 所示。检测线圈 S 的 +S 和 –S 相互偏离 90°。检测线圈 C 的 +C 和 –C 也以同样的方式相互偏离。线圈 S 和 C 相互分离 45°。

2）转子绝对位置的检测。励磁线圈采用恒频交流电，因此由恒频磁场输出至线圈 S 和 C，与转子转速无关。励磁线圈的磁场由转子输送至线圈 S 和 C；转子为椭圆形，因此定子和转子之间的间隙随转子的旋转而变化；由于间隙的变化，检测线圈 S 和 C 输出波形的峰值随转子位置的变化而变化；MG ECU 利用线圈 S 和 C 的峰值差异计算转子的绝对位置，如图 4-2-15 所示。

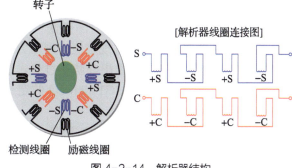

图 4-2-14　解析器结构

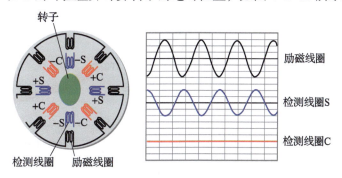

图 4-2-15　转子绝对位置的检测

3）转子旋转方向和转速的检测。MG ECU 持续监视峰值，并连接峰值以形成虚拟波形；MG ECU 根据线圈 S 虚拟波形和线圈 C 虚拟波形的相位差异判定转子方向；此外，MG ECU 根据在指定时间内转子位置的变化量计算旋转速度，如图 4-2-16 所示。

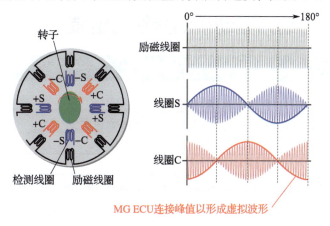

图 4-2-16　转子旋转方向和转速的检测

2. 电机温度传感器

电机温度传感器用于检测 MG1 和 MG2 的温度。如果 MG 由于冷却系统故障、在低速的情况下爬坡（坡度或斜度持续上升）等而过热，则绝缘可能发生故障或转子的内部磁铁可能消磁。因此，如果 MG 的温度升高超过规定值，则动力管理控制 ECU（HV CPU）限制 MG 的输出并防止过热。温度传感器（MG1 和 MG2）安装在 MG1 和 MG2 的定子上，如图 4-2-17 所示。

图 4-2-17 电机温度传感器安装位置

电机温度传感器特性如图 4-2-18 所示。内置于温度传感器（MG1 和 MG2）内的热敏电阻的阻值随 MG 温度的变化而变化。MG 温度越低，热敏电阻的阻值越大；MG 温度越高，热敏电阻的阻值越小。

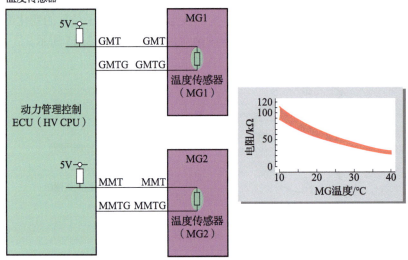

图 4-2-18 电机温度传感器特性

任务 2.3　混合动力驱动桥的分解与组装

工作表

通过学习，掌握混合动力驱动桥的分解与组装。

1. 查看维修手册，说明分解混合动力车辆驱动桥需要哪些工具。

_____

_____

2. 查看维修手册，制订分解和组装混合动力车辆驱动桥的工作计划。

_____

_____

3. 分解和组装混合动力车辆驱动桥过程中需要注意哪些问题？

_____

_____

4. 根据参考信息指引，完成下表。

混合动力驱动桥的分解与组装

1. 信息记录

车辆品牌		车辆型号	
VIN 码		制造日期	

2. 职业素养和规范评分

序号	作业内容	评分要点	自评	互评	师评
1	人身安全	□能正确设置隔离栏 □能正确设置安全警示牌 □能正确检查灭火器压力值（水基、干粉） □能正确检查绝缘手套密封性 □能正确检查绝缘手套的耐压等级 □能正确测量高压部分线路 □能正确检查劳保手套外观损伤 □能正确检查护目镜外观损伤 □测量高压部分线路时佩戴护目镜 □能正确检查安全帽外观损伤 □作业中戴安全帽 □穿绝缘鞋（进入工位前提前穿好）	□熟练 □不熟练	□熟练 □不熟练	□合格 □不合格
2	设备安全	□工具零件不得放置在没有防护的台架上 □仪器、工具、零件不得跌落	□熟练 □不熟练	□熟练 □不熟练	□合格 □不合格
3	仪器使用	□能正确进行数字绝缘测试仪开路检测并确认电阻值为无穷大 □能正确进行数字绝缘测试仪短路检测并确认电阻值小于1Ω □能正确确认数字绝缘测试仪上的"TEST"功能正常 □能正确选择四点检测绝缘垫绝缘性 □使用绝缘测试仪的时候佩戴绝缘手套与护目镜 □能正确检查数字式万用表的电阻量程（校零） □能正确检查、清洁内阻测试仪表笔并进行内阻测试仪校零 □能正确按工单要求设置内阻测试仪检测参数	□熟练 □不熟练	□熟练 □不熟练	□合格 □不合格
4	团队协作	□配合作业时未发生身体碰撞、语言争执	□熟练 □不熟练	□熟练 □不熟练	□合格 □不合格

（续）

序号	作业内容	评分要点	自评	互评	师评
5	作业要求	□能正确同步记录作业过程 □严禁以下操作：车载充电机摆放时出现剧烈碰撞；粗暴操作导致线路损坏；粗暴操作导致安装螺纹滑丝 □能正确使用各种工具 □能正确进行内阻测试仪开机预热	□熟练 □不熟练	□熟练 □不熟练	□合格 □不合格
6	现场恢复	□能正确复位仪器、防护用品、工具等 □能正确执行高压断电 □能遵守先断开电源开关、取下维修开关、等待10min的流程执行高压断电 □能正确组装高压线束 □能正确进行5S清洁	□熟练 □不熟练	□熟练 □不熟练	□合格 □不合格

3. 作业过程记录

1）混合动力驱动桥分解的步骤：

2）混合动力驱动桥组装的步骤：

3）组装复位后，使用诊断仪读取相关数据流并记录：

有无故障码	□有　　□无	
故障码（如有）：	含义：	
主要数据流记录		
数据1：	含义：	
数据2：	含义：	
数据3：	含义：	
数据4：	含义：	
……	……	

自评：□熟练　□不熟练　　互评：□熟练　□不熟练　　师评：□合格　□不合格

参考信息

1. 分解与安装步骤

混合动力驱动桥的分解与安装操作步骤如下：

1）拆卸换档控制执行器总成。

①拆下 3 个换档控制执行器总成螺栓。

②取下换档控制执行器总成，如图 4-2-19 所示。

注意事项：换档控制执行器总成属于高精密零件，拆卸期间不要用塑料锤或类似工具敲击。

2）拆卸带头直螺纹塞。

①用 6mm 六角套筒扳手旋松螺纹塞。

②拆下 2 个带头直螺纹塞。

3）拆卸混合动力驱动桥油泵盖分总成。

①拆下 4 个螺栓和混合动力驱动桥油泵盖分总成，如图 4-2-20 所示。

②拆下油泵主动转子和从动转子，如图 4-2-21 所示。

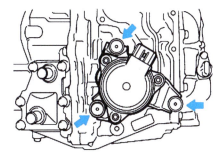

图 4-2-19　换档控制执行器总成

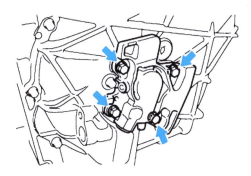

图 4-2-20　油泵盖分总成

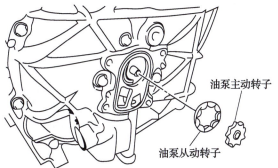

图 4-2-21　油泵转子

注意事项：不要掉落混合动力驱动桥油泵主动转子和从动转子。

4）固定混合动力驱动桥总成。在混合动力驱动桥总成下放置木块，如图 4-2-22 所示。

注意事项：不要将木块置于油泵盖分总成安装部位和解析器插接器下。

5）拆卸混合动力驱动桥电机总成。

①在混合动力驱动桥壳体上用 2 个螺栓固定吊架，如图 4-2-23 所示。

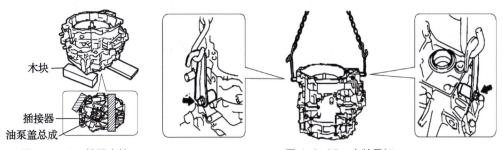

图 4-2-22　放置木块　　　　图 4-2-23　安装吊架

注意事项：安装吊架时，使用合适厚度的垫圈使其不与电机总成安装表面相互干扰。

②从混合动力驱动桥上拆下固定螺栓，如图 4-2-24 所示。

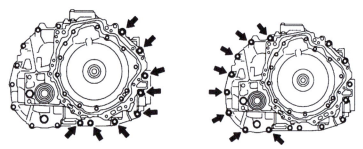

图 4-2-24　各拆下 8 个螺栓

③用橡胶锤在图 4-2-25 所示部位敲击，将电机总成分离。

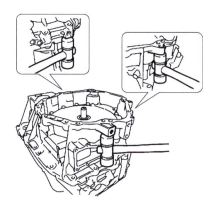

图 4-2-25　敲击肋部

注意事项：垂直向上提升电机；电机发生倾斜时，使其回到原来的位置。

6）拆卸前桥右半轴油封。使用专用工具和铁锤拆下驱动桥右半轴油封，如图 4-2-26 所示。

7）拆卸滚锥轴承（右侧外座圈）。使用铜棒和锤子拆下滚锥轴承差速器壳右侧垫片，如图 4-2-27 所示。

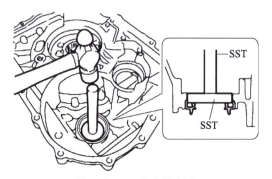

图 4-2-26　右半轴油封

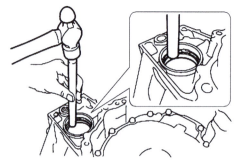

图 4-2-27　右侧外座圈和垫片

注意事项：小心操作，避免损坏电机总成。

8）拆卸输入轴 T 型油封。使用 SST 拆下输入轴 T 型油封，如图 4-2-28 所示。

9）拆卸中间轴从动齿轮垫片。将从动齿轮垫片从中间轴从动齿轮上拆下，如图 4-2-29 所示。

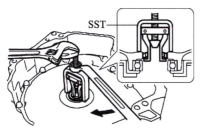
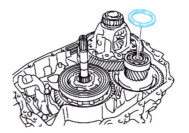

图 4-2-28　T 型油封　　　　图 4-2-29　从动齿轮垫片

10）拆卸驻车锁爪。拆下驻车锁爪，如图 4-2-30 所示。

11）拆卸驻车锁爪挡片。将 2 个固定螺栓和驻车锁爪挡片从混合动力驱动桥总成上拆下，如图 4-2-31 所示。

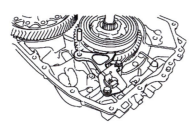
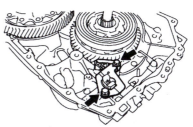

图 4-2-30　驻车锁爪　　　　图 4-2-31　螺栓和驻车锁爪挡片

12）拆卸扭力弹簧。拆下驻车锁爪轴和扭力弹簧，如图 4-2-32 所示。

13）拆卸驻车锁套。从混合动力驱动桥总成上拆下驻车锁套，如图 4-2-33 所示。

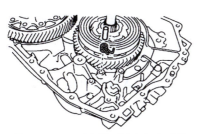
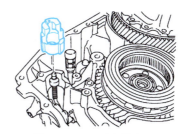

图 4-2-32　驻车锁爪轴和扭力弹簧　　　　图 4-2-33　驻车锁套

14）拆卸手动锁止弹簧分总成。

①拆下螺栓和手动锁止弹簧分总成，如图 4-2-34 所示。

②使用 5mm 尖冲头和锤子敲出开横弹簧销，如图 4-2-35 所示。

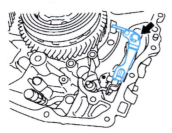

图 4-2-34　手动锁止弹簧　　　　图 4-2-35　开横弹簧销

③将1号驻车锁止轴从混合动力驱动桥总成上拆下，如图4-2-36所示。

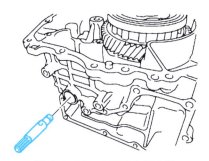

图4-2-36　1号驻车锁止轴

15）拆卸驻车锁杆分总成。将1号驻车锁止杠杆分总成和驻车锁杆分总成拆下，如图4-2-37所示。

16）拆卸混合动力驱动桥1号磁铁。从混合动力驱动桥总成上拆下1号磁铁，如图4-2-38所示。

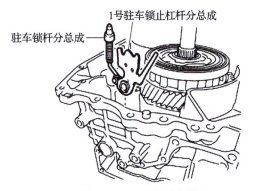

图4-2-37　拆卸驻车锁杆

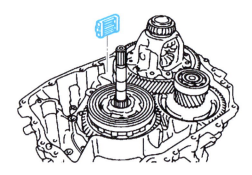

图4-2-38　1号磁铁

17）拆卸输入轴总成。将输入轴总成从中间轴主动齿轮总成上拆下，如图4-2-39所示。

18）拆卸行星齿轮。将行星齿轮和行星齿轮卡环从输入轴总成上拆下，如图4-2-40所示。

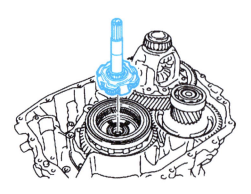

图4-2-39　输入轴总成

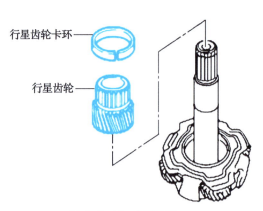

图4-2-40　行星齿轮

19）拆卸差速器壳分总成。将差速器壳分总成从混合动力驱动桥总成上拆下，如图 4-2-41 所示。

20）拆卸中间轴从动齿轮分总成。拆下中间轴从动齿轮分总成，如图 4-2-42 所示。

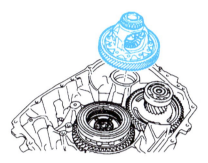 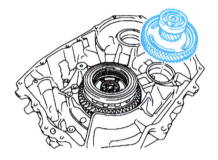

图 4-2-41　差速器壳分总成　　　　图 4-2-42　从动齿轮分总成

21）拆卸中间轴主动齿轮分总成。将中间轴主动齿轮分总成从后行星齿轮总成上拆下，如图 4-2-43 所示。

22）拆卸后行星齿轮总成。将后行星齿轮总成从后太阳齿轮上拆下，如图 4-2-44 所示。

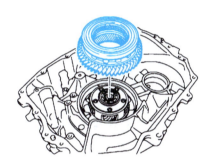 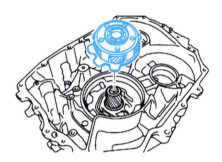

图 4-2-43　中间轴主动齿轮分总成　　　　图 4-2-44　后行星齿轮总成

23）拆卸后太阳齿轮。将后太阳齿轮从混合动力驱动桥总成上拆下，如图 4-2-45 所示。

24）拆卸圆柱销。从混合动力驱动桥总成上拆下 2 个圆柱销，如图 4-2-46 所示。

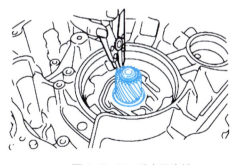 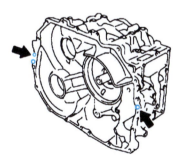

图 4-2-45　后太阳齿轮　　　　图 4-2-46　2 个圆柱销

25）按照与拆卸相反的顺序进行装配，在装配过程中要注意检测项目和紧固力矩要求。

2. 使用诊断仪进行检测

使用诊断仪读取电机逆变器温度数据流，具体操作步骤如下：

1）将故障诊断仪诊断线与 DLC3 诊断接口连接。
2）点火开关置于 ON 位，系统上电。
3）单击诊断仪屏幕上的诊断程序。
4）与车辆连接。
5）选择相应的"车型"和"年份"。
6）单击下一步。根据需要选择自动扫描或单个控制单元。
7）选择"混合动力控制"。
8）选择"数据列表"，读取数据流。
9）选择相应的数据，选择逆变器工作温度。
10）关闭诊断程序，退出系统。

知识拓展

2019 年 7 月 2 日，世界新能源汽车大会在海南博鳌召开。国家主席习近平致贺信，对大会的召开表示热烈祝贺。

习近平指出，当前随着新一轮科技革命和产业变革孕育兴起，新能源汽车产业正进入加速发展的新阶段，不仅为各国经济增长注入强劲新动能，也有助于减少温室气体排放，应对气候变化挑战，改善全球生态环境。

习近平强调，中国坚持走绿色、低碳、可持续发展道路，愿同国际社会一道，加速推进新能源汽车科技创新和相关产业发展，为建设清洁美丽世界、推动构建人类命运共同体作出更大贡献。希望各位嘉宾深入交流、凝聚共识，深化新能源汽车产业交流合作，让创新科技发展成果更好造福世界各国人民。

——来源：新华网

任务拓展

使用诊断仪读取驱动桥电机的相关数据，然后自己使用列线图分析不同档位驱动桥的动力传递。

任务3　混合动力驱动桥控制系统认知

一、任务信息

任务3　混合动力驱动桥控制系统认知				
任务难度	初级				
学时	2学时	班级	
成绩		日期	
姓名		教师签名	
案例导入	一辆丰田的混合动力汽车，按下点火开关后发现车辆无法进入READY，经检查是逆变器的问题。请你按照正确操作规范对逆变器进行更换，并重新加注新的冷却液。			
学习目标	知识	1. 掌握逆变器总成的工作原理 2. 掌握DC/DC变换器的工作原理 3. 了解逆变器冷却系统的原理 4. 掌握逆变器的更换流程			
	技能	1. 能独立完成逆变器冷却液的更换 2. 能制定逆变器的更换方案 3. 能完成对升压变换器数据流的读取			
	素养	1. 能够展示操作成果 2. 能够与团队成员协作完成任务 3. 能够树立安全及5S的工作理念			

二、任务流程

（一）任务准备

如果需要对混合动力汽车的逆变器进行更换，我们需要做哪些准备工作？需要准备哪些资料？具体的拆装步骤有哪些？操作前请观看高压维修操作视频（见前言末尾）。

（二）任务实施

根据能力素质培养要求，在实车上通过实训和技能训练完成以下工作任务。

电机控制系统组成原理、驱动桥冷却系统、逆变器与整流器、变换器及MG ECU、驱动电机控制系统的拆装（共5个视频）

驱动电机与控制器冷却系统、驱动电机与控制器冷却系统类型、驱动电机与控制器冷却系统的结构组成（共3个视频）

任务 3.1 逆变器总成的认识

工作表

查询资料，了解逆变器总成的工作原理。

1. 查询资料，了解带变换器的逆变器总成的作用以及安装位置。
___
___

2. 逆变器总成是如何将直流电变成交流电的？逆变器总成中将交流电变成直流电靠的是什么元器件？
___
___
___

3. IGBT 电气图形符号是怎样的？
___
___
___

4. 升压变换器是如何实现升压和降压的？
___
___
___

5. 系统为什么要升压？升压后对车辆有怎样的要求？
___
___
___

6. 混合动力汽车有传统汽车的 12V 发电机吗？DC/DC 变换器的工作原理是什么？
___
___
___

参考信息

1. 带变换器的逆变器总成概述

丰田混合动力汽车使用的带变换器的逆变器总成结构紧凑，集合了 MG ECU、逆变器、升压变换器与 DC/DC 变换器，如图 4-3-1 所示。逆变器和增压变换器主要由智能动力模块（IPM）、电抗器和电容器组成。IPM 是集成动力模块，包括信号处理器、保护功能处理器和绝缘栅双极性晶体管（IGBT）。

任务 3　混合动力驱动桥控制系统认知

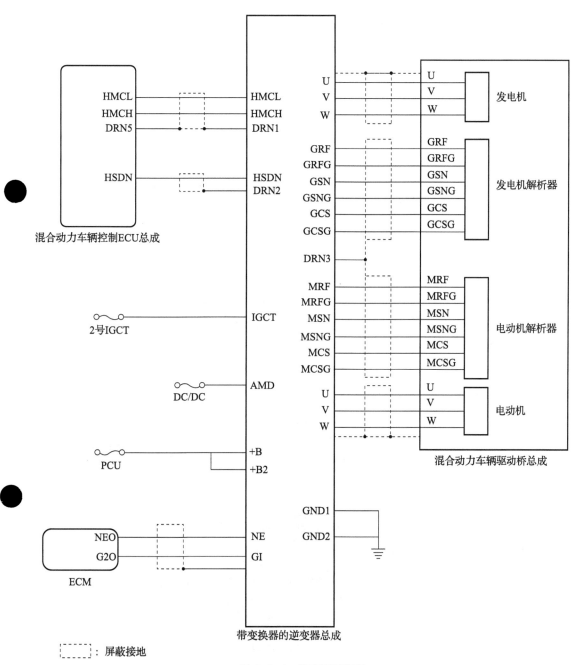

图 4-3-1　逆变器系统图

(1) 系统组成

带变换器的逆变器总成主要由以下 4 个零部件组成：

1) MG ECU：控制逆变器和增压变换器。

2) 逆变器：产生用于驱动 MG 的三相交流电。

3) 升压变换器：将 HV 蓄电池（DC 201.6V）的电压最高升至 DC 650V。

4) DC/DC 变换器：将 HV 蓄电池（DC 201.6V）的电压降至 DC 14V（用于电气零部件）。

(2) 安装位置

带变换器的逆变器总成安装在发动机舱的左前侧，如图 4-3-2 所示。

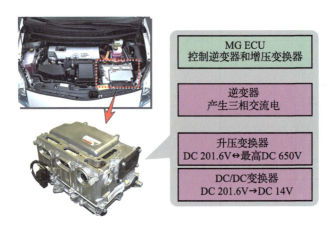

图 4-3-2　带变换器的逆变器总成安装位置

(3) 冷却形式

带变换器的逆变器总成采用了独立于发动机冷却系统的水冷系统以保证其散热。带变换器的逆变器总成配备了互锁开关作为高压安全防护措施，当拆下逆变器端子盖或插接器盖总成或断开动力电池电源电缆插接器时，混合动力车辆 ECU 断开系统主继电器。逆变器总成的冷却形式如图 4-3-3 所示。

图 4-3-3　逆变器总成冷却形式

2. 逆变器

逆变器采用 IPM 执行切换控制，其结构原理如图 4-3-4 所示。MG1 和 MG2 的 IPM 各有一个包含六个 IGBT 的桥接电路，每个臂使用一对。升压变换器包括执行切换控制的升压 IPM，起感应器作用的电抗器和积累、存储电量的电容器。

带变换器的逆变器总成内安装有 MG ECU，其根据从混合动力车辆 ECU 总成接收到的信号控制逆变器和增压变换器以驱动 MG1 和 MG2 或使其发电。MG ECU 将车辆控制所需的大气压力、逆变器温度和故障信息传输至混合动力车辆 ECU 总成，同时接收来自混合动力车辆 ECU 的电机温度及原动力等控制 MG1 和 MG2 所需的信息。

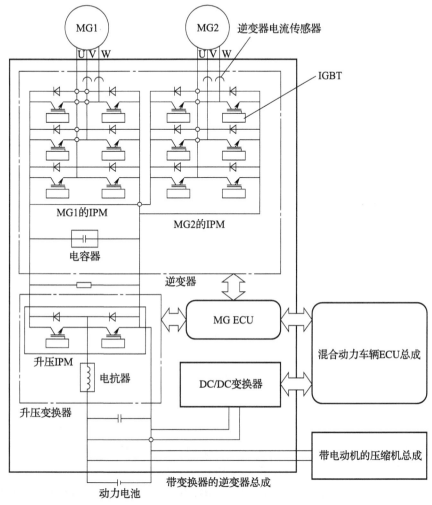

图 4-3-4 带变换器的逆变器总成内部结构原理

带变换器的逆变器总成零部件的连接如图 4-3-5 所示，通过升压变换器将 HV 蓄电池的电压发送至逆变器，将 HV 蓄电池的电压直接输入 DC/DC 变换器。

（1）工作原理

通常，逆变器是将直流电转换为交流电的装置，通过组合 4 个开关（S1 至 S4），可将电流从直流转换为交流，如图 4-3-6 所示。开关 S1 和 S4 均接通时，正电压施加至负载（U_o）。开关 S2 和 S3 均接通时，负电压施加至负载（U_o）。通过在 S1 和 S4 以及 S2 和 S3 之间交替接通，可将交流电压施加至负载（U_o）。通过相应改变开关的 ON/OFF 时间，可将频率切换至所需频率。

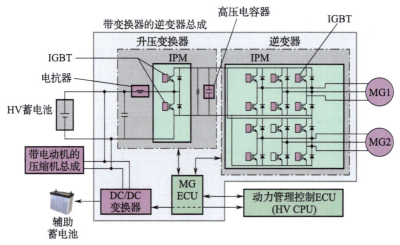

图 4-3-5　逆变器总成零部件连接

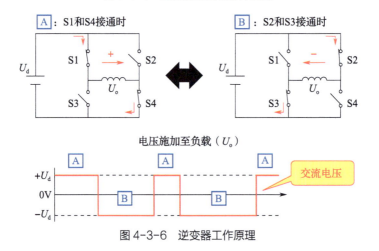

图 4-3-6　逆变器工作原理

系统需要产生正弦交流电压以驱动 MG。如何产生正弦交流电压呢？MG ECU 根据接收自混合动力车辆 ECU 总成的信号控制智能动力模块（IPM）内的绝缘栅双极性晶体管（IGBT）；每个电机的六个 IGBT 在 ON 和 OFF 间切换，在 U、V、W 三相中产生所需幅值和频率的三相交流电，控制电机工作；IGBT 能够以极高的频率进行开关控制，通过增大占空比控制输出的平均电压，如图 4-3-7 所示。

IGBT 还可通过改变桥臂导通切换的频率改变输出电压的频率，如图 4-3-8 所示。

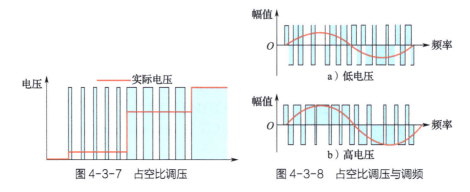

图 4-3-7　占空比调压　　　　图 4-3-8　占空比调压与调频

需要持续改变电压以产生正弦波。检测到所需输出电压（U_i）持续极短的一段时间（T_s）。控制"T_{on}"（T_{on}，开关 ON 时间）时间，"$U_i \times T_s$"的面积和"$U_d \times T_{on}$"（电源电压 × 开关 ON 时间）的面积相同，且有效电压变为 U_i。通过此方式控制开关的 ON-OFF 时间，使产生的电压持续改变，从而产生正弦交流电压。控制脉冲宽度以改变输出电压的方法被称为 PWM（脉宽调制），如图 4-3-9 所示。

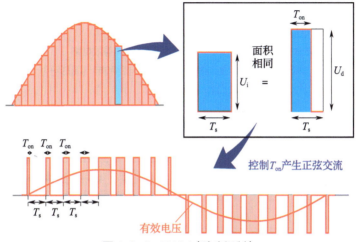

图 4-3-9　PWM（脉宽调制）

（2）内部结构

用于 MG1 和 MG2 的逆变器将直流转换为三相交流电，使用二、三相桥接电路（各包含 6 个 IGBT）将三相交流电转换为直流；其中 IGBT 用于逆变（直流转交流），二极管用于整流（交流变直流），如图 4-3-10 所示。

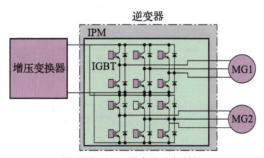

图 4-3-10　逆变器内部结构

1）IPM（智能电源模块）将 IGBT、操作 IGBT 的电路，以及电压、电流和温度的保护和自诊断功能结合在一个电源模块中，从而提高了可靠性并使电源电路更为紧凑。

2）IGBT（绝缘栅双极型晶体管）是一种快速切换大电流的半导体，也是控制混合动力车辆（需要较大输出功率）电动机的最佳半导体，如图 4-3-11 所示。

（3）逆变器驱动原理

逆变器产生正弦三相交流电（驱动电动机时），根据转子的位置（通过解析器确认位置）接通 IGBT。逆变器根据转子的位置产生三相交流电以产生相应的磁场来转动转子，如图 4-3-12 所示步骤 A-B-C-D-E。

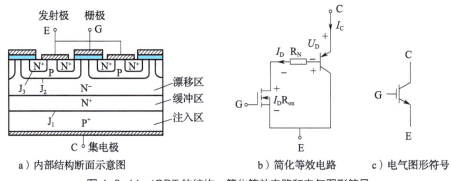

图 4-3-11 IGBT 的结构、简化等效电路和电气图形符号

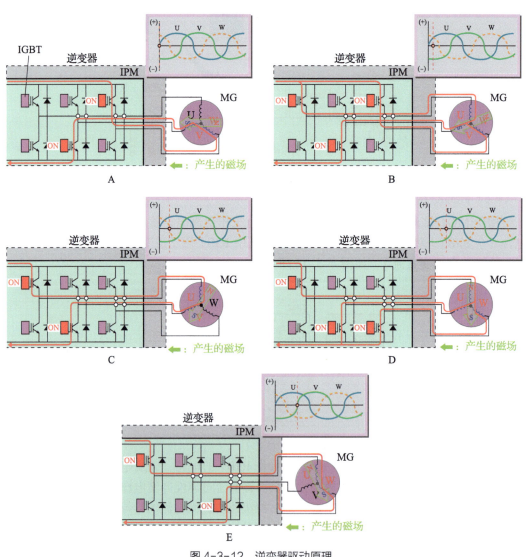

图 4-3-12 逆变器驱动原理

1)当进入 W 相的 IGBT 和流出 V 相的 IGBT 以高频的方式开闭,电流从电机的 W 相流入,从 V 相流出,此时 U 相电压为零,W 相为正向,电压较高,V 相为负向,电压较低,如图 4-3-13 所示。

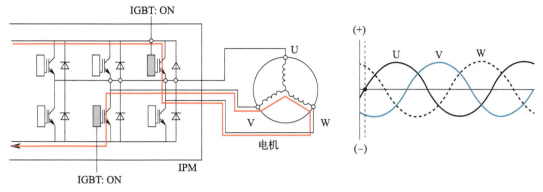

图4-3-13 U相电压为零时的逆变过程

2）当进入U相的IGBT和流出W相的IGBT以高频的方式开闭，电流从电机的U相流入，从W相流出，此时V相电压为零，U相为正向，电压较高，W相为负向，电压较低，如图4-3-14所示。

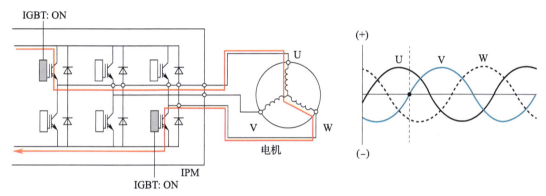

图4-3-14 V相电压为零时的逆变过程

3）当进入V相的IGBT和流出U相的IGBT以高频的方式开闭，电流从电机的V相流入，从U相流出，此时W相电压为零，V相为正向，电压较高，U相为负向，电压较低，如图4-3-15所示。

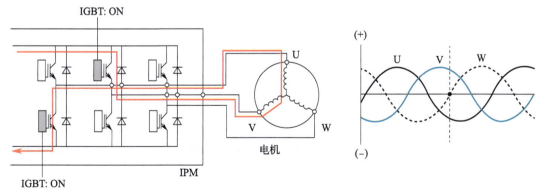

图4-3-15 W相电压为零时的逆变过程

（4）逆变器驱动发电原理

当电机作为发电机时，车轮驱动电机的三相依次产生电流，用于对动力电池充电或驱动另一个电机。

通过发动机或车轮使转子（永久磁铁）旋转时，通过电磁感应在定子绕组（U、V和W相）内产生三相交流电；将产生的交流电压（流经IPM二极管）进行整流（转换为直流），然后对HV蓄电池充电，如图4-3-16所示步骤A-B-C-D-E。

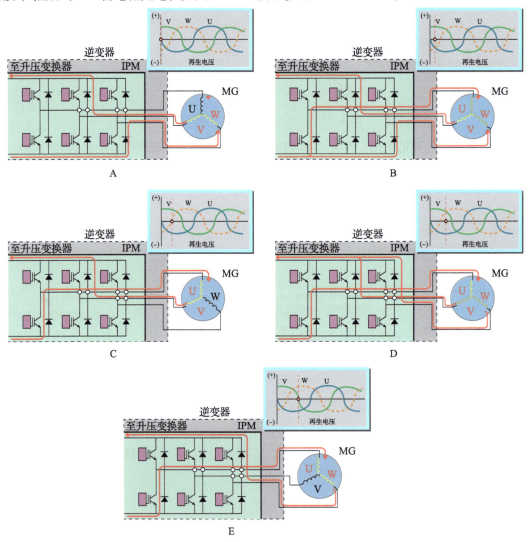

图4-3-16 逆变器驱动发电原理

1）当W相为正向，电压较高，V相为负向，电压较低，U相为零，电流通过续流二极管从W相流出，流入V相，经过续流二极管流入升压变换器，降压后的电流流入动力电池，如图4-3-17所示。

2）当U相为正向，电压较高，W相为负向，电压较低，V相为零，电流通过续流二极管从U相流出，流入W相，经过续流二极管流入升压变换器，降压后的电流流入动力电池，如图4-3-18所示。

3）当V相为正向，电压较高，U相为负向，电压较低，W相为零，电流通过续流二极管从V相流出，流入U相，经过续流二极管流入升压变换器，降压后的电流流入动力电池，如图4-3-19所示。

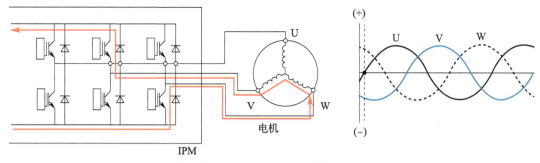

图 4-3-17 U 相电压为零时的发电过程

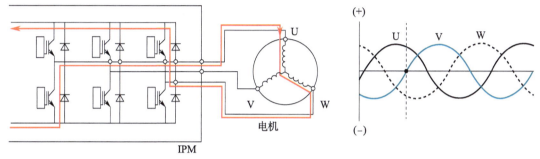

图 4-3-18 V 相电压为零时的发电过程

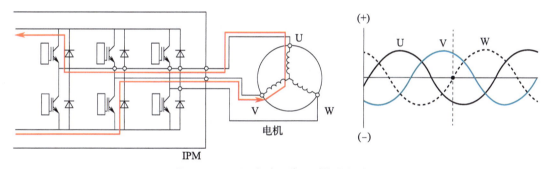

图 4-3-19 W 相电压为零时的发电过程

逆变器将来自动力电池的高压直流电转换为一定幅值和频率的交流电供给 MG1 和 MG2。由于 MG1 产生的交流电频率不一定适合 MG2 当前的需求，MG1 产生的电流可以在逆变器内转换为直流后，再被逆变器转换为交流供 MG2 使用。MG ECU 根据接收自混合动力车辆 ECU 的信号控制 IPM 切换 MG1 和 MG2 的三相交流电。混合动力车辆 ECU 接收到来自 MG ECU 的过热、过电流或过电压故障信号时，可切断通向 MG ECU 的信号，断开 IPM。逆变器内电流的转换如图 4-3-20 所示。

（5）零转矩控制

对于 E-four 车型（四轮电驱动），需要进行进行零转矩控制时（未操作电动机且未进行再生制动的情况下），根据行驶状态，电动机转矩可能减至零。

例如，由于车辆使用前轮驱动，在水平路面上平稳行驶时，E-four 系统的 MGR（后轮电机）既不驱动车轮也不发电，然而，MGR 仍旋转。由于 MGR 旋转而产生电压，从而使电流开始流动。为使 MGR 产生的电压偏置，IGBT 切换至 ON 以产生电压，从而防止电流流动，如图 4-3-21 所示。

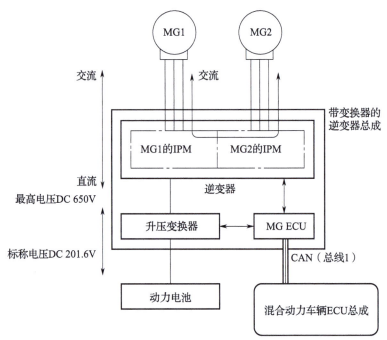

图 4-3-20　逆变器内电流的转换

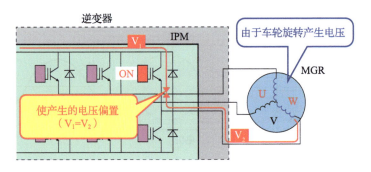

图 4-3-21　零转矩控制

3. 升压变换器

在功率相同的情况下，电压升高可以降低电流，同时电路上的能量损失也会降低很多。带变换器的逆变器总成根据 MG1 和 MG2 的工作情况，升压变换器将 DC 201.6V 的 HV 蓄电池额定电压最高升至 DC 650V；变换器也可将 MG1 和 MG2 产生的电压从 DC 650V（最高电压）降至 DC 201.6V 以对 HV 蓄电池充电，如图 4-3-22 所示。

图 4-3-22　升压变换器

升压变换器内包含内置 IGBT 的升压 IPM、存储电能并产生电动势的电抗器和将升压的高压电进行充电和放电的电容器。根据混合动力车辆 ECU 通过 MG ECU 提供的信号，升压变换器可将动力电池的标称电压 DC 201.6V 升至最高电压 DC 650V。逆变器将 MG1 或 MG2 产生的交流电转换为直流，升压变换器可将产生的电压从 DC 650V 逐步降至约 201.6V。升压 IPM 采用 IGBT2 升压，采用 IGBT1 降压。

（1）系统组成

升压变换器由带内置式 IGBT 的升压 IPM、电抗器和高压电容器组成，使用两个 IGBT，一个用于升压，一个用于降压，如图 4-3-23 所示。电抗器是抑制电流变化的零部件，将试图稳定电流，利用这些特征可升压和降压。高压电容器存储升高的电压，并为逆变器提供稳定的升高的电压。

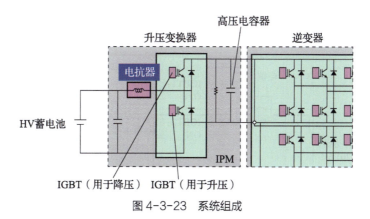

图 4-3-23　系统组成

（2）升压原理

IGBT2 接通，动力电池为电抗器充电，使电抗器存储电能，如图 4-3-24 所示。

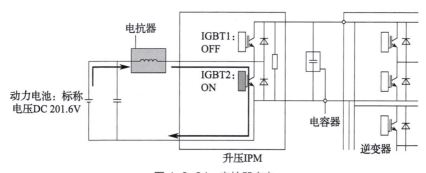

图 4-3-24　电抗器充电

IGBT2 断开，使电抗器产生电动势（电流持续从电抗器流出），该电动势使电压升至最高电压 DC 650V。在电抗器产生的电动势的作用下，电抗器中流出的电流以升压后的电压流入逆变器和电容器，如图 4-3-25 所示。

IGBT2 再次接通，使动力电池为电抗器充电，此时通过释放电容器中存储的电能（最高电压 DC 650V）继续向逆变器提供电能，如图 4-3-26 所示。

（3）升压过程

接通 IGBT（用于升压）且电流流向电抗器。电抗器可抑制电流变化，因此能够存储电能。用于升压的 IGBT 切断时，电流停止流向电抗器。由于电抗器可稳定电流，释放存储在电抗器内的电能并产生高压（最高 650V），持续执行此操作（大约 10kHz）可将电压

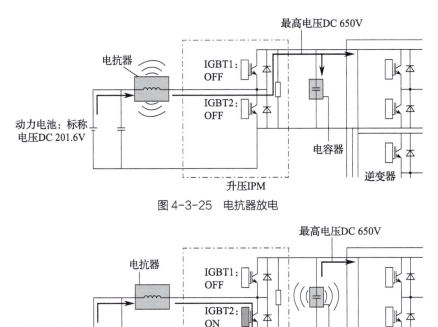

图 4-3-25 电抗器放电

图 4-3-26 电容器放电

存储在高压电容器内,从而可产生稳定电压。通过控制 IGBT(用于升压)的 ON/OFF 时间,可调节升高的电压,如图 4-3-27 所示。

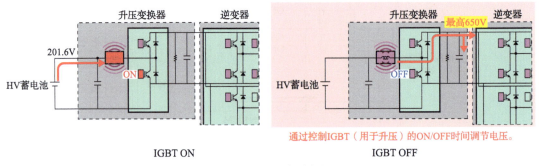

图 4-3-27 升压过程

(4)降压原理

MG1 和 MG2 产生的用于为动力电池充电的交流电被逆变器转换为直流电(最高电压为 DC 650V),需要使用升压变换器将电压逐步降至约 DC 201.6V。此时的工作原理与升压时类似,MG ECU 通过占空比控制 IGBT1 在 ON 和 OFF 之间切换,间歇性地中断逆变器对电抗器的供电,如图 4-3-28 所示。

(5)降压过程

接通 IGBT(用于降压)且电流流向电抗器;由于电抗器可抑制电流变化,从而可存储电能，如图 4-3-29 所示。

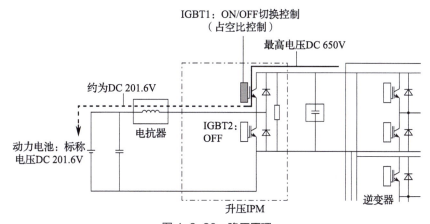

图 4-3-28　降压原理

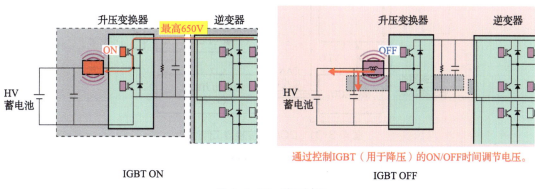

图 4-3-29　降压过程

4. DC/DC 变换器

混合动力汽车上没有传统汽车的 12V 发电机，辅助电池充电以及控制部分需要用 12V 电，都来源于 DC/DC 变换器。DC/DC 变换器用来降低电压，相当于传统汽车的 12V 发电机，如图 4-3-30 所示。

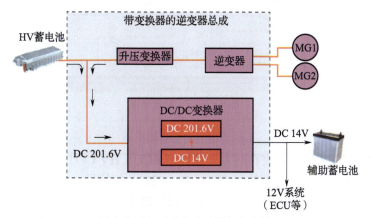

图 4-3-30　DC/DC 变换器的作用

车辆的电气零部件（如前照灯和音响系统）和各 ECU 使用 DC 12V 作为其电源。在常规车辆中，交流发电机（使用发动机发电）用于为 12 V 蓄电池充电并为电气零部件供电。然而，在混合动力车辆中，发动机会间歇停止，因此，混合动力车辆不使用交流发电机。DC/DC 变换器降低动力电池的电压并为 12V 系统供电。DC/DC 变换器将 HV 蓄电池的电压从 DC 201.6V 转换为 DC 14V。与常规车辆不同，发动机转速与输出电流和输出电压无关。

DC/DC 变换器将动力电池的标称电压 DC 201.6V 降至约 DC 14V，为整车低压电气设备供电，并为辅助蓄电池充电。混合动力车辆 ECU 根据辅助蓄电池温度传感器信号将输出电压请求信号传输至 DC/DC 变换器，以调节输出电压，如图 4-3-31 所示。

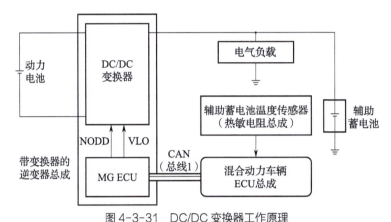

图 4-3-31　DC/DC 变换器工作原理

在晶体管桥接电路中将高压（201.6 V）暂时转换为交流并通过变压器降至低压；然后，将交流电转换为直流电，并稳定地输出至 DC 12V 系统，如图 4-3-32 所示。

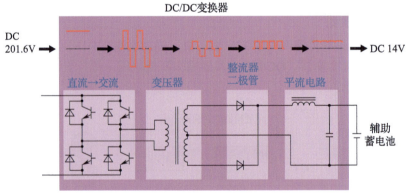

图 4-3-32　降压原理

5. MG ECU

MG（电机）ECU 根据接收自动力管理控制 ECU（HV CPU）的信号控制逆变器和升压变换器。根据接收自动力管理控制 ECU（HV CPU）的信号，MG ECU 控制逆变器和升压变换器以驱动 MG1 和 MG2，或使其发电。MG ECU 将车辆控制所需的信息，如逆变器输出电流值、逆变器电压、逆变器温度、MG1 和 MG2 转速（解析器输出）、大气压力，以及任何故障信息传输至动力管理控制 ECU（HV CPU）；MG ECU 从动力管理控制 ECU

（HV CPU）接收控制 MG1 和 MG2 所需的信息（如所需原动力、MG1 和 MG2 的温度以及目标升压），如图 4-3-33 所示。

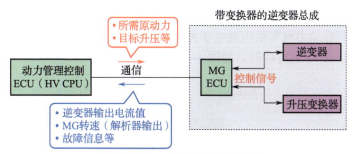

图 4-3-33　MG ECU 工作原理

任务 3.2　逆变器冷却系统的检修

工作表

通过学习，掌握逆变器冷却系统的检修。

1. 如何检查冷却液的量？

_____
_____
_____
_____

2. 逆变器为什么不和发动机共用一套冷却系统？

_____
_____
_____
_____

3. 查看维修手册，简单描述散热器盖检查的步骤。

_____
_____
_____
_____

4. 使用故障诊断仪读取冷却系统逆变器水泵的相关数据流。

_____
_____
_____
_____

参考信息

1. 逆变器冷却系统概述

丰田卡罗拉混合动力汽车采用独立于发动机冷却系统的单独冷却系统对带变换器的逆变器总成、MG1、MG2 进行冷却,如图 4-3-34 所示。

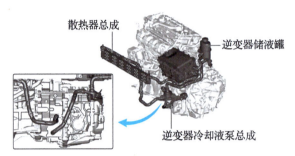

图 4-3-34　逆变器冷却系统

混合动力车辆 ECU 总成分别接收来自带变换器的逆变器总成的温度传感器、MG1 的温度传感器和 MG2 的温度传感器的信号,然后使用占空比控制以三个级别驱动逆变器冷却液泵总成,从而冷却带变换器的逆变器总成、MG1 和 MG2,如图 4-3-35 所示。

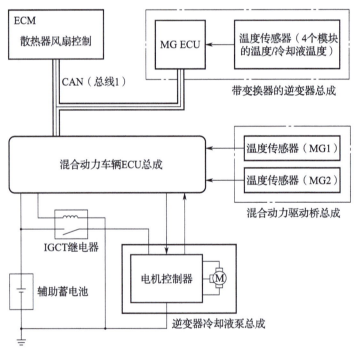

图 4-3-35　逆变器冷却系统控制

冷却液温度超过特定值后,混合动力车辆 ECU 总成将散热器风扇驱动请求信号传输至 ECM。作为对此信号的响应,ECM 驱动散热器风扇以抑制冷却液温度升高,从而确保对逆变器总成、MG1 和 MG2 的冷却。

卡罗拉混合动力汽车的逆变器冷却液泵为紧凑、高效的电动冷却液泵,采用轴承支撑轴的两端,抑制了噪声和振动。冷却液泵电机为大功率无刷电机,由混合动力车辆 ECU

的占空比信号进行三级控制,冷却液由上侧吸入,右侧泵出,如图 4-3-36 所示。

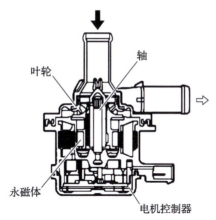

图 4-3-36 逆变器冷却液泵

2. 冷却系统检查

(1) 检查冷却液是否泄漏

1) 从逆变器储液罐总成上拆下储液罐盖。

注意:冷却液(逆变器)仍然很烫时不要拆下储液罐盖,高压高温的冷却液(逆变器)和蒸气可能会释放出来,导致严重烫伤。

2) 将散热器盖检测仪安装到逆变器储液罐总成上,如图 4-3-37 所示。

3) 将检测仪加压至 122kPa,然后检查并确认压力未下降。

提示:如果压力下降,则检查软管、散热器总成、逆变器冷却液泵总成、混合动力驱动桥总成和带变换器的逆变器总成是否泄漏。

4) 将储液罐盖重新安装到逆变器储液罐总成上。

(2) 检查储液罐内的冷却液液位

冷却液液位应位于 L 和 F 刻度线之间,如图 4-3-38 所示。

提示:如果冷却液液位过低,则检查冷却液是否泄漏;排除泄漏后加注同一品牌冷却液至 F 刻度线。

图 4-3-37 检测仪安装到逆变器储液罐总成

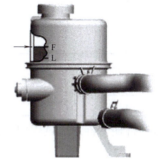

图 4-3-38 逆变器冷却液储液罐

(3) 检查冷却液质量

1) 从逆变器储液罐总成上拆下储液罐盖。

注意：为避免烫伤的危险，冷却液（逆变器）仍然很烫时不要拆下储液罐盖。

2）检查储液罐盖和其开口上及周围是否有积锈或水垢。

提示：如果冷却液过脏，则更换冷却液。

3）将储液罐盖重新安装到逆变器储液罐总成上。

(4) 检查储液罐盖

1）如果O形圈上有水渍或异物，则用水和手指刷进行清洁。

2）检查并确认O形圈没有变形、破裂或损坏。

3）检查并确认O形圈未膨胀。

(5) 检查储液罐盖的工作情况

1）使用散热器盖检测仪前，在O形圈和橡胶密封件上涂抹冷却液，如图4-3-39所示。

2）将储液罐盖安装到散热器盖检测仪上，如图4-3-40所示。

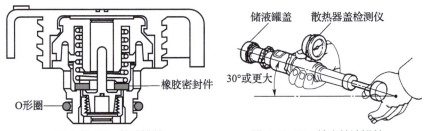

图4-3-39 储液罐盖　　　　图4-3-40 检查储液罐盖

3）泵吸散热器盖检测仪数次，并检查最大压力，标准值为94~122kPa，泵送速度为1次/s。如果最大压力小于最小标准值，则更换储液罐盖。

任务 3.3　逆变器总成的更换

工作表

通过学习，掌握拆卸逆变器总成。

1.查看维修手册，说明拆装逆变器总成需要哪些工具？

_____
_____
_____
_____

2.说明拆逆变器总成过程中需要注意哪些问题？

_____
_____
_____
_____

3. 根据参考信息指引，完成下表。

逆变器总成的拆装	

1. 信息记录

车辆品牌		车辆型号	
VIN 码		制造日期	

2. 职业素养和规范评分

序号	作业内容	评分要点	自评	互评	师评
1	人身安全	□能正确设置隔离栏 □能正确设置安全警示牌 □能正确检查灭火器压力值（水基、干粉） □能正确检查绝缘手套密封性 □能正确检查绝缘手套的耐压等级 □能正确测量高压部分线路 □能正确检查劳保手套外观损伤 □能正确检查护目镜外观损伤 □测量高压部分线路时佩戴护目镜 □能正确检查安全帽外观损伤 □作业中戴安全帽 □穿绝缘鞋（进入工位前提前穿好）	□熟练 □不熟练	□熟练 □不熟练	□合格 □不合格
2	设备安全	□工具零件不得放置在没有防护的台架上 □仪器、工具、零件不得跌落	□熟练 □不熟练	□熟练 □不熟练	□合格 □不合格
3	仪器使用	□能正确进行数字绝缘测试仪开路检测并确认电阻值为无穷大 □能正确进行数字绝缘测试仪短路检测并确认电阻值小于1Ω □能正确确认数字绝缘测试仪上的"TEST"功能正常 □能正确选择四点检测绝缘垫绝缘性 □使用绝缘测试仪的时候佩戴绝缘手套与护目镜 □能正确检查数字式万用表的电阻量程（校零） □能正确检查清洁内阻测试仪表笔并进行内阻测试仪校零 □能正确按工单要求设置内阻测试仪检测参数	□熟练 □不熟练	□熟练 □不熟练	□合格 □不合格
4	团队协作	□配合作业时未发生身体碰撞、语言争执	□熟练 □不熟练	□熟练 □不熟练	□合格 □不合格
5	作业要求	□能正确同步记录作业过程 □严禁以下操作，车载充电机摆放时出现剧烈碰撞；粗暴操作导致线路损坏；粗暴操作导致组装螺纹滑丝 □能正确使用各种工具 □能正确进行内阻测试仪开机预热	□熟练 □不熟练	□熟练 □不熟练	□合格 □不合格

（续）

序号	作业内容	评分要点	自评	互评	师评
6	现场恢复	□能正确复位仪器、防护用品、工具等 □能正确执行高压断电 □能遵守先断开电源开关、取下维修开关、等待 10min 的流程执行高压断电 □能正确组装高压线束 □能正确进行 5S 清洁	□熟练 □不熟练	□熟练 □不熟练	□合格 □不合格

3. 作业过程记录

1）逆变器总成拆卸的步骤：

2）逆变器总成安装的步骤：

3）组装复位后，使用诊断仪读取相关数据流并记录：

有无故障码		□有　　□无
故障码（如有）：		含义：
主要数据流记录		
数据 1：		含义：
数据 2：		含义：
数据 3：		含义：
数据 4：		含义：
……		……

自评：□熟练　□不熟练　　　互评：□熟练　□不熟练　　　师评：□合格　□不合格

参考信息

带变换器的逆变器总成的拆装步骤如下：

1）按照正确操作规范进行下电操作：

①佩戴绝缘手套，检查逆变器总成高压插头端子电压，标准电压为 0V，如图 4-3-41 所示。

②用绝缘胶带将线束插头包裹，如图 4-3-42 所示。

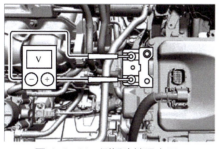
图 4-3-41 测插头端子电压

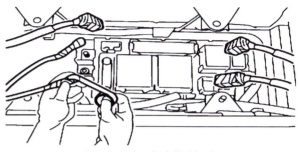
图 4-3-42 包裹线束插头

2）排空冷却液（逆变器）。
①从逆变器储液罐总成上拆下储液罐盖。
②使用 10mm 六角套筒扳手拆下放水螺塞并排空冷却液。
③使用 10mm 六角套筒扳手安装放水螺塞和新衬垫，如图 4-3-43 所示。

注意事项：因为排出的冷却液可能含有异物，所以不要重复使用；收集排出的冷却液，并测量冷却液量以建立基准。

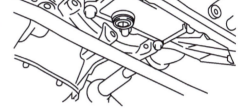
图 4-3-43 放水螺塞

3）拆卸空气滤清器盖分总成。
①断开空气流量传感器分总成插接器，分离 2 个卡夹，如图 4-3-44 所示。
②松开软管卡夹并从空气滤清器软管总成上拆下空气滤清器盖分总成。

4）拆卸 1 号空气滤清器进气口。
①拆下 2 个螺栓。
②分离卡夹，拆下 1 号空气滤清器进气口，如图 4-3-45 所示。

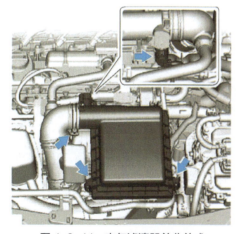
图 4-3-44 空气滤清器盖分总成

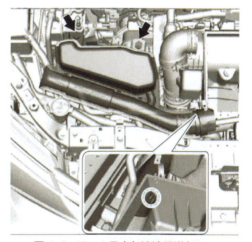
图 4-3-45 1 号空气滤清器进气口

5）拆卸空气滤清器壳分总成。
①从空气滤清器壳分总成上拆下空气滤清器滤芯分总成。
②分离 3 个卡夹以从空气滤清器壳分总成上分离 4 号水旁通软管。
③拆下 3 个螺栓和空气滤清器壳分总成，如图 4-3-46 所示。

④滑动卡夹,从气缸盖罩分总成上断开通风软管。

⑤松开卡夹,从节气门体总成上拆下空气滤清器软管总成和 2 号通风软管,如图 4-3-47 所示。

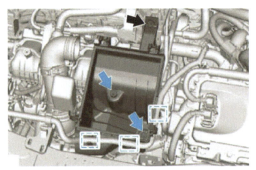
图 4-3-46　拆下空气滤清器壳分总成

图 4-3-47　拆卸软管

6)断开发动机舱主线束。

①移动锁杆并断开带变换器的逆变器总成插接器。

②分离 2 个卡夹,如图 4-3-48 所示。

注意事项:断开过程中不要损坏端子、插接器外壳和带变换器的逆变器总成;用胶带(非残留性)或同等物品包住连接电缆的孔,以防异物进入;不要让任何异物或水进入带变换器的逆变器总成;用绝缘胶带将断开的端子绝缘;不要触摸防水密封或插接器端子。

7)暂时安装插接器盖总成。

①将插接器盖总成暂时安装到 HV 地板底部线束。

②使用"TORX"梅花套筒扳手 T25 安装螺栓,如图 4-3-49 所示。

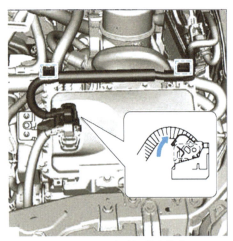
图 4-3-48　发动机舱主线束

图 4-3-49　安装插接器盖总成

注意事项:安装插接器盖总成前,目视确认插接器盖总成的防水密封安装牢固,不要触摸插接器盖总成的防水密封,确保互锁装置完全接合。

8)断开发动机线束。

①移动锁杆并断开带变换器的逆变器总成插接器。

②分离卡夹,如图 4-3-50 所示。

注意事项：断开过程中不要损坏端子、插接器外壳和带变换器的逆变器总成，用胶带（非残留性）或同等物品包住连接电缆。

9）断开 HV 地板底部线束及空调线束。

①拆下螺栓。

②从带变换器的逆变器总成上断开 HV 地板底部线束。

③分离 2 个卡夹，如图 4-3-51 所示。

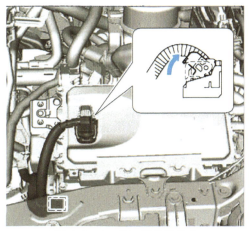
图 4-3-50　断开发动机线束

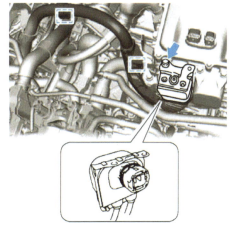
图 4-3-51　HV 地板底部线束

④拆下 2 个螺栓。

⑤从带变换器的逆变器总成上断开空调线束。

⑥分离 2 个卡夹，如图 4-3-52 所示。

注意事项：佩戴绝缘手套，不要让任何异物或水进入带变换器的逆变器总成。

10）断开逆变器储液罐总成。

①拆下 2 个螺栓。

②从线束卡夹支架上断开逆变器储液罐总成，如图 4-3-53 所示。

图 4-3-52　空调线束

图 4-3-53　断开逆变器储液罐总成

11）拆卸逆变器盖。从带变换器的逆变器总成上拆下2个螺栓和逆变器盖，如图4-3-54所示。

注意事项：插接器连接到逆变器盖的内侧时，确保垂直向上拉逆变器；不要触摸逆变器的防水密封；不要让任何异物或水进入带变换器的逆变器总成；拆下逆变器盖时，不要拉动区域A，否则可能导致逆变器盖变形。

12）断开电机电缆。

①使用绝缘工具拆下6个螺母，分离卡夹，如图4-3-55所示。

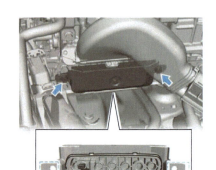

图4-3-54 拆卸逆变器盖

②拆下4个螺栓并断开电机电缆，如图4-3-56所示。

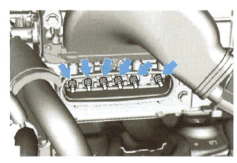

图4-3-55 拆卸螺母

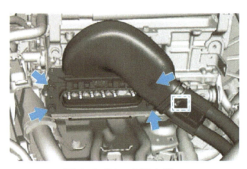

图4-3-56 电机电缆

13）断开发动机舱2号线束。

①拆下继电器盒上盖，分离2个卡夹并从发动机舱1号继电器盒和1号接线盒总成上拆下继电器盒盖，拆下螺栓，如图4-3-57所示。

②分离2个卡夹并从发动机舱1号继电器盒和1号接线盒总成上断开发动机舱2号线束，如图4-3-58所示。

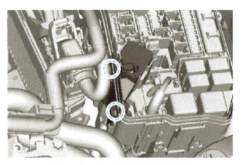

图4-3-57 拆下继电器盒盖

图4-3-58 发动机舱2号线束

14）断开6号逆变器冷却软管和1号逆变器冷却软管。

①滑动卡夹，断开6号逆变器冷却软管，如图4-3-59所示。

②滑动卡夹，断开1号逆变器冷却软管，分离卡夹，如图4-3-60所示。

注意事项：在断开的软管内放布或用塑料袋包住软管，以防异物进入。

15）拆卸4号逆变器支架。拆下3个螺栓和4号逆变器支架，如图4-3-61所示。

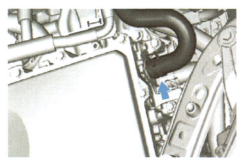
图 4-3-59　6 号逆变器冷却软管

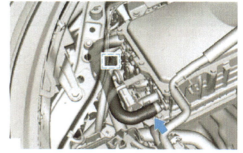
图 4-3-60　1 号逆变器冷却软管

16）拆卸带变换器的逆变器总成。
①拆下 2 个螺栓、2 个螺母，如图 4-3-62 所示。

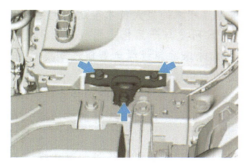
图 4-3-61　4 号逆变器支架

图 4-3-62　拆卸固定螺栓

②拆卸带变换器的逆变器总成，如图 4-3-63 所示。

注意事项：拆卸带变换器的逆变器总成时不要损坏周围的零件；不要握住带变换器的逆变器总成的插接器；不要触摸断开的插接器端子；确保用绝缘胶带或同等产品捆住线束，以防其卡住。

17）按照与拆卸相反的顺序进行装配，在装配过程中要注意检测项目和紧固力矩要求。

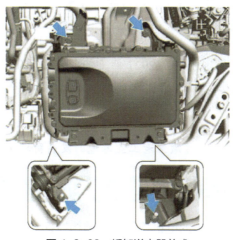
图 4-3-63　拆卸逆变器总成

知识拓展

用关键核心技术推动产业发展

"一定要把关键核心技术掌握在自己手里。"总书记的殷殷嘱托,让一汽人铭记在心。

"总书记的讲话鼓舞着我们每一个人,作为青年一代,肩负着复兴中华民族的使命和责任,在这充满机遇和挑战的时代,更需要突破核心技术,掌握核心能力,坚定不移地发展中国自己的汽车民族品牌。"新能源开发院电机电驱动研究所逆变器结构设计员侯毅鹏说。

关键核心技术是要不来、买不来、讨不来的。

中国一汽始终强化核心技术突破和关键技术自主创新,切实抓住创新驱动发展的"牛鼻子",强化技术创新,下大力气解决重点领域的重大技术难题。优化研发产业布局、集聚全球研发资源、快速推进核心技术研发与产品化应用、强化双创科技平台搭建、构建红旗品牌创新生态圈。打造面向未来的超级绿色智能汽车技术平台,努力实现关键核心技术的自主可控,确保产品的可持续发展。

走进一汽-大众长春工厂的拧紧工艺实验室,各式各样的零部件正在进行多次、多种类重复试验,目的是提高该工艺的合格率与零件质量。像这样的实验室,在一汽集团内部还有许多。

抓住核心技术,打造民族品牌,是中国汽车人长久以来的梦想。要实现这个梦想,唯有将核心技术掌握在自己手中。

在深入挖掘和分析汽车技术产业链、工具链后,中国一汽以国家总体安全观为引领,聚焦整车控制、新能源、智能网联、动力总成和底盘控制等五大技术领域,识别出十大技术攻关方向,启动了中国一汽"3310技术攻关计划",即用3年时间,实现红旗、解放、奔腾三大自主品牌的十大技术攻关方向的关键技术突破,成立集团级技术攻关团队,集中全集团优势资源全力攻坚。

在新能源技术方面,中国一汽已实现"三电"系统集成技术及控制软硬件技术、电机电池热管理技术、轻量化技术、高压安全技术、全新百兆以太网总线技术等20余项核心技术的突破,并在红旗系列车型上进行搭载应用。

经过几年的努力,中国一汽科技创新成果不断涌现,最为显著的是专利数量和质量的大幅提升,2019年申请专利2927件(其中发明1100件),较2018年提升了200.8%,实现了汽车行业发明专利申请量排名第一;2020年1—6月实现专利申请1848件,同比增长39%,名列汽车行业前茅。

——摘自《科技日报》2020年8月20日刊载文章
《激活老工业基地的发展新动能》(节选),作者:杨仑

任务拓展

查阅资料,了解纯电动汽车的电机控制器的结构原理,然后与混合动力汽车的电机控制器进行对比,找出它们的异同点。

任务4　混合动力驱动桥控制系统检修

一、任务信息

\	任务 4　混合动力驱动桥控制系统检修		
任务难度	高级		
学时	2 学时	班级	
成绩		日期	
姓名		教师签名	
案例导入	一辆丰田的混合动力汽车到店，维修人员按下点火开关后发现车辆无法进入 READY，经检查是混合动力驱动桥控制系统的问题。请你对混合动力驱动桥控制系统进行检测，并给出维修方案。		
学习目标	知识	1. 了解驱动桥控制系统的控制逻辑 2. 了解逆变器的控制	
	技能	1. 能进行驱动桥控制系统传感器的检测 2. 能完成对驱动桥控制系统数据流的读取	
	素养	1. 能够展示操作成果 2. 能够与团队成员协作完成任务 3. 能够树立安全及 5S 的工作理念	

二、任务流程

（一）任务准备

如果需要对混合动力汽车的驱动桥控制系统进行检修，我们需要做哪些准备工作？需要准备哪些资料？具体的检修步骤有哪些？操作前请观看高压维修操作视频（见前言末尾）。

（二）任务实施

根据能力素质培养要求，在实车上通过实训和技能训练完成以下工作任务。

驱动电机控制系统检修、电子换档系统、车上操作电子变速杆、驻车锁止控制系统、换档控制执行器拆装（共 5 个视频）

任务 4.1　混合动力驱动桥控制系统控制逻辑的认知

工作表

通过学习，完成混合动力驱动桥控制系统控制逻辑的认知。

1. 逆变器的工作信号有哪几种？

2. 高压电容是如何完成放电的？出现故障时又是如何实现放电的？

3. 发生什么故障时动力管理控制 ECU（HV CPU）会断开逆变器 IGBT 以切断逆变器控制？

参考信息

1. 逆变器控制

动力管理控制 ECU（HV CPU）根据 MG1 和 MG2 的操作指令值将逆变器工作信号（PWM）输出至逆变器。根据指令，动力管理控制 ECU（HV CPU）通过安装在逆变器内的交流电流传感器检测是否产生三相交流电并确认检测结果，如图 4-4-1 所示。

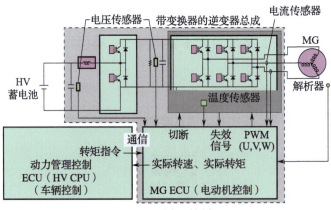

图 4-4-1　逆变器控制原理

动力管理控制 ECU（HV CPU）根据车辆工作条件切换逆变器控制模式以有效控制 MG1 和 MG2，它具有三种控制模式，可通过智能检测仪的 ECU 数据表功能对模式进行检查，见表 4-4-1。

表 4-4-1　逆变器控制模式

控制模式	正弦波形 PWM	可变 PWM	矩形波（1 个脉冲）
控制范围	低速范围	中速范围	高速范围
电压波形			
调制系数①	0~0.61	0.61~0.78	0.78
特征	转矩细微变化	输出增大	
ECU 数据表（MG1/MG2 控制模式）	0	1	2

①调制系数是直流电转化为交流电时的电压变化率。

控制模式范围如图 4-4-2 所示。

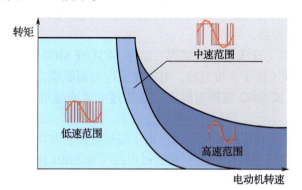

图 4-4-2　控制模式范围

2. 高压电容器放电

关闭"READY"模式后，混合动力系统高压电容器内残留的高压以 MG 线圈生热的形式而散失，从而降低了电压。通过使电流流经定子绕组以产生与转子（永久磁铁）磁场方向相同的磁场，无需使 MG 产生转矩也能使电能散失，如图 4-4-3 所示。

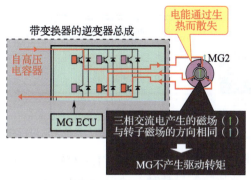

图 4-4-3　电能散失

如果混合动力系统发生故障，则可能无法以 MG 生热的方式来使高压电容器放电。断开 SMR 一段时间后，通过放电电阻器释放电容器内残留的电荷，如图 4-4-4 所示。

备注：拆下维修开关后，等待规定的时间（5~10min）以完全释放电荷。

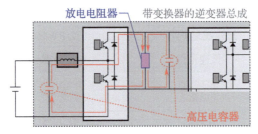

图 4-4-4　高压电容器放电

3. IGBT 切断

发生下列故障时，动力管理控制 ECU（HV CPU）断开逆变器 IGBT 以切断逆变器控制：

1）逆变器故障。动力管理控制 ECU（HV CPU）监视逆变器的控制状态，出现过电压、过电流或电路故障等异常时，动力管理控制 ECU（HV CPU）断开异常电路中的逆变器 IGBT 以切断逆变器控制。

①过电流和过电压（升压后）的原因：由于 MG1 或 MG2 电流流入时间不当而引起过电流或过电压；磁铁（转子）接近时，电流克服斥力而流动，施加磁力的时间不当而引起过电流；由于 MG1 或 MG2 线圈短路而引起的过电流或过电压；因线圈短路而使负载消失从而出现过电流。

②过电流和过电压（升压前）的原因：由于高压电路暂时切断而引起的过电压；由于 ECU 电源电路和控制电路暂时切断而引起的过电压（如 SMR 异常切断、指令值暂时切断等）；功率滞留而导致电压升高。

2）选择 N 位时。N 位（空档）不是通过离合器的机械作用，而是通过电动关闭（切断）MG1 和 MG2 而实现的。因此，如果在发动机运转时使用 MG1 发电，则发动机转矩直接施加至车轮，从而防止发电，如图 4-4-5 所示。

备注：如果在选择 N 位时车辆保持停止，则 HV 蓄电池的 SOC 将降低，同时系统通过在组合仪表上显示信息和鸣响蜂鸣器来告知驾驶人；如果变速杆仍保持在 N 位，则 SOC 将会继续降低，同时系统将关闭"READY"模式以保护 HV 蓄电池。

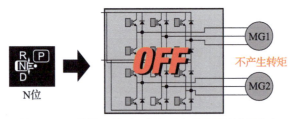

图 4-4-5　选择 N 位时，混合动力系统无法进行充电

3）升压变换器故障。动力管理控制 ECU（HV CPU）监视升压变换器的控制状态，出现过电压、过电流或电路故障等异常时，动力管理控制 ECU（HV CPU）断开异常电路中的升压变换器 IGBT 以切断升压变换器控制。

4. 增压变换器控制

如果 MG1 请求大转矩以起动发动机，或由于驾驶人加速请求，MG2 请求大转矩，则将升高 HV 蓄电池电压，将 HV 蓄电池电压升至最高 650V，如图 4-4-6 所示。

动力管理控制 ECU（HV CPU）检测升压前后的电压，并提供反馈以检查是否达到目标升压值。动力管理控制 ECU（HV CPU）根据升压变换器的工作信号（PWM）控制升压变换器，如图 4-4-7 所示。

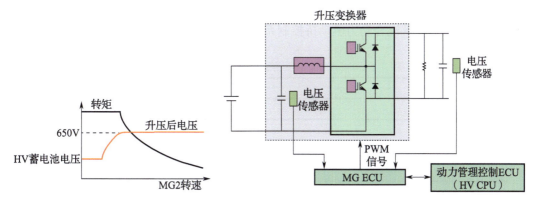

图 4-4-6 基于 MG2 转速的升压控制　　图 4-4-7 基于 PWM 信号的升压控制

5. DC/DC 变换器控制

发生故障时，动力管理控制 ECU（HV CPU）通过端子 NODD 发送 DC/DC 变换器工作停止指令。此外，DC/DC 变换器具有自诊断功能，并通过端子 NODD 将指示正常工作或故障的信号发送至动力管理控制 ECU（HV CPU）。DC/DC 变换器根据通过端子 VLO 接收到的占空比信号控制输出电压。通过降低为响应驾驶条件的输出电压来提高燃油效率，可控制输出电压，从而使其正常情况下处于 13.0~14.5V 之间。在端子 S 处监视 DC/DC 变换器的输出电压并对其进行控制，从而使辅助蓄电池端子电压恒定。通过端子 IDH 将 PTC 加热器工作许可 / 禁止请求发送至空调放大器以响应 DC/DC 变换器的工作条件。DC/DC 变换器控制原理如图 4-4-8 所示。

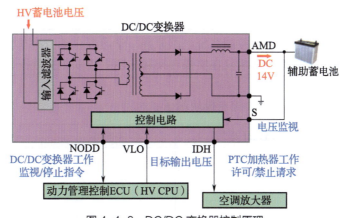

图 4-4-8 DC/DC 变换器控制原理

任务 4.2　混合动力驱动桥控制系统传感器的检测

工作表

查阅资料，了解混合动力驱动桥控制系统传感器的检测方法。

1. 查阅资料，了解混合动力驱动桥控制系统传感器都有哪些以及各传感器的作用和安装位置。

_____
_____
_____

2. 混合动力驱动桥控制系统传感器中温度传感器有什么特点？如何检测？

_____
_____
_____

3. 霍尔传感器的工作原理是什么？

_____
_____
_____

4. 升压变换器上为什么要安装电压传感器？

_____
_____
_____

5. 基于混合动力汽车驱动桥控制系统电路原理，学习混合动力汽车驱动桥控制系统的检测，使用万用表、示波器和诊断仪在实操台架和车辆上读取相关数据，并完成以下三个表格。

1）使用万用表测量混合动力控制模块端子：

项目	点火开关位置	测量值	参考范围
BATT-GND			
+B1-GND			
+B2-GND			
VCX1-GND			
VCX2-GND			

2）使用示波器调取混合动力控制 ECU 上的 CAN-H、CAN-L 波形：

测试条件：				CAN-H 电压：			CAN-L 电压：	

3）使用诊断仪读取发动机控制系统相关数据流：

项目	含义	值
Accel Pedal Pos#1		
Accel Pedal Pos#2		
Inverter Temp-（MG1）		
Inverter Temp-（MG2）		
Motor Temp MG1		
Motor Temp MG2		
Converter Temperature		
State of Charge		
Shift Sensor Main		
Shift Sensor Sub		
Shift Sensor Select Main		
Shift Sensor Select Sub		
Shift Sensor Shift Pos		

参考信息

1. 混合动力驱动桥控制系统传感器的认知

（1）逆变器电流传感器

1）逆变器电流传感器作用。逆变器电流传感器检测驱动 MG1 和 MG2 的三相交流电的电流值，以此作为 MG ECU 的反馈。逆变器电流传感器检测流经逆变器和 MG 之间的 V 和 W 相位电缆电流。

备注：如果测量到 V 和 W 相位的电流，则即使未配备电流传感器，也可判断 U 相位的电流（U 相位电流 + V 相位电流 + W 相位电流 = 0A）。

2）逆变器电流传感器位置。逆变器电流传感器内置于带变换器的逆变器总成，如图 4-4-9 所示。

3）逆变器电流传感器的电路。V 和 W 相位各配备两个逆变器电流传感器，出现的两个传感器可检测一个或另一个传感器出现的故障,如图 4-4-10 所示。

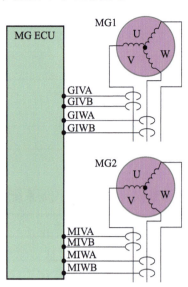

图 4-4-9 逆变器电流传感器位置　　图 4-4-10 逆变器电流传感器电路

4）逆变器电流传感器的结构。逆变器电流传感器由霍尔集成电路和铁心组成,如图 4-4-11 所示。

5）逆变器电流传感器的检测原理。电流流经线束时产生磁场,且磁场的强度与电流量成正比;铁心中产生的磁场强度通过霍尔集成电路转换为电压值,从而使逆变器电流传感器检测电流,如图 4-4-12 所示。

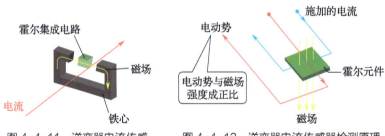

图 4-4-11 逆变器电流传感器结构　　图 4-4-12 逆变器电流传感器检测原理

电流穿过霍尔元件（半导体）且在电流方向垂直施加磁场时,根据弗莱明左手定则对电流和磁场施加垂直方向的力,且通过霍尔元件的电子路径变弯,因此,产生不对称的电子密度,从而导致电位差（电动势）。

霍尔集成电路包括一个霍尔元件（电磁传感器）和一个处理集成在单晶片上的霍尔元件输出信号的集成电路。电动势与磁场强度以线性方式成正比。由于磁场强度与产生的电压成正比,因此可检测霍尔集成电路和磁铁之间的距离和角度。由于不存在物理接触,磨损不是问题。

6）逆变器电流传感器的特性。根据 V 和 W 相位内的电流量和电流方向,逆变器电流传感器输出电压在 1~9V 范围内变化,电流为 0 时,输出电压为 5V,如图 4-4-13 所示。电流从逆变器流至 MG(正向)时,输出电压高于 5V;电流从 MG 流至逆变器（负向）时,输出电压低于5V。所有逆变器电流传感器的特性均相同。

（2）逆变器温度传感器

1）逆变器温度传感器的作用。逆变器温度传感器用于检测 MG1 和 MG2 逆变器的 IGBT 周围区域的温度。如果 IGBT 由于冷却系统故障、在低速的情况下爬坡（坡度或斜度持续上升）等而过热，则 IGBT 可能由于过热而损坏。因此，如果逆变器中的 IGBT 温度上升超过规定值，则 MG ECU 限制系统输出并防止逆变器过热。

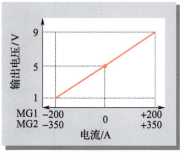

图4-4-13 逆变器电流传感器特性

2）逆变器温度传感器的位置。逆变器温度传感器内置于带变换器的逆变器总成。

3）逆变器温度传感器的特性。各逆变器温度传感器的输出电压与逆变器 IGBT 的温度成反比，并在 0.5~4.5V 范围内变化，如图 4-4-14 所示。温度下降时，输出电压升高；温度上升时，输出电压降低。

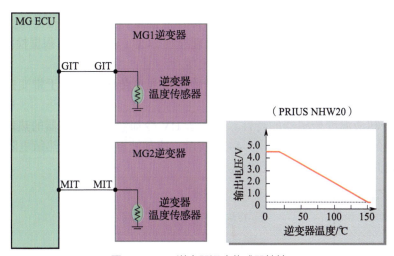

图4-4-14 逆变器温度传感器特性

（3）升压变换器温度传感器

1）升压变换器温度传感器的作用。两个升压变换器温度传感器用于检测升压变换器中两个 IGBT 周围区域的温度。升压变换器温度传感器（上）检测 IGBT 周围区域的温度（电压升高时）；升压变换器温度传感器（下）检测 IGBT 周围区域的温度（电压下降时）。如果 IGBT 由于冷却系统故障、在低速的情况下爬坡（坡度或斜度持续上升）等而过热，则 IGBT 可能由于过热而损坏。因此，如果升压变换器中的 IGBT 温度上升超过规定值，则 MG ECU 限制系统输出并防止升压变换器过热。

2）升压变换器温度传感器的位置。升压变换器温度传感器内置于带变换器的逆变器总成。

3）升压变换器温度传感器的特性。升压变换器温度传感器与逆变器温度传感器的特性相同。各升压变换器温度传感器的输出电压与相应升压变换器 IGBT 的温度成反比，并在 0.5~4.5V 范围内变化，如图 4-4-15 所示。温度下降时，输出电压升高；温度上升时，输出电压降低。

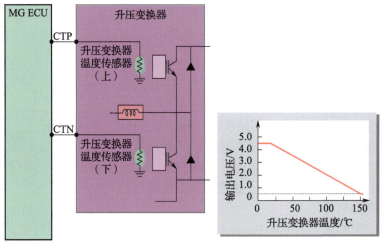

图 4-4-15　升压变换器温度传感器特性

（4）HV 冷却液温度传感器

1）HV 冷却液温度传感器的作用。HV 冷却液温度传感器用于检测带变换器的逆变器总成的冷却液进口的冷却液温度。动力管理控制 ECU（HV CPU）根据检测的温度控制 HV 冷却系统的带电动机的 HV 水泵和冷却风扇。

2）HV 冷却液温度传感器的位置。HV 冷却液温度传感器内置于带变换器的逆变器总成。

3）HV 冷却液温度传感器的特性。内置于 HV 冷却液温度传感器的热敏电阻的阻值随冷却液温度的变化而变化，如图 4-4-16 所示。冷却液温度越低，热敏电阻的阻值越大；冷却液温度越高，热敏电阻的阻值越小。

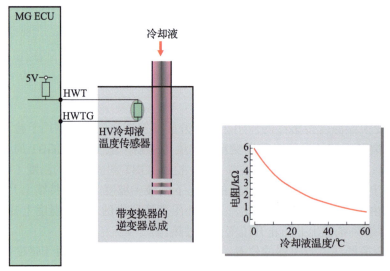

图 4-4-16　HV 冷却液温度传感器特性

（5）电压传感器

1）电压传感器的作用。两个电压传感器通过升压变换器检测升压前（VL）和升压后（VH）的电压，主要是检测升压前和升压后电容器的电压。根据升压前和升压后的电压值，MG ECU 控制升压变换器以使升高的电压达到目标值。

2）电压传感器的位置。电压传感器内置于带变换器的逆变器总成。

3）电压传感器的特性。电压传感器（VH）的输出电压与电压成正比，并在 0~5V 范围内变化。电压升高时，输出电压升高；电压降低时，输出电压降低。电压传感器（VL）的输出电压与电压成正比，并在 0.5~4.5V 范围内变化。电压升高时，输出电压升高；电压降低时，输出电压降低。电压传感器的特性如图 4-4-17 所示。

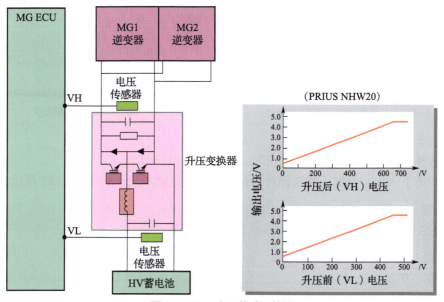

图 4-4-17　电压传感器特性

（6）大气压力传感器

1）大气压力传感器的作用。大气压力传感器用于检测大气压力。即使电压不变，大气压力降低时也极易出现放电，因此系统在大气压力低时将降低升高电压的最大值以防止线圈之间出现放电，如图 4-4-18 所示。

2）大气压力传感器的位置。大气压力传感器安装在带变换器的逆变器总成的 MG ECU 电路板上。

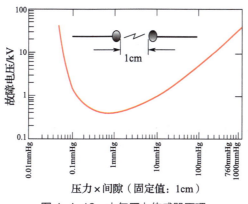

图 4-4-18　大气压力传感器原理

2. 使用诊断仪读取混合动力驱动桥控制系统传感器的数据

1）将故障诊断仪诊断线与 DLC3 诊断接口连接，如图 4-4-19 所示。
2）点火开关置于 ON 位，系统上电。
3）单击诊断仪屏幕上的诊断程序，如图 4-4-20 所示。

图 4-4-19　连接 DLC3 诊断接口　　　　　　图 4-4-20　单击诊断程序

4）与车辆连接。
5）选择相应的"车型"和"年份"，如图 4-4-21 所示。
6）单击下一步。根据需要选择自动扫描或单个控制单元，如图 4-4-22 所示。

 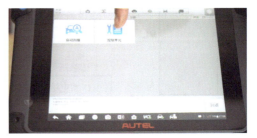

图 4-4-21　选择"车型"和"年份"　　　　　图 4-4-22　模块选项按钮

7）选择"混合动力控制"，如图 4-4-23 所示。
8）选择"数据列表"，读取数据流，如图 4-4-24 所示。

图 4-4-23　选择"混合动力控制"　　　　　　图 4-4-24　读取数据流

9）读取逆变器电流传感器、逆变器温度传感器、增压变换器温度传感器、HV 冷却液温度传感器、电压传感器、大气压力传感器的数据。
10）关闭诊断程序，退出系统。

知识拓展

2023年10月23日，习近平总书记在同中华全国总工会新一届领导班子成员集体谈话时强调，"要大力弘扬劳模精神、劳动精神、工匠精神，发挥好劳模工匠示范引领作用，激励广大职工在辛勤劳动、诚实劳动、创造性劳动中成就梦想。"

——来源：新华网

任务拓展

在实训台架上，使用诊断仪的动作测试功能，对混合动力驱动桥控制系统中的执行器进行动作测试，并思考"动作测试"功能的作用。

能力模块五
插电式混合动力系统检修

任务1　插电式混合动力汽车认知

一、任务信息

任务 1　插电式混合动力汽车认知			
任务难度	初级		
学时	2学时	班级	
成绩		日期	
姓名		教师签名	
案例导入	假如你在丰田4S店工作，今天接到一辆插电式混合动力卡罗拉轿车，车主反映车辆充电时无反应。请你对该车进行检查。		
学习目标	知识	1. 掌握插电式混合动力汽车充电部分的组成 2. 掌握插电式混合动力汽车充电系统各部件的安装位置 3. 掌握插电式混合动力汽车充电系统控制	
	技能	1. 能够熟练掌握车辆技术资料 2. 能够在车上找到发动机的位置 3. 能够识别充电系统主要零部件	
	素养	1. 具有安全意识、法律意识 2. 具有良好的团队合作、以客户为中心、敬客经营的职业精神 3. 具有严谨、规范、精益求精的大国工匠精神	

二、任务流程

（一）任务准备

如果需要对一辆插电式混合动力汽车进行检查，我们需要做哪些准备工作？需要准备哪些资料？请观看高压维修作业进行学习（见前言末尾）。

（二）任务实施

根据能力素质培养要求，通过实训和技能训练完成以下工作任务。

⚠警告

1）检查高压系统前，务必采取安全措施，如佩戴绝缘手套并拆下维修开关以防电击。拆下维修开关后放到口袋中并随身携带，防止其他技师在您进行高压系统作业时将其意外重新连接。

2）断开维修开关后，在接触任何高压插接器或端子前，等待至少10min。

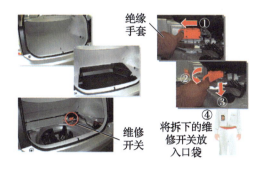

车载充电系统认识

工作表

查询资料，了解插电式混合动力汽车充电系统的技术特点。

1. 在网上查询资料，说明常规充电（交流慢充）与快速充电（直流快充）有什么区别？

___

2. 插电式混合动力汽车充电系统主要由哪些部件组成？

___

3. 充电口上的端子有几个？每个端子的作用是什么？

___

4. 插电式混合动力汽车充电系统使用时有哪些注意事项？

___

5. 在车上找到动力电池、充电机总成、充电电缆（电动车辆充电机电缆总成）、发动机、混合动力车辆传动桥总成和带变换器的逆变器总成等部件。

_____
_____

6. 高压直流充电会使用车载充电机吗？插电式混合动力汽车上的车载充电机的作用是什么？

_____
_____

7. 在下图中标注充电插头和充电插座各端子的名称和作用。

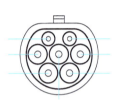 

a）充电插头（充电线束端）布置　　　　b）充电插座（车辆端）布置

参考信息

插电式混合动力汽车的充电过程相当于传统动力汽车的加油过程。充电时，插电式混合动力汽车内部和外部都需要一些组件。在车辆中需要一个充电接口和一个用于电压转换的功率控制装置。在车辆外，除了交流电源和充电电缆还需要一个执行保护和控制任务的设备。

新能源汽车动力电池充电主要有快速充电（直流快充）和常规充电（交流慢充）两种形式。直流快充和交流慢充形式的区别是：直流充电（快充）主要是通过充电站的充电桩将直流高压电直接通过直流充电口给动力电池充电。交流充电（慢充）主要是通过家用电源插头和交流充电桩接入交流充电口，通过车载充电机将220V交流电转换为330V直流电给动力电池充电。插电式混合动力汽车主要使用的是交流充电（慢充），如图5-1-1所示。

图 5-1-1　插电式混合动力卡罗拉充电

1. 交流慢充

常规充电电流相当低，约为 15A，也称为交流慢充或慢速充电。常规充电方法都采用小电流的恒压或恒流充电，一般充电时间为 5~8h，甚至长达 10~20h。这种充电方式是利用车载充电机，接 220V 交流电即可。

（1）常规慢充方式的适用情况

1）用户对电动汽车的行驶里程要求相对较低，车辆行驶里程能满足用户 1 天的使用需要，利用晚间停运时间可以完成充电。

2）常规充电电流和充电功率比较小，因此在居民区、停车场和公共充电站都可以进行充电。

3）规模较大的集中充电站，能够同时为多辆电动汽车提供停车场地并进行充电。

（2）常规充电模式的优点

1）尽管充电时间较长，但因为所用功率和电流的额定值并不是关键问题，所以充电机价格和安装成本比较低。

2）可充分利用电力低谷时段进行充电，降低充电成本。

3）可提高充电效率和延长电池的使用寿命。与快速充电相反，常规充电的充电电流小，有利于提高充电效率和延长电池的使用寿命。

常规充电模式的主要缺点为充电时间过长，难以满足车辆紧急运行的需求。

2. 插电式混合动力汽车充电系统

插电式充电控制系统使用充电电缆（电动车辆充电机电缆总成）、充电插孔（交流充电插孔电缆）、电动车辆充电机总成、蓄电池 ECU 总成和混合动力车辆控制 ECU，通过外部电源对 HV 蓄电池进行充电，如图 5-1-2 所示。

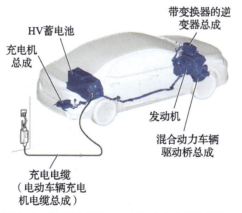

电动汽车充电设备的类型、电动汽车充电方法、电动汽车充电方式（共 3 个视频）

图 5-1-2　插电式混合动力汽车充电系统组成

充电时自动执行漏电测试，因此无需进行手动测试。辅助蓄电池使用内置于电动车辆充电机总成的副 DC/DC 变换器以所需最小功率充电以减少功耗。插电式充电控制系统可使用遥控服务，从而能够使用智能手机检查充电电量。

（1）PHEV 卡罗拉规格

1）车辆充电机总成规格见表 5-1-1。

表 5-1-1　车辆充电机总成规格

项目	规格
输入电压	AC 100~240V
输入电流	16A
电源频率	50Hz/60Hz
额定输出功率	3.3kW
冷却系统	风冷型

2）充电电缆（电动车辆充电机电缆总成）规格见表 5-1-2。

表 5-1-2　电动车辆充电机电缆总成规格

项目	规格
输入电压	AC 220V
额定输入电流	8A
电缆长度	7.5m

（2）主要特征

1）充电口盖配备充电指示灯（EV 充电口盖指示灯总成），用于指示充电系统的工作状态。

2）如果无法解锁充电插接器锁，则可通过操作位于行李舱内的紧急释放杆解锁充电插接器，如图 5-1-3 所示。

3）充电定时功能，每天可在设定时间对 HV 蓄电池充电。

4）蓄电池加热功能。温度低时，HV 蓄电池输出功率下降，因此即使电量充足发动机也可能会在 EV 模式期间起动。在极冷环境中，插电式充电期间自动加热 HV 蓄电池可确保 HV 蓄电池输出功率充足，如图 5-1-4 所示。

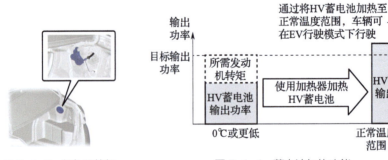

图 5-1-3　紧急释放杆　　　　图 5-1-4　蓄电池加热功能

（3）注意事项

1）连接或断开插头与插座的注意事项。

①连接或断开插头时握住插头本体。

②不要用湿手连接或断开插头。

③完全插入插头前检查并确认插头端子上无异物。

④不要通过充电电缆(电动车辆充电机电缆总成)对插头施加过大的力。

⑤如果插座浸入水中或被雪覆盖,则不要插入插头。

2)从充电插孔(交流充电插孔电缆)连接或断开充电插接器的注意事项。

①充电插接器或充电插孔(交流充电插孔电缆)上有异物时,不要使用充电插接器。

②充电插孔(交流充电插孔电缆)上有水时,不要使用充电插接器。

③充电插孔(交流充电插孔电缆)冻结或被雪覆盖时,不要使用充电插接器。

3)锁止充电插接器的注意事项。

①连接充电插接器前,不要操作充电插接器锁。

②将充电插接器完全连接至充电插孔(交流充电插孔电缆)。

③锁止充电插接器后,不要对充电插接器过度用力。

④如果充电电缆(电动车辆充电机电缆总成)损坏或变形,或使用不同类型的充电插接器,则充电插接器可能无法连接至充电插孔(交流充电插孔电缆)或充电插接器锁可能无法正确运行。

⑤如果由于辅助蓄电池电量耗尽而无法解锁充电插接器,则操作紧急释放杆以解锁充电插接器。

⑥如果由于智能钥匙电池电量耗尽而无法解锁充电插接器,则使用机械钥匙解锁车门并按下充电插接器锁止开关。

4)其他。

①不要掉落充电插接器、充电电缆、插头/插座或充电电路中断装置(CCID),或使其遭受强烈撞击。

②不要拆解或改装充电插接器、充电电缆、插头/插座或CCID。

③不要强行拉动、扭曲或扭结电缆,否则电缆内部可能会断路或可能导致火灾。

④不要让尖锐物体损坏或切割电缆。

3. 充电系统的组成

(1)充电机

充电机也称车载充电器,是指将民用电网提供的交流电转化为动力电池所需要的直流电的装置,即 AC/DC 变换器。车载充电机通常使用结构简单、控制方便的接触式充电机。车载充电机负责与交流电网建立连接并满足车辆充电的安全需要,另外还通过控制导线与车辆进行通信。这样可以安全启动充电过程,并在车辆与车载充电机之间交换充电参数,如电流强度等。

1)充电机构造如图 5-1-5 所示。

①充电机冷却风扇安装在铜壳内以改善热传导性能。

②通过采用更小的零部件和改善布局,缩小了电动车辆充电机总成的尺寸。

③副 DC/DC 变换器内置于带变换器的逆变器总成中,并提供电源以对辅助蓄电池充电。

图 5-1-5 充电机构造

2)充电机原理如图 5-1-6 所示。

①电动车辆充电机总成根据来自混合动力车辆控制 ECU 的信号控制插电式充电控制系统,同时控制充电定时功能以设定任一充电开始时间。

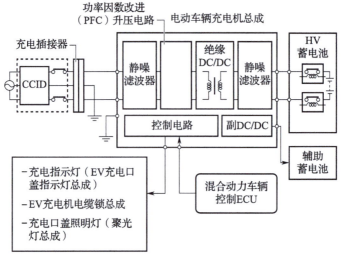

图 5-1-6　充电机原理

②充电插接器锁止系统、EV 充电口盖锁止系统、充电指示灯（EV 充电口盖指示灯总成）和 EV 充电口盖指示灯由电动车辆充电机总成控制。

③电源开关置于 OFF 位置并将充电电缆（电动车辆充电机电缆总成）连接至充电插孔（交流充电插孔电缆）时，电动车辆充电机总成接收到充电机操作允许信号并开始充电。

④接近充满电时，逐渐降低电压直至蓄电池充满电。

⑤优化了充电控制以缩短整体充电时间。

3）充电机工作原理如图 5-1-7 所示。

①将外部电源供应的交流电转换为直流电，且增压器升高充电期间的电压。

②使用副 DC/DC 变换器，将充电所需的最小功率供应至辅助蓄电池。

③插电式充电期间，控制电动车辆充电系统至 SOC 达到规定完全充电要求。

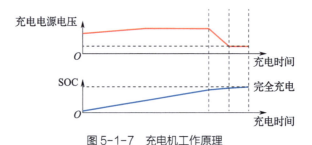

图 5-1-7　充电机工作原理

（2）充电口盖

1）充电口盖构造如图 5-1-8 所示。

①采用充电指示灯（EV 充电口盖指示灯总成）。通过点亮或闪烁方式将充电状态告知用户。

②充电插接器锁止系统。充电电缆（电动车辆充电机电缆总成）和充电插孔（交流充电插孔电缆）的充电插接器锁止系统采用电动零部件，可自动锁止充电插接器。解锁车门即可解锁充电插接器

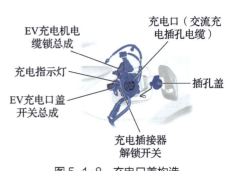

图 5-1-8　充电口盖构造

锁。充电指示灯（EV 充电口盖指示灯总成）和解锁开关集成于一体。

2）功能。充电指示灯（EV 充电口盖指示灯总成）显示充电状态，见表 5-1-3。

表 5-1-3　充电状态

条件	状态
在充电插孔端子施加电压	点亮
系统故障	以 0.2s 的间隔闪烁
设置充电计划时	连接充电插接器后以 1s 的间隔闪烁 15s

（3）充电继电器

1）充电继电器构造如图 5-1-9 所示。CHRB 继电器内置于 1 号牵引用蓄电池设备箱总成，CHRG/CHRP 继电器内置于 2 号牵引用蓄电池设备箱总成。

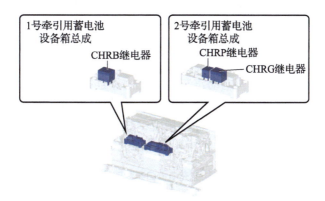

图 5-1-9　充电继电器

2）工作原理。

①连接充电电路时，CHRB 继电器和 CHRP 继电器接通。

②然后，CHRG 继电器接通，CHRP 继电器断开。

因此，首先通过电阻器引导电流，然后控制电流，并保护充电电路免受侵入电流的影响。

（4）充电机电缆

1）充电机电缆总成组成如图 5-1-10 所示。

①充电电缆（电动车辆充电机电缆总成）由充电插接器、CCID 和插头组成。

②电源插头内安装有温度传感器，用于检测电源电缆连接松动导致的异常高温，以便控制充电电流和产生的热量。

③充电插接器上安装有充电微动开关，用于检测充电插孔（交流充电插孔电缆）的连接状态，并将其发送至电动车辆充电机总成，如图 5-1-11 所示。

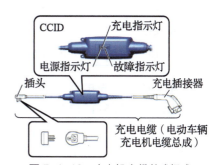

图 5-1-10　充电机电缆总成组成

小心：确保无异物黏附在充电电缆或充电插孔的连接部位。如果充电电缆或充电插孔的连接部位存在任何异物，则插接器端子可能会过热或损坏。

2）功能。

①连接充电电缆（电动车辆充电机电缆总成）时，自动开始漏电测试。

② CCID 在插电式充电期间监控车内漏电情况。

③如果检测到漏电或故障，则内置继电器（CCID 继电器）断开以切断电源。

④ CCID 通过点亮或闪烁开关指示灯、充电指示灯（EV 充电口盖指示灯总成）和故障指示灯来指示插电式充电状态。

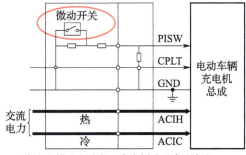

图 5-1-11 充电电缆原理图

（5）充电接口

电动汽车充电接口是指通过活动电缆与充电外部设备和电动汽车相连接的充电部件，包括充电插头和充电插座两部分。国标《电动汽车传导充电用连接装置》（GB/T 20234）第 2、第 3 部分规定了交直流充电接口的形状及端子定义等。在我国境内销售的电动汽车和插电式混合动力汽车充电接口都按照此标准设计开发。

根据 GB/T 20234.2—2015《电动汽车传导充电用连接装置 第 2 部分：交流充电接口》规定，电动汽车传导充电用交流充电接口，其额定电压不超过 440V（AC），频率 50Hz，额定电流不超过 63A（AC）。标准规定，在国内生产和销售的电动汽车车辆接口和充电接口分别包含 7 对触点，其电气参数值及功能定义见表 5-1-4。

表 5-1-4 交流充电接口参数值及功能定义

触点编号 / 标识	额定电压和额定电流	功能定义
1（L1）	250V，10A/16A/32A	交流电源（单相）
	440V，16A/32A/63A	交流电源（三相）
2（L2）	440V，16A/32A/63A	交流电源（三相）
3（L3）	440V，16A/32A/63A	交流电源（三相）
4（N）	250V，10A/16A/32A	交流电源（单相）
	440V，16A/32A/63A	交流电源（三相）
5（接地）	—	保护接地（PE），连接供电设备地线和车辆车上地线
6（CC）	0~30V，2A	充电连接确认
7（CP）	0~30V，2A	充电控制

充电插头（充电线束端）和充电插座（车辆端）如图 5-1-12 所示。在交流充电过程中，首先连接保护接地端子，最后连接控制确认端子。在脱开过程中，首先断开控制确认端子，最后断开保护接地端子。交流充电连接如图 5-1-13 所示。

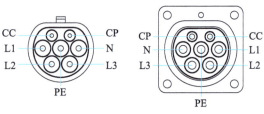

a）充电插头（充电线束端）布置　　b）充电插座（车辆端）布置

图 5-1-12 交流充电插头和插座布置

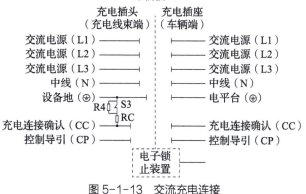

电动汽车充电机类型、电动汽车充电机的技术要求、电动汽车光伏充电站（共3个视频）

图 5-1-13　交流充电连接

知识拓展

2023年1月12日，中国汽车工业协会副秘书长陈士华在中国汽车工业协会月度信息发布会上表示，2022年，我国汽车产销分别完成2702.1万辆和2686.4万辆，同比增长3.4%和2.1%，全年实现小幅增长。我国汽车产销总量已连续14年居全球第一。

陈士华说，过去一年，汽车产业运行受到诸多因素的冲击，但在一系列稳增长、促消费政策的有效拉动下，在全行业企业共同努力下，汽车市场整体复苏向好。2022年，我国汽车产销分别完成2702.1万辆和2686.4万辆，其中，乘用车在政策拉动下实现较快增长，为产业稳健发展贡献重要力量。

值得一提的是，新能源汽车持续快速发展。2022年，我国新能源汽车产销分别达到705.8万辆和688.7万辆，同比增长96.9%和93.4%，市场占有率达到25.6%，新能源汽车逐步进入全面市场化拓展期。2022年12月当月，新能源汽车产销分别达到79.5万辆和81.4万辆，同比均增长51.8%。在新能源汽车主要品种中，纯电动汽车、插电式混合动力汽车和燃料电池汽车产销继续保持高速增长。

陈士华表示，2023年，芯片供应短缺等问题有望得到较大缓解，随着相关配套政策措施的实施，国内汽车市场将呈现稳中向好的发展态势。

——摘自新华网2023年1月12日刊载文章
《我国汽车产销总量连续14年居全球第一》，作者：张辛欣

任务拓展

查找资料，了解纯电动汽车直流快充的结构、特点以及充电口等相关知识，并与交流慢充对比异同点。

任务2 车载充电机的更换

一、任务信息

任务 2 车载充电机的更换			
任务难度	初级		
学时	2 学时	班级	
成绩		日期	
姓名		教师签名	
案例导入	假如你是丰田 4S 店的维修技师,今天接到一辆插电式混合动力卡罗拉轿车,车辆无法充电,使用诊断仪诊断报故障码为 P060649(插电式充电控制模块内部电子故障),经检查确认为电动车辆充电机总成(车载充电机)损坏,现在需要更换。		
学习目标	知识	1. 掌握车载充电机在车上的安装位置 2. 了解车载充电机的拆装步骤	
	技能	1. 能正确使用修理手册 2. 能正确使用维修工具 3. 能正确拆装车载充电机 4. 能遵守高压安全相关规范进行安全操作	
	素养	1. 能够展示操作成果 2. 能够与团队成员协作完成任务 3. 能够树立安全及 5S 的工作理念	

二、任务流程

(一)任务准备

如果要拆卸车载充电机,需要做哪些准备工作?需要准备哪些工具?具体的拆装步骤有哪些?操作前请扫描二维码观看高压维修操作视频(见前言末尾)。

(二)任务实施

根据能力素质培养要求,通过实训和技能训练完成以下工作任务。

⚠ 警告

1)检查高压系统前,务必采取安全措施,如佩戴绝缘手套并拆下维修开关以防电击。拆下维修开关后放到口袋中并随身携带,防止其他技师在您进行高压系统作业时将其意外重新连接。

2)断开维修开关后,在接触任何高压插接器或端子前,等待至少 10min。

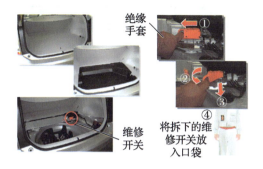

插电式充电控制系统、插电式充电控制系统主要部件、车载充电机的拆装（共3个视频）

任务 2.1　车载充电机的认知

工作表

查询资料，了解车载充电机的特点。

1. 车载充电机的作用是什么？
___
___
___

2. 简述车载充电机的工作流程。
___
___
___

3. 查询电路图，了解车载充电机在电路图中的位置、插接器数量。
___
___
___

4. 车载充电机上的插接器包括 S1、S5、M41、M42 和 M43，每个插接器上有多少个端子？实际使用的端子有多少？
___
___
___

5. 车载充电机输入交流电的线束插接器编号是什么？输出到动力电池上的插接器编号是什么？
___
___
___

6. 根据该车型的电路图，完成下表。

学习小贴士：在技能大赛和实际维修中，电路图的使用是一项非常重要的基本技能，熟练掌握电路图的使用有助于我们分析故障、快速锁定故障以及高效地排除故障。

车载充电机电路图识图

1. 信息记录

车辆品牌		车辆型号	
手册类型		资料版本	

2. 电路图识图

1）绘制出车载充电机的电源电路：

2）绘制出车载充电机的 CAN 通信电路：

3）绘制出车载充电机与充电枪的电路：

自评：□熟练 □不熟练	互评：□熟练 □不熟练	师评：□合格 □不合格

参考信息

1. 插电式充电控制系统

丰田插电式混合动力卡罗拉轿车的充电系统主要是通过家用插头和交流充电桩接入交流充电口，通过车载充电机将家用 220V 交流电转换为高压直流电给动力电池充电，其主要由交流充电插孔电缆、车载充电机（电动车辆充电机总成）、充电继电器、HV 蓄电池、混合动力车辆控制 ECU 和 CAN 通信线路等组成，如图 5-2-1 和图 5-2-2 所示。

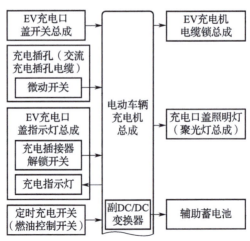

图 5-2-1 插电式充电控制系统图 1

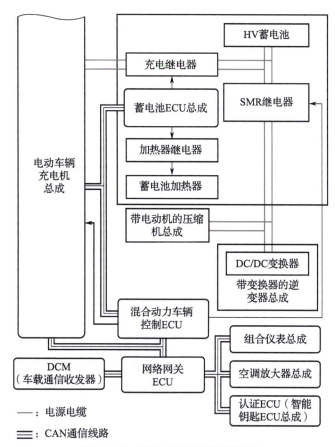

图 5-2-2 插电式充电控制系统图 2

2. 车载充电机

车载充电机将外部电源供应的 220V 交流电转换为直流电，且增压器升高充电期间的电压，车载充电机内部原理如图 5-2-3 所示。

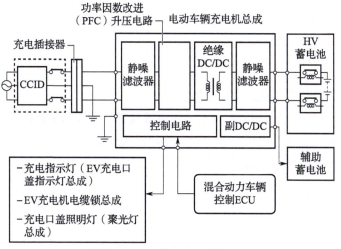

图 5-2-3 车载充电机内部原理

车载充电机（On Board Charger）具有效率高、体积小、耐受恶劣工作环境等特点。其功能是将 220V 交流电转换为动力电池所需的直流电，实现动力电池电量的补给。

车载充电机由交流输入端口、功率单元、控制单元、低压辅助单元、直流输出端口等部分组成。

车载充电机的内部模块分为三部分，即控制单元、功率单元和接口。其中控制单元部分包括中央 CPU、数据采集电路、功率单元控制电路、保护电路、通信电路；功率单元包括整流电路、升压电路。

车载充电机工作时将交流电转化成直流电，转化过程中会产生大量的热量，因此车载充电机内部也有冷却液道，通过冷却液的循环降低车载充电机的工作温度。

丰田插电式混合动力卡罗拉车载充电机冷却风扇安装在铜壳内以改善热传导性能，通过采用更小的零部件和改善布局，缩小了电动车辆充电机总成的尺寸，副 DC/DC 变换器内置于带变换器的逆变器总成中，并提供电源以对辅助蓄电池充电，车载充电机外观如图 5-2-4 所示。

图 5-2-4　丰田插电式混合动力卡罗拉车载充电机外观

3. 车载充电机工作流程

1）交流供电。
2）低压唤醒整车控制系统。
3）管理模块检测充电需求。
4）管理模块给车载充电机发送工作指令并闭合继电器。
5）车载充电机开始工作，进行充电。
6）动力电池检测充电完成后，给车载充电机发送停止指令。
7）车载充电机停止工作。
8）动力电池断开继电器。

4. 慢速充电故障的常见原因

常见原因包括慢速充电口故障、CC（充电连接确认线）或 CP（充电控制确认线）断路、低压唤醒故障、车载充电机故障、动力管理模块故障、高压互锁信号断路、绝缘监测误报、CAN 通信故障、动力电池组加热故障等。

5. 车载充电机电路

（1）系统电路图

在电路图中查找系统电路图，如图 5-2-5 和图 5-2-6 所示。通过系统电路可以了解部件的电源、搭铁点、线路连接、插接器编号、线束颜色和端子编号等信息。

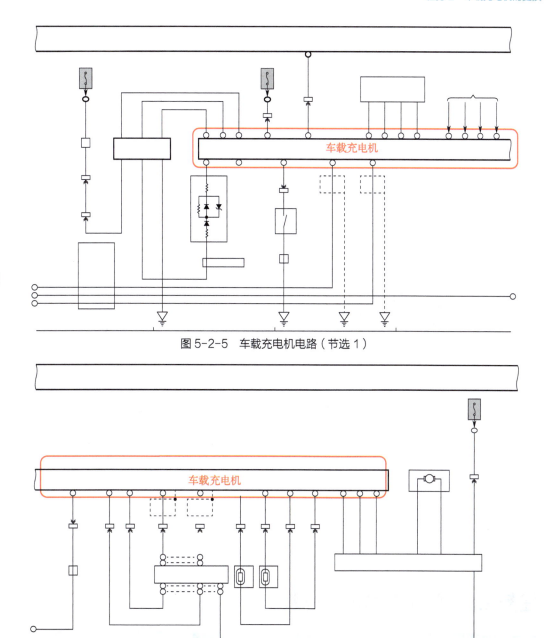

图 5-2-5　车载充电机电路（节选 1）

图 5-2-6　车载充电机电路（节选 2）

（2）插接器位置图

汽车上的插接器非常多，通过插接器位置图可以快速找到部件插接器在车上的位置。图 5-2-7 所示为车载充电机插接器位置图。

（3）插接器列表

通过插接器列表可以快速了解各线束插接器和搭铁点的详细信息（形状、维修信息、零件号等），如图 5-2-8~图 5-2-12 所示。

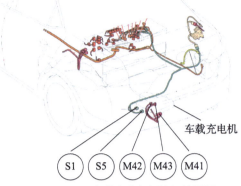

图 5-2-7 车载充电机插接器位置图

图 5-2-8　S1 插接器　　图 5-2-9　S5 插接器　　图 5-2-10　M43 插接器　　图 5-2-11　M42 插接器

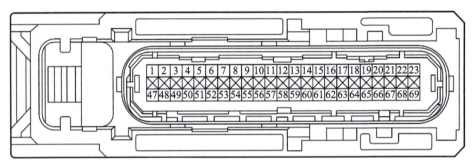

图 5-2-12　M41 插接器

任务 2.2　车载充电机的拆装

工作表

通过学习，掌握车载充电机的拆装。

1. 查看维修手册，说明拆装车载充电机需要哪些工具？

_____
_____
_____

2. 查看维修手册，制订拆装车载充电机的工作计划。

_____
_____
_____

3. 拆装车载充电机过程中需要注意哪些问题？

_____

_____

_____

4. 根据参考信息指引，完成下表。

学习小贴士：在技能大赛和实际维修中，部件的更换主要考核技师对部件的拆卸、检查、安装以及高压安全防护等技能的掌握情况。在进行操作时一定要参考维修手册、遵守车辆厂家的维修作业标准，否则有可能造成人员伤亡和车辆的损坏。

车载充电机的更换					
1. 信息记录					
车辆品牌		车辆型号			
VIN		制造日期			
2. 职业素养和规范评分					
序号	作业内容	评分要点	自评	互评	师评
1	人身安全	□能正确设置隔离栏 □能正确设置安全警示牌 □能正确检查灭火器压力值（水基、干粉） □能正确检查绝缘手套密封性 □能正确检查绝缘手套的耐压等级 □能正确测量高压部分线路 □能正确检查劳保手套外观损伤 □能正确检查护目镜外观损伤 □测量高压部分线路时佩戴护目镜 □能正确检查安全帽外观损伤 □作业中戴安全帽 □穿绝缘鞋（进入工位前提前穿好）	□熟练 □不熟练	□熟练 □不熟练	□合格 □不合格
2	设备安全	□工具零件不得放置在没有防护的台架上 □仪器、工具、零件不得跌落	□熟练 □不熟练	□熟练 □不熟练	□合格 □不合格
3	仪器使用	□能正确进行数字绝缘测试仪开路检测并确认电阻值为无穷大 □能正确进行数字绝缘测试仪短路检测并确认电阻值小于1Ω □能正确确认数字绝缘测试仪上的"TEST"功能正常 □能正确选择四点检测绝缘垫绝缘性 □使用绝缘测试仪的时候佩戴绝缘手套与护目镜 □能正确检查数字式万用表的电阻量程（校零）	□熟练 □不熟练	□熟练 □不熟练	□合格 □不合格

（续）

序号	作业内容	评分要点	自评	互评	师评
3	仪器使用	□能正确检查、清洁内阻测试仪表笔并进行内阻测试仪校零 □能正确按工单要求设置内阻测试仪检测参数	□熟练 □不熟练	□熟练 □不熟练	□合格 □不合格
4	团队协作	□配合作业时未发生身体碰撞、语言争执	□熟练 □不熟练	□熟练 □不熟练	□合格 □不合格
5	作业要求	□能正确同步记录作业过程 □严禁以下操作：车载充电机摆放时出现剧烈碰撞；粗暴操作导致线路损坏；粗暴操作导致安装螺纹滑丝 □能正确使用各种工具 □能正确进行内阻测试仪开机预热	□熟练 □不熟练	□熟练 □不熟练	□合格 □不合格
6	现场恢复	□能正确复位仪器、防护用品、工具等 □能正确执行高压断电 □能遵守先断开电源开关、取下维修开关、等待 10min 的流程执行高压断电 □能正确安装车载充电机高压线束 □能正确进行 5S 清洁	□熟练 □不熟练	□熟练 □不熟练	□合格 □不合格

3. 作业过程记录

1）车载充电机拆卸的步骤：

2）车载充电机检查的步骤：

3）车载充电机安装的步骤：

（续）

4）安装复位后，使用诊断仪读取相关数据流并记录：

有无故障码	□有　　□无
故障码（如有）：	含义：
主要数据流记录	
数据 1：	含义：
数据 2：	含义：
数据 3：	含义：
数据 4：	含义：
……	……

自评：□熟练　□不熟练　　　互评：□熟练　□不熟练　　　师评：□合格　□不合格

参考信息

注意事项

1）检查并确认车辆处于 OFF 状态，并将智能钥匙移至检测区域外。
2）断开辅助蓄电池负极端子。
3）检查绝缘手套是否正常并佩戴。
4）拆下维修开关。
5）稳妥保管维修开关。

进行维修开关的检查与更换时，一定要注意：将电源开关置于 OFF 位置后，断开辅助蓄电池负极端子电缆前，需要等待一段时间。

1. 查阅维修手册

如图 5-2-13 所示，查阅丰田插电式混合动力卡罗拉轿车维修手册：①"发动机/混合动力系统"模块中"混合动力/蓄电池控制系统"项目；②"电动车辆充电器总成"部分。

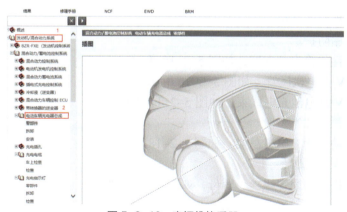

图 5-2-13　查阅维修手册

2. 车载充电机零部件图

通过零部件图，可以清楚总成部件相互之间的位置关系和部件紧固力矩，有助于进行拆卸和安装，图 5-2-14 中方框内的数字就是力矩，单位为 N·m（kgf·cm，ft·lbf）。

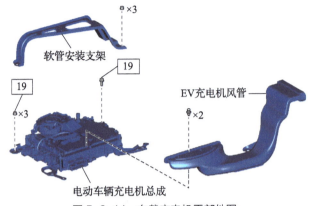

图 5-2-14　车载充电机零部件图

3. 车载充电机拆卸

1）注意事项。因为系统中有高压电，所以应做好高压安全防护；拆卸高压部件之前，应按正确操作规范先进行下电操作，再进行其他相关操作，务必遵循手册描述的程序进行拆卸，否则可能有触电风险。

务必遵守检查和维修高压电路的注意事项。

2）拆卸维修开关。

3）断开发动机舱主线束。

4）拆卸插接器盖总成。

5）检查端子电压。

6）安装插接器盖总成。

7）连接发动机舱主线束。

8）拆卸备胎罩。

9）拆卸工具箱。

10）拆卸备胎。

11）拆卸后地板装饰板。

12）拆卸备胎防护罩。

13）拆卸挠性软管安装支架，如图 5-2-15 所示。

14）拆卸 EV 充电机风管，如图 5-2-16 所示。

15）断开 HV 蓄电池充电线束，如图 5-2-17 所示。

注意：务必佩戴绝缘手套。

16）拆卸电动车辆充电机总成，如图 5-2-18 所示。

注意：务必佩戴绝缘手套。

17）拆卸插接器和固定螺栓、螺母，如图 5-2-19 所示。

18）拆卸充电机冷却风扇，如图 5-2-20 所示。

图 5-2-15 拆卸挠性软管安装支架

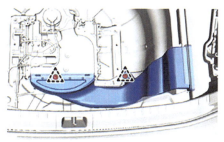
图 5-2-16 拆卸 EV 充电机风管

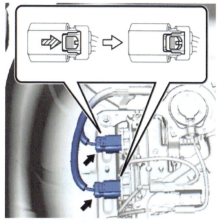
图 5-2-17 断开 HV 蓄电池充电线束

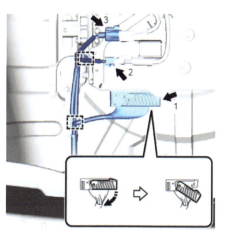
图 5-2-18 拆卸电动车辆充电机总成

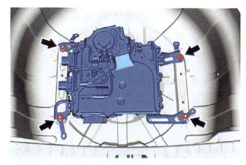
图 5-2-19 拆卸插接器和固定螺栓、螺母

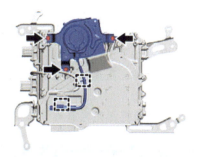
图 5-2-20 拆卸充电机冷却风扇

4. 车载充电机安装

1）安装充电机冷却风扇。

2）安装电动车辆充电机总成，如图 5-2-21 所示。

注意：务必佩戴绝缘手套。

3）连接 HV 蓄电池充电机线束，如图 5-2-22 所示。

注意：务必佩戴绝缘手套。

4）安装 EV 充电机风管。

5）安装挠性软管安装支架。

6）安装备胎防护罩。

7）安装后地板装饰板。

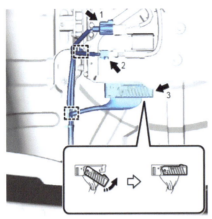 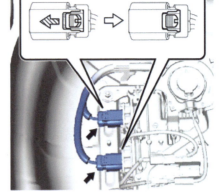

图 5-2-21　安装电动车辆充电机总成　　图 5-2-22　连接 HV 蓄电池充电机线束

8）安装备胎。
9）安装工具箱。
10）安装备胎罩。
11）安装维修开关。

知识拓展

交通运输部最新数据显示，截至 2023 年 6 月底，全国已有 5931 个高速公路服务区，占高速公路服务区总数（6628 个）的 89.48%，累计建成充电桩数量 1.859 万个，覆盖 2.9 万个小型客车停车位，并有约 2.7 万个停车位预留了建设安装条件，近九成高速服务区覆盖充电设施。其中，北京、河北、辽宁等 17 个省份高速公路充电基础设施覆盖率超过了 90%。全国已有 5128 个高速公路服务区充电车位占小客车总停车位的比例超 10%，高速公路服务区充电基础设施网络日益完善。

——摘自央视网 2023 年 7 月 31 日刊载文章
《加快新能源充电基础设施建设电动汽车"里程焦虑"问题得到缓解》(节选)

任务拓展

在网上查找其他车型的电路图，查询纯电动汽车充电系统电路，然后与混合动力汽车的充电系统电路图进行对比，找出它们的异同点。

任务3　充电桩及充电插头检测

一、任务信息

任务 3　充电桩及充电插头检测			
任务难度	初级		
学时	2 学时	班级	
成绩		日期	
姓名		教师签名	
案例导入	假如你是新能源汽车的维修技师，今天接到一辆插电式混合动力轿车，车辆无法充电，经过检查车辆没有问题，初步怀疑是充电桩或是充电枪的故障，现在请你进行检修。		
学习目标	知识	1. 掌握充电桩工作原理 2. 掌握充电桩及充电插头的检测方法	
	技能	1. 能正确查询相关标准和技术资料 2. 能正确使用检测工具 3. 能正确检测充电桩及充电插头 4. 能遵守高压安全相关规范进行安全操作	
	素养	1. 能够展示操作成果 2. 能够与团队成员协作完成任务 3. 能够树立安全及 5S 的工作理念	

二、任务流程

（一）任务准备

如果要拆卸车载充电机，需要做哪些准备工作？需要准备哪些工具？具体的拆装步骤有哪些？操作前请扫描二维码观看高压维修操作视频（见前言末尾）。

（二）任务实施

根据能力素质培养要求，通过实训和技能训练完成以下工作任务。

任务 3.1　充电桩的认知

工作表

查询资料，了解充电桩的特点。

1. 与插电式混合动力汽车相关的国家标准有哪些？

2. 常见的充电桩有哪些类型？分别有什么特点？

3. 通过学习参考信息，完成下表。

充电桩的认知			
车辆品牌		车辆型号	
充电桩类型		充电桩型号	

2. 标准识读

GB/T 32694—2021《插电式混合动力电动乘用车 技术条件》中规范性引用文件有几个？分别是什么？

3. 充电桩原理

1）绘制充电桩电路原理图：

2）绘制交流慢充插头示意图：

自评：□熟练 □不熟练　　互评：□熟练 □不熟练　　师评：□合格 □不合格

参考信息

GB/T 32694—2021《插电式混合动力电动乘用车 技术条件》中规定，车辆（插电式混合动力汽车）应具备可外接充电功能，并根据充电方式不同，其充电接口应满足 GB/T 20234（所有部分）的相应要求。车辆充电互操作性应满足 GB/T 34657.2—2017 的要求，即插电式混合动力汽车充电标准与纯电动汽车交流慢充标准一致。通过 GB/T 20234《电动汽车传导充电用连接装置》和 GB/T 34657《电动汽车传导充电互操作性测试规范》，我们可以知道电动汽车传导充电用连接装置的定义、要求、试验方法和检验规则等相关知识。

1. 定义

充电桩是指采用交流充电模式为电动汽车动力电池总成进行充电的充电设备。

交流充电模式是指以三相或单相交流电源，通过车载充电机的整流变换，将交流电变换为高压直流电给动力电池供电。

交流充电模式的特征是充电机为车载系统。

对于功率小于或等于 5kW 的交流充电机，输入为额定电压 220V ± 22V、频率 50Hz ± 1Hz 的单相交流电。

对于功率大于或等于 5kW 的交流充电机，输入为额定电压 380V ± 38V、频率 50Hz ± 1Hz 的三相交流电。

2. 常见交流慢充充电桩

交流充电桩的充电模式为常规充电模式（慢充）。其外形分为落地式和壁挂式，图 5-3-1 所示为慢充充电桩实物。

交流充电桩输出单相/三相交流电，通过车载充电机转换成直流电给车载电池充电，其功率较小，充电速度较慢，一般安装在小区、停车场等场所。家用充电桩基本情况见表 5-3-1。

图 5-3-1 慢充充电桩实物

表 5-3-1 家用充电桩基本情况

充电模式	充电电压	充电速度	充电费用	结算方式
低功率交流充电	220V	6~8h	民用电价	刷卡或 APP 结算

3. 交流充电桩工作原理

交流充电桩的工作电压为 220（1 ± 15%）V，额定输入功率为 3.5~7kW，充满电需要 8h 左右，造价低廉，安装普遍。图 5-3-2 所示为交流充电示意图。

（1）交流充电过程（充电桩部分）

交流充电原理如图 5-3-3 所示。用户打开充电口盖，将充电枪插入交流充电口。当检测点 3 检测到电阻值为 RC+R4 时，确认为充电枪半连接；当检测点 3 检测到电阻值为 RC 时，确认为充电枪连接。

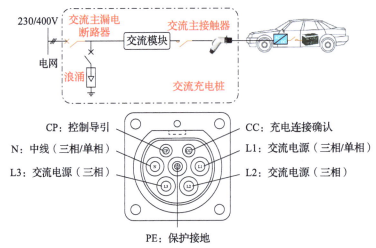

图 5-3-2 交流充电示意图

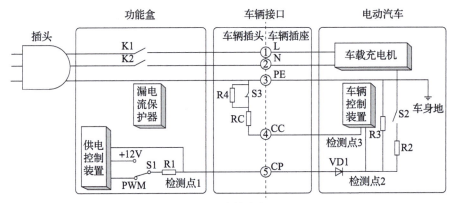

图 5-3-3 交流充电原理

如果供电设备无故障，且确认充电枪已连接，则开关 S1 从 +12V 连接状态切换至 PWM 连接状态，供电控制装置发出 PWM 信号。

车辆车载充电机（OBC）检测到 CP 信号后会被唤醒，OBC 进而唤醒车辆其他控制器，准备交流充电。交流充电流程如图 5-3-4 所示。

（2）交流充电过程（车端部分）

车辆端各控制器唤醒后首先进行自检，确认无故障后，会进行控制器间的状态确认。OBC 会将充电桩端的 CP 信号转换成可用充电功率信号发给整车控制器（VCU）。电池控制器（BMS）检查电池的状态，发送电池的 SOC、是否允许充电、电池的充电电流限值、电池的充电电压限值等信号给 VCU。

确认各控制器的信息后，VCU 控制各控制器执行上高压电的动作，使能高压低压转换装置 DC/DC。完成后确认系统充电条件具备的话，发送充电使能信号给 OBC。OBC 收到充电使能信号以后，闭合 S2。

S2 闭合后，检测点 1 的电平从 9V 变为 6V，充电桩将闭合 K1、K2，OBC 开始工作，给电池充电。

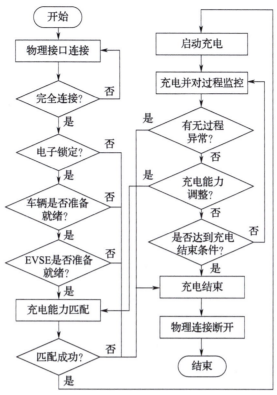

图 5-3-4　交流充电流程

任务 3.2　充电桩及充电插头的检测

工作表

查阅资料，了解充电桩及充电插头的检测步骤。

1. 查看维修手册，说明检测充电桩及充电插头需要哪些工具？

_____
_____

2. 查看维修手册，制订充电桩及充电插头检测的工作计划。

_____
_____

3. 检测充电桩及充电插头过程中需要注意哪些问题？

_____
_____

4. 在老师指导下，在充电桩和充电实训台上进行检测并完成下表。

充电桩及充电插头的检测		

1. 信息记录

车辆品牌		车辆型号	
充电桩类型		充电桩型号	

2. 职业素养和规范评分

序号	作业内容	评分要点	自评	互评	师评
1	人身安全	□能正确设置隔离栏 □能正确设置安全警示牌 □能正确检查灭火器压力值（水基、干粉） □能正确检查绝缘手套密封性 □能正确检查绝缘手套的耐压等级 □能正确测量高压部分线路 □能正确检查劳保手套外观损伤 □能正确检查护目镜外观损伤 □测量高压部分线路时佩戴护目镜 □能正确检查安全帽外观损伤 □作业中戴安全帽 □穿绝缘鞋（进入工位前提前穿好）	□熟练 □不熟练	□熟练 □不熟练	□合格 □不合格
2	设备安全	□工具零件不得放置在没有防护的台架上 □仪器、工具、零件不得跌落	□熟练 □不熟练	□熟练 □不熟练	□合格 □不合格
3	仪器使用	□能正确进行数字绝缘测试仪开路检测并确认电阻值为无穷大 □能正确进行数字绝缘测试仪短路检测并确认电阻值小于1Ω □能正确确认数字绝缘测试仪上的"TEST"功能正常 □能正确选择四点检测绝缘垫绝缘性 □使用绝缘测试仪的时候佩戴绝缘手套与护目镜 □能正确检查数字式万用表的电阻量程（校零） □能正确检查、清洁内阻测试仪表笔并进行内阻测试仪校零 □能正确按工单要求设置内阻测试仪检测参数	□熟练 □不熟练	□熟练 □不熟练	□合格 □不合格
4	团队协作	□配合作业时未发生身体碰撞、语言争执	□熟练 □不熟练	□熟练 □不熟练	□合格 □不合格
5	作业要求	□能正确同步记录作业过程 □严禁以下操作：充电插头测量时出现剧烈碰撞；粗暴操作导致线路损坏；粗暴操作导致安装螺纹滑丝 □能正确使用各种工具 □能正确进行内阻测试仪开机预热	□熟练 □不熟练	□熟练 □不熟练	□合格 □不合格

（续）

序号	作业内容	评分要点	自评	互评	师评
6	现场恢复	□能正确复位仪器、防护用品、工具等 □能正确执行高压断电 □能遵守先断开电源开关、取下维修开关、等待 10min 的流程执行高压断电 □能正确安装车载充电机高压线束 □能正确进行 5S 清洁	□熟练 □不熟练	□熟练 □不熟练	□合格 □不合格

3. 作业过程记录

1）充电桩的检测步骤及检测值的记录。
检测步骤及注意事项：

序号	项目	测量值	备注
1	指示灯是否亮起	□是 □否	
2	L–N 电压		
3	充电桩是否正常	□是 □否	
4			

2）充电插头的检测步骤及检测值的记录。
检测步骤及注意事项：

序号	项目	测量值	备注
1	L 线路是否正常	□是 □否	
2	N 线路是否正常	□是 □否	
3	CP 线路是否正常	□是 □否	
4	PE 线路是否正常	□是 □否	
5	充电枪开关是否回位	□是 □否	
6	CC-PE 阻值（按下按钮）	□是 □否	
7	CC-PE 阻值（未按下按钮）		
8			

自评：□熟练 □不熟练　　互评：□熟练 □不熟练　　师评：□合格 □不合格

参考信息

1. 充电检测方法

（1）充电正常的必要条件

1）国标交流充电插座上的 CC（充电连接确认线）及 CP（充电控制线）分别与 BMS 上的 CC 及 CP 线连接上。

2）充电机上的 CAN-H、CAN-L 线分别与 BMS 主控模块的充电 CAN-H、CAN-L 线连接导通。

3）BMS 主控模块输出 12V 电源给充电继电器。

4）充电继电器吸合。

（2）充电过程检测

把充电枪与车上的充电插座连接好后，仪表上充电机工作指示灯、连接指示灯亮起，充电继电器吸合，开始充电，仪表上显示充电电流。

正常充电的前提是充电连接指示灯、充电机工作指示灯必须常亮，如图 5-3-5 所示。

若充电机工作指示灯亮起，充电连接指示灯不亮或一直闪烁，则应检查 CC 线是否连接正常。

纯电动汽车充电系统常见的故障现象、充电指示灯常亮故障的诊断、充电指示灯常亮故障的维修及检验（共 3 个视频）

HEV 充电系统常见的故障现象、充电中途停止故障的诊断、充电中途停止故障的检修（共 3 个视频）

充电机工作指示　充电连接指示

图 5-3-5　充电指示灯

2. 简易充电桩故障

（1）简易交流充电桩基本功能

1）过电流保护。简易交流充电桩提供一路受控输出的交流充电接口，输出电流大于 20A 时，在规定的时间内充电桩能够自动切断交流输出。

2）安全防护。充电接口处设计舱门，待机时舱门闭锁，只有打开舱门时才可以正常充电。

3）输出控制。当车辆充电插头或充电桩插头断开时，简易交流充电桩插座能够即刻停止输出。

4）漏电保护。当充电桩的漏电电流大于 30mA 时，充电桩能够即刻切断交流输出。

5）锁紧装置。简易交流充电桩插座与充电枪接口装有锁止机构，需要人工解锁后才能拔出充电枪，防止充电时误拔充电枪。

6）标识警示。简易交流充电桩应在醒目的位置明确提供以下信息：导向标志、充电位置引导标志和安全警告标示。

7）反接提醒。充电桩相线与零线接反时，充电桩内部控制电路板上的反接指示灯点亮，用于提醒用户接线错误。

8）带载切换。在充电状态下拔除插头，带负载可分合电路即时动作，切断对插座的供电。

9）充电指示。充电桩工作在充电状态时，面板上的红色充电工作指示灯点亮，用于指示充电桩工作状态。

10）信号检测。充电桩带有国标要求的 CC、CP 信号检测及 CP PWM 信号输出。

充电桩电路原理如图 5-3-6 所示。简易充电桩配套插头端子如图 5-3-7 所示，端子功能定义见表 5-3-2。

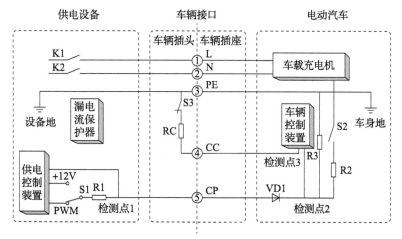

图 5-3-6 充电桩电路原理

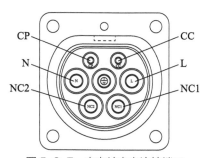

图 5-3-7 充电桩充电连接端口

表 5-3-2 充电插头端子功能定义

端子	定义
L	交流电源 L（相线）
NC1	备用
NC2	备用
N	交流电源 N（中线）
充电桩接地	保护接地
CC	充电连接确认
CP	充电控制线（充电桩输出 12V 或 6V PWM）

（2）电路检测与故障判别

1）如图 5-3-8 所示，短接简易充电桩配套插头 CC 和 CP 接口，检测 N 和 L 接口有无 220V 电压输出，桩体指示灯是否亮起。

2）短接简易充电桩配套插头 CC 和 CP 接口，如果明显听到简易充电桩内继电器吸合、指示灯亮起，但 N 和 L 接口没有 220V 输出，可拆桩检测内部空气开关和外部供电。如都没有问题，可以判定为桩体电路板故障。

图 5-3-8 充电桩部件检测

3）短接简易充电桩配套插头 CC 和 CP 接口，如果简易充电桩内继电器不吸合、指示灯不亮，N 和 L 接口没有 220V 输出，可拆桩检测内部空气开关和外部供电。如都没有问题，可以判定为桩体继电器损坏。更换后再次检测排除电路板故障。

3. 充电枪常见故障

比亚迪新能源汽车采用 3.3kW 壁挂式充电盒，其外观及内部结构如图 5-3-9 所示。

a）充电盒外观　　　　　　b）内部结构

图 5-3-9 比亚迪壁挂式充电盒外观及结构

说明：以下测量均在无电状态下进行，如在有电状态下测量需遵守高压安全规程。

1）充电枪线束断路、固定端子虚接。

①充电枪口相线（L）与接触器 L 导通正常，连接牢固，如图 5-3-10a 所示。

②充电枪口零线（N）与接触器 N 导通正常，连接牢固，如图 5-3-10b 所示。

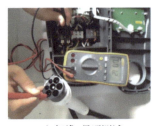

a）相线 L 导通测试　　　　　b）零线 N 导通测试

图 5-3-10 充电枪口 L/N 接线测试

③充电枪口接地 PE 与接地端子排 PE 导通正常，连接牢固，如图 5-3-11a 所示。

④充电枪口信号线 CP 与接地端子排 CP 导通正常，连接牢固，如图 5-3-11b 所示。

⑤充电盒与充电枪口连接端子如图 5-3-12 所示。

2）充电枪开关电阻异常。充电枪开关阻值（CC 与 PE）按下按钮为无穷大，未按下按钮为 680Ω 左右，如图 5-3-13 所示。

a）接地PE导通测试　　b）信号线CP导通测试

图 5-3-11　充电枪口 PE、CP 接线测试

图 5-3-12　充电盒与充电枪口连接端子

a）按下按钮时阻值　　b）未按下按钮时阻值

图 5-3-13　充电枪开关阻值测试

3）充电枪开关不回位。可以按动充电枪开关，检查开关回位是否正常；如充电枪口端子松动，检查充电枪 N/L/CP/PE/CC 端子是否松动，如图 5-3-14 所示。若出现以上异常，则更换充电枪。

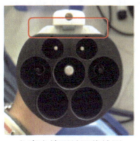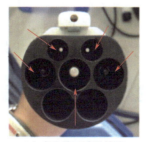

a）充电枪开关回位检测　　b）充电枪口端子检测

图 5-3-14　充电枪开关与端子检测

知识拓展

目前，新能源汽车的充电模式主要包括交流（AC）充电和直流（DC）充电。其中，交流充电一般使用家庭或商业电力电源，电压一般为220V或380V；而直流充电则使用公共充电桩，速度更快，但需要更多的设备和高压电源，成本也更高。新能源汽车实现高效节能快速充电将成为未来发展的趋势。

无线充电技术允许电动汽车在不使用电线或电缆的情况下，通过嵌入在道路和停车位的无线充电源板自动连入电网进行充放电，使用方便安全，可以有效利用汽车电池容量、减轻车体重量、增加车辆续驶里程。

按充电原理划分，无线充电技术（Wireless Power Transmission，WPT）可以分为三种：无线电波式、电磁感应式、电磁共振式。其中，电磁感应式和电磁共振式在中短距离场合的能量传输效率较高，更适用于电动汽车充电。

按照充电方式划分，无线充电技术可以分为动态充电和静态充电。动态充电系统易于使用，并且可以为行驶状态下的车辆充电。目前市场上的主要技术开发公司多专注于动态无线充电系统，以满足日益增长的商用电动汽车需求。中国和韩国主要研发的是动态无线充电系统。

汽车无线充电虽然解决了用户的"无感充电"体验以及充电带来的占用空间等问题，但对于充电技术来说，依旧存在无法逾越的障碍。目前，奥迪、宝马、奔驰、沃尔沃、丰田等汽车厂商都在研究电动汽车无线充电技术。国内的华为、中兴新能源、比亚迪、北汽新能源以及中惠创智、新页科技、有感科技等企业均有涉猎，不过目前国内市场还没有一款支持无线充电的量产车型，主要存在以下技术痛点：

1）充电效率低。乘用车即使使用最高充电功率11kW，充电1min也只能提供行驶1km的电量。

2）充电安全难。汽车无线充电技术首要的安全问题就是采用电磁波传递能量会给新能源汽车新增安全隐患，电动汽车无线充电技术要高度重视异物检测、活物保护、发热、电磁兼容（EMC）、电磁干扰（EMI），加快提升产品的成熟度。

3）无线充电技术的国家标准并不成熟。新的技术需要普及，标准必须统一，目前正在摸索阶段，参照新能源企业针对电池研究的期限，该项技术完善至少需要十年时间。

4）系统复杂。由于电动汽车无线充电有墙端、地面端和车载端三大部分，涉及电池仿真、WiFi通信、雷达信号处理以及公共场所的操作性等问题，整个系统颇为复杂。

5）成本高。设备供应商要从产品类别、标准体系、应用场景等方面系统地提出成本控制策略，以满足车企在成本、体积、重量、安全和互操作性方面的要求。

总而言之，电动汽车无线充电不是一个孤立的存在，它是整个生态内所有的厂商、参与方都积极行动起来，共同参与才能完成的产业链。

任务拓展

在网上查询插电式混合动力汽车和纯电动汽车不同车型的充电插头样式，并总结其规律。

任务4　插电式混合动力汽车检修

一、任务信息

任务 4　插电式混合动力汽车检修			
任务难度	高级		
学时	2 学时	班级	
成绩		日期	
姓名		教师签名	
案例导入	假如你是新能源汽车的维修技师，今天接到一辆有故障的插电式混合动力轿车。请你对故障车辆进行诊断和维修。		
学习目标	知识	1. 掌握插电式混合动力汽车检修的流程 2. 掌握插电式混合动力汽车故障诊断的思路	
	技能	1. 能正确检索相关标准和技术资料 2. 能正确使用维修工具和检测仪器 3. 能遵守高压安全相关规范进行安全操作	
	素养	1. 能够展示操作成果 2. 能够与团队成员协作完成任务 3. 能够树立安全及 5S 的工作理念	

二、任务流程

（一）任务准备

如果要进行插电式混合动力汽车检修，需要做哪些准备工作？需要准备哪些工具、仪器和维修资料？操作前请扫描二维码观看高压维修操作视频（见前言末尾）。

（二）任务实施

根据能力素质培养要求，通过实训和技能训练完成以下工作任务。

工作表

制定故障车辆检修流程，并完成检修任务。

1. 检修过程中，在向客户进行车辆问诊时需要注意哪些事项？

_____

_____

2. 故障诊断中，诊断类别有哪几种？哪种诊断最简单？

_____

_____

能力模块五　插电式混合动力系统检修

3. 查询电路图和维修手册时,有哪些注意事项?

4. 在实训台架或实训车辆上设置故障,以小组形式完成检修作业,并完成下表。

插电式混合动力汽车检修				
1. 信息记录				
车辆品牌		车辆型号		
电机型号		里程表读数		
生产年月		VIN		
2. 车辆检测任务列表				
序号	作业内容			
1	检查智能钥匙外观及指示灯情况,用智能钥匙控制开闭车门是否正常			
2	记录车辆型号、车辆识别代码、电机型号、发动机型号、驱动桥型号、动力电池系统SOC、动力电池系统额定工作电压、动力电池系统额定容量			
3	检查发动机机油油量、品质是否正常			
4	检查发动机冷却液、高压系统冷却液是否正常			
5	检查制动液是否正常			
6	检查四个车轮轮胎气压及花纹状况			
7	检查前舱高压电缆插头是否存在松动、破损情况			
8	检查充电口插头是否存在松动、破损情况			
9	检查前舱低压控制接插件、线路是否松动			
10	测量并记录低压电源系统电压(静态、上电后)			
11	检查前舱热管理系统各软管的安装、连接情况及有无裂纹、损伤和泄漏			
12	检查车辆是否能正常上电,上电后仪表指示灯是否正常			
13	检查车辆自诊断系统是否正常			
14	检查充电口是否有异物、烧蚀等,充电插座机械锁功能是否正常			
15	检查充电桩、充电插座和充电电缆是否正常			
16	检查车辆能否正常充电及充电时仪表显示是否正常			
3. 车辆检测结果记录表(只记录指定项目数据和异常数据)				
序号	检测(检查)项目		检测(数据记录)结果	结果(功能)判断

（续）

4.故障诊断过程记录单			
故障现象确认			
部件/线路测试	部件/线路范围	检查或测试后的结果判断	
		□正常	□不正常
		□正常	□不正常
		□正常	□不正常
		□正常	□不正常
		□正常	□不正常
		□正常	□不正常
		□正常	□不正常
	波形采集（不用者不填）	□正常	□不正常
	※ 注明测试条件、插件代码和编号、控制单元针脚代号以及测量结果		
故障点和故障类型确认	※ 在电路图上指出最小故障线路范围或故障部件		
简要描述故障排除思路			
自评：□熟练　□不熟练	互评：□熟练　□不熟练	师评：□合格　□不合格	

参考信息

插电式混合动力汽车结合了电动汽车和传统燃油汽车的优势，在检修时也需要从电动汽车和燃油汽车两个角度进行检修。这种汽车的检修流程、基本技能和步骤与方法，与传统的燃油汽车相比，具有一定的独特性。插电式混合动力汽车的检修需要具备专业的技能和工具，按照规范的步骤和方法进行操作。只有这样，才能确保维修工作的准确性和安全性，使车辆保持良好的工作状态。下面我们来探讨插电式混合动力汽车维修的常见流程、插电式混合动力汽车检修的基本技能以及插电式混合动力汽车检修的步骤和方法。

1. 插电式混合动力汽车维修的常见流程

1）理解并确认客户报修问题。
2）确认车辆行驶状况。
3）预检并进行全面的目视检查。
4）执行系统化的车辆诊断与检查。
5）查询或检索相关的案例信息。

6）诊断类别。

7）找到故障根本原因，修理并检验修复情况。

8）重新检查客户报修问题。

2. 插电式混合动力汽车检修的基本技能

（1）确认车况

车辆正常运行时，存在客户描述的故障情况，那么该情况可能属于正常情况。在与客户描述情况相同的条件下，与操作正常的类似车辆进行比较，如果其他车辆存在类似情况，那么这可能是车辆的设计原因。

（2）车辆预检

1）对车辆进行外观全面检查。

2）检测是否有异常的响声或异味。

3）采集故障码信息，以便进行有效的修理。

（3）系统检查

通过预检获取的信息，针对故障区域进行系统化的诊断和确认，确认系统工作是否正常，并确定执行何种诊断类别。常见的诊断类别有以下四种。

1）针对当前故障码：按照指定的故障码诊断，以进行有效的诊断和维修。

2）针对无故障码：选择合适的症状诊断程序，按照症状诊断思路和步骤诊断、维修。

3）针对未公布的诊断程序：分析问题，制订诊断方案。从维修手册中查看故障系统的电源、搭铁、输入和输出电路，确定插头和其他多条电路相连接的部位。查看部件的位置，确认部件、插接器或线束是否暴露在极端温度或湿度环境，以及是否会接触到具有腐蚀性的蓄电池电解液、机油或其他油液。

4）针对间歇性或历史故障码：间歇性故障是一种不连续出现、很难重现，且只在条件符合时发生的故障。一般情况下，间歇性故障是由电气插接器和线束故障、部件故障、电磁或无线电频率干扰、行驶状况导致的。

在进行诊断和检查时，结合专业知识和可用的维修信息，判断客户描述的症状和状况，使用带数据捕获（数据流读取）功能的故障诊断仪、数字式万用表等方法和工具将有利于定位和修理间歇性故障或历史故障码。

（4）仪表检查

当插电式混合动力汽车出现故障时，通常在仪表上会显示出相应的故障指示灯来提醒驾驶人，并根据车辆的实际运行情况以及结合故障类型，启动相应的故障模式，不同车型的仪表指示灯有不同的含义，具体可参见车型的用户手册。概括来讲仪表上的指示灯主要分为三类，这和大家熟知的交通信号灯有些相似，把握"红灯停、绿灯行、黄灯注意行"的原则来识别仪表指示灯。

红色灯：仪表上只要有红色灯亮起就说明车辆存在严重问题，不能继续行驶，必须解决后才能行驶，否则会出安全事故。

黄色灯：黄色灯亮起说明车辆存在故障，但是车辆暂时还可以继续行驶，不会影响行车安全，但要随时注意，尽快到维修店查明原因。

其他灯：比如蓝色、绿色灯，这些灯是工作指示灯，指示灯亮起说明这个部件在工作。

当新能源汽车出现警告灯点亮的情况后，可以遵循以下原则执行相应的检查，包括一看、二查和三清。

一看：看仪表上显示的故障指示灯，定位故障原因。

二查：查故障码和系统状态，找到故障原因。

三清：排除故障，问题解决以后，通过诊断仪重新清除故障码，从而使仪表上的警告灯熄灭。

（5）分类检查

针对上电以后整车无故障，但又不能进入起动模式的情况，需要先确认变速器档位是否在空档，如不在空档，应退回空档以后再尝试起动。

针对整车无故障、动力性能减弱的情况，需要注意电量低提示灯是否点亮，如点亮，应及时充电。

针对蓄电池充满电以后，蓄电池不能连接、蓄电池切断指示灯点亮的情况，需要查看外接充电线是否拔掉，外接充电线连接时整车不能行驶。

针对点火钥匙打到 ON 档后，仪表所有灯不亮，或闪烁或比较暗的诊断如下：

1）仪表灯不亮：检查辅助蓄电池端子是否被拔掉，若被拔掉，应连接后再试；若辅助蓄电池连接仪表灯不亮，说明辅助蓄电池严重亏电，需更换辅助蓄电池。

2）仪表灯闪烁或者比较暗：说明辅助蓄电池亏电，需要及时对辅助蓄电池充电或者更换。

维修提示：现在车辆上模块很多，直接断电更换蓄电池有可能引发新的故障，因此我们需要在不断电的情况下更换辅助蓄电池的方法。在动力电池电量良好并且充电线断开的情况下，可以通过搭铁线将辅助蓄电池与有电的辅助蓄电池连接，钥匙拧至 IG ON 档位置使高压继电器吸合，DC/DC 变换器开始工作以后，即可断开搭铁线连接。在操作过程中，应注意安全，正负极不要反接或短接。另外有些车辆起动以后，DC/DC 变换器才会对辅助蓄电池进行充电。因此需要判断 DC/DC 变换器是否工作，这有两个方法：一是看仪表上辅助蓄电池指示灯是否熄灭；二是通过电压表测试辅助蓄电池两端的电压是否大于 13V。

（6）常见的故障原因

1）辅助蓄电池故障指示灯常亮故障的可能原因有：由于存放时间过长或者过量使用辅助蓄电池导致辅助蓄电池电压较低；DC/DC 变换器故障，不能给辅助蓄电池充电；DC/DC 变换器熔丝熔断，辅助蓄电池上方的熔丝熔断；连接 DC/DC 变换器至辅助蓄电池端的线束有问题。

2）动力电池故障指示灯常亮，整车不能起动故障的可能原因有：高压动力电池系统故障；高压动力电池本体存在故障。

3）系统故障指示灯常亮或者闪烁，整车不能起动故障的可能原因有：整车控制器严重故障；整车 CAN 通信存在短路或断路故障；高压系统（蓄电池、电机、压缩机、整车控制器）互锁系统故障；冷却风扇驱动故障；逆变器驱动或继电器驱动故障；加速踏板故障；压缩机驱动故障；电机转矩监控故障；发动机电控系统故障；低压供电系统主继电器驱动故障。

4）系统故障指示灯和动力电池故障指示灯不亮，动力电池断开指示灯亮，这种情况属于高压供电系统回路不能建立，整车不能行驶。导致此情况可能的原因有：高压供电系统继电器盒内熔丝烧断；高压供电系统继电器（正极、负极、预充电）控制线束有问题；继电器本身损坏；预充电阻失效。

5）驱动系统警告灯常亮，这种情况属于蓄电池断开，导致驱动系统失效。导致此情况可能的原因有：电机系统故障；电机控制器故障；发动机电控系统故障；驱动桥电控系统故障。

（7）检修注意事项

在对车辆开展维修工作之前，要确保"READY"指示灯是熄灭的，故应关闭点火开关，并把车钥匙取下来。

对插电式混合动力汽车进行诊断、维修、处理损坏车辆、进行事故恢复或急救工作时，必须首先禁用高电压供电系统，具体方法如下：

1）变速器档位开关置于 P 位，驻车制动，取出钥匙。

2）断开辅助蓄电池负极端子。

3）戴上绝缘手套，拆下维修开关，将维修开关用绝缘胶布贴封起来，隔离外露区域与高压系统的接线端或插接器。

4）断开维修开关后，在开始检查前等待 10min，使用万用表检测需要维修的高电压系统输入与输出线路的每一个相位电压，读数必须小于规定值（一般小于 3V）。

3. 插电式混合动力汽车检修的步骤和方法

（1）插电式混合动力汽车故障诊断与维修基本步骤

1）初步判断故障前行驶状况、故障时车辆状况及对相关信息进行分析。车辆在故障状态下均会进入失效保护模式，虽然不同的汽车制造厂商设计的失效保护模式不一定相同，但是主要的动力驱动系统模式却很相似。

2）采用车辆故障诊断仪诊断汽车故障时，检查并记录系统中所有的故障码，确认高电压供电系统存在的故障码，并将该故障码优先排序。

3）检查并记录每一个系统，并检查历史记录数据。历史记录数据可以被用作故障再现试验，因为它记录了在故障被检测到时行驶和操作的状态。目前大多数故障诊断仪的故障码读取界面中，会在故障码后显示故障码出现的优先顺序，提示维修人员排查故障的正确顺序。

4）在分析故障码时，需要区分与故障不关联的故障码；在分析电路图时，在一本电路图中涵盖了不同型号的车辆，需要清楚车辆的配置和型号，注意辨别电路图中的信息。

5）主动测试功能应用。主动测试主要用于对新能源车辆进行故障检查，并使车辆保持特定的运行状态。

（2）插电式混合动力汽车诊断与维修后的检验方法

1）将点火开关置于 OFF 位置。注意：进行修理后，部分故障码需要点火开关先置于 OFF 位置，再置于 ON 位置，才可使用故障诊断仪清除故障码。

2）安装所有诊断时拆下或更换的部件或插接器。

3）在拆下或更换部件或模块时，可能还需要重新进行程序的设定。
4）将点火开关置于 ON 位置。
5）清除故障码。
6）将点火开关置于 OFF 位置持续 60s。
7）如果修理与故障码有关，则再现运行故障码的条件并使用"冻结故障状态"功能，以便确认不再设置故障码。

知识拓展

在社会上有这样一群工匠，他们能够保证汽车的正常行驶和运行，这就是汽车工匠。他们是汽车世界的创造者和守护者，用他们的双手和智慧，打造出精美的汽车作品、维修好一辆辆有故障的汽车，让人们惊叹不已。

汽车工匠是一种需要高超技艺和耐心的职业。他们不仅需要了解汽车的构造和原理，还需要熟练掌握各种维修和制造技能。他们需要精通钳工、焊接、装配等多种技术，同时还需要耐心细致地对每一个细节进行打磨和调整。在这个数字化时代，汽车工匠仍然坚持以手工打造和维修为主，他们认为只有这样才能够保证汽车的质量和性能。

汽车工匠的故事是充满激情和奉献精神的。他们往往需要长时间工作，但却甘之如饴。他们可以把自己的精神和风格融入每一辆汽车中，让它们成为独一无二的精品。他们可以为了一辆汽车的某个细节，不眠不休地工作数天，只为让它达到完美的状态。他们的作品不仅仅是汽车，更是他们的精神和艺术的结晶。

汽车工匠在汽车工业中扮演着至关重要的角色。他们是汽车生产的支柱，是汽车行业发展的重要推动力量。他们不仅制造出高质量的汽车，还为汽车文化的传承和推广做出了巨大的贡献。他们用自己的技艺和热情，吸引了更多的人来关注和了解汽车文化，进一步推动了汽车行业的发展。

汽车工匠是一种需要坚韧和创新的职业。他们需要不断地学习和探索新的技术，跟上汽车行业的发展步伐。他们需要用自己的智慧和创造力，设计出更加先进和可靠的汽车作品，为人类的交通发展做出贡献。

在今天这个快节奏的社会中，汽车工匠的技艺和价值依然是不容忽视的。他们是汽车的创造者和守护者，用他们的双手和智慧，打造出精美绝伦的汽车作品，让人们为之倾倒。他们是汽车世界的瑰宝，是汽车工业的重要支柱，更是人类交通发展的重要推动力量。

任务拓展

在实车上，小组间相互设置故障，然后按照维修规范进行故障排除，并相互讲述故障排除的思路。

参考文献

[1] 中国汽车工程学会. 节能与新能源汽车技术路线图 2.0 [M]. 北京：机械工业出版社，2020.

[2] 崔胜民. 混合动力汽车技术解析 [M]. 北京：化学工业出版社，2021.

[3] 瑞佩尔. 新能源电动汽车维修彩色图解教程 [M]. 北京：化学工业出版社，2019.

[4] 胡欢贵. 动画图解汽车构造原理与维修 [M]. 北京：机械工业出版社，2022.

[5] 胡欢贵. 新能源汽车关键部件结构图解手册 [M]. 北京：机械工业出版社，2019.

[6] 胡欢贵. 纯电动–插电混动–油电混动汽车维修资料大全 [M]. 北京：机械工业出版社，2019.

[7] 金希计，吴荣辉. 纯电动/混合动力汽车结构原理与检修（配实训工单）[M]. 北京：机械工业出版社，2022.

[8] 申荣卫. 混合动力汽车拆装与检测 [M]. 北京：机械工业出版社，2019.

[9] 杜慧起. 新能源汽车维修从入门到精通（彩色图解+视频）[M]. 北京：机械工业出版社，2019.

[10] 姚科业. 看图学修汽车混合动力系统 [M]. 北京：机械工业出版社，2013.

[11] 顾惠烽. 新能源混合动力汽车常用维修资料速查 [M]. 北京：化学工业出版社，2019.

[12] 赵振宁，邱洁，刘凤珠. 混合动力汽车构造原理与检修 [M]. 北京：机械工业出版社，2019.

[13] 宁德发. 混合动力汽车结构·原理·检测·维修 [M]. 北京：化学工业出版社，2018.

[14] 胡欢贵. 新能源汽车高压及电控系统电路彩色图解 [M]. 北京：机械工业出版社，2019.

[15] 张金柱. 混合动力汽车结构、原理与维修 [M]. 3 版. 北京：化学工业出版社，2017.

[16] 崔胜民. 新能源汽车技术解析 [M]. 北京：化学工业出版社，2016.

[17] 胡信国. 动力电池技术与应用 [M]. 2 版. 北京：化学工业出版社，2013.

[18] 杨国良，李建雄. 永磁同步电机控制技术 [M]. 北京：知识产权出版社，2015.